JN045961

地域福祉とは何か

哲学・理念・システムと
コミュニティソーシャルワーク

大橋謙策

中央法規

まえがき

　本書は、筆者が 1960 年代末から 50 年余に亘り取り組んできた地域福祉に関する実践、研究、教育（研修）の集大成の書である。

　本書は、第 1 編『地域福祉とは何か』と第 2 編『補論』とから成り立っている。第 2 編には、第 1 部『戦前社会事業における「教育」の位置』、第 2 部『戦後地域福祉実践の系譜と社会福祉協議会の位置』、第 3 部『福祉教育の理念と実践的視座』が収録されている。この補論は、第 1 編の「おわりに」で紙幅の関係で書けなかった残された課題として挙げた課題に関する論文を収録した（本書の論文の初出一覧は別途記載があるので参照して頂きたい）。

　本書の特色は、大きく二つある。第 1 は、地域福祉の哲学、理念、システム、方法論等の課題について、結論のみを書くのではなく、かつ抽象的論述をする展開、構成にはなっていない。本書は地域福祉に関わる理論、実践、政策等において、それらが出されてきた背景、時代状況が分かるようにしようと考えた。それを筆者自身の地域福祉に関わる実践、論文を通し、「自伝的地域福祉研究史、実践史」として書いた方が時代状況も含めてわかるのではないかと考え、筆者がその時代、その時代に何を考え、何をどのように実践してきたのかが分かるように書いてみた。理論的研究書としては、やや冗漫になるが、"言葉だけを振りまわして、地域福祉が分かっているような気になる"よりはいいと考えた。その上で、本文に、（註）という註記を入れる方法を活用してみた。

　第 2 には、地域福祉理論を"絵空事"のように気軽に書くこと、研究することを戒めてきた筆者にとって、新たな社会福祉の考え方が実践的にどの

ように展開できるのか、具体的フィールドを通して考え、理論化したことを読者に学んで欲しいと思った。とりわけ、フィールドを持たず、参与観察者的に、評論的に地域福祉を論ずる研究姿勢、研究方法に対して大きな“怒り”さえ感じてきた。自分自身の生活者としての“地域性”を省みることなく、地域住民を“巻き込み”、その在り方を研究対象にする研究方法に対しても“怒り”を感じてきた。だからこそ、地域福祉に関する研究方法は如何にあるべきかも考えて欲しいと思い、筆者が長年進めてきた「バッテリー型研究」をしてきた実践史を基に論述した。

　「バッテリー型研究」とは、野球のように、あるフィールドにおいて研究者と実践家（行政職員であったり、社会福祉協議会職員であったり）がバッテリーを組み、その地域の社会生活課題を明らかにし、その問題解決に関して研究者が実践仮説としての新しいシステムや実践方法を提示し、それを受けて実践家が創意工夫して、協働してその実現を図る研究者と実践家との協働研究方法を意味している。

　筆者のこの「バッテリー型研究」の方法では、長いフィールドでは約35年間も協働実践、協働研究しているところがある。それは、ある意味マンネリ化する危険性もあるので、そのフィールドを筆者の教え子や関係者に委ね、交替もしてきた。しかし、そのフィールドという地域が豊かに発展をすることを見守り、側面から支援することこそ地域福祉研究者の役割であると戒めてきた。

　それは、筆者が1960年代後半に東京都三鷹市で、中学校卒の青年を主な対象とした勤労青年学級において講師を担当している際に、青年たちからきつく「ディレッタンティズムの研究者」（自分の興味関心に基づくもの好きな研究者）になるな、と求められた姿勢でもあった。

　だからこそ、“空理空論”ではなく、提起した実践仮説の具現化に実践家と協働することを大切にしてきた。その研究方法、姿勢を読者に学んで欲しいので、「バッテリー型研究」方法の成果を「自伝的地域福祉研究史、実践史」として書いた。

　本書の第1編は、雑誌『コミュニティソーシャルワーク』の田中英樹編

集長（元早稲田大学人間科学部教授・現東京通信大学教授）から、筆者が2020年3月に東北福祉大学大学院を退職し、50年余にわたる大学教員を終了するにあたって、改めて「地域福祉とは何か」を書き下ろしてほしいとの要望に応えて書いたものである。

本書第1編は3部構成になっている。第1部は「地域福祉とは何か——理論的課題の検討と実践的研究史」、第2部は「地域での自立生活を支えるICFの視点に基づくケアマネジメント及び福祉機器活用によるソーシャルケア（ソーシャルワーク・ケアワーク）」、第3部は「地域福祉の理念を具現化する方法論としてのコミュニティソーシャルワーク」である。各部ごとに独立した論文の体裁をとっているので、その場面、その場面で論じていることを分かりやすく説明し、理解してもらうために、必要な、重要な部分については重複を厭わず、繰り返し書いている。したがって、読者は内容に重複する部分が多いと思われるかもしれないが、その場面の理解を得るために、敢えて重複を厭わず記載しているのでご了承頂きたい。

思い返せば、筆者が日本社会事業大学に1963年に入学してから約60年になろうとしている。筆者の日本社会事業大学への進学は、高校教師も親類縁者も、当時は"大反対"で、筆者は"奇人・変人扱い"を受けたものである。

筆者は、高校時代に多くの青年が陥るであろう"人生如何に生きるか"に悩み、囚われ、大学進学か、就職かに悩む。その際に、島木健作の『生活の探求』（河出書房、1937年）を読み、その主人公の生きる姿に共鳴し、それに触発され、社会・地域を豊かにする仕事、生活の困窮・しづらさを抱えている人を"救済"する仕事について、誰もが幸せに暮らせる社会をつくることに貢献したいという"青臭い理想に燃えて"、日本社会事業大学に進学することにした。

しかしながら、当時の社会福祉方法論の考え方にはどうにも馴染めず、苦悩している時に出会った小川利夫先生の「教育と社会福祉」の学際研究に、自分が日本社会事業大学に進学した"思い"に近似していると考え、「地域福祉と社会教育」の学際的研究を志した。小川利夫先生の謦咳に接し、その

薫陶を得なければ筆者の人生は変わっていたであろうし、本書も生み出されることはなかったであろう。

　筆者は、日本社会事業大学卒業後、東京都三鷹市勤労青年学級の常勤講師を続けながら、東京大学大学院教育学研究科博士課程社会教育専攻に進学し、宮原誠一先生、碓井正久先生の教えを受ける。その時執筆した大学院修士課程の学位請求論文が本書に収録した第2編第1部『戦前社会事業における「教育」の位置』である。この修士論文で論究した課題が、その後筆者の中核的地域福祉論の一つになる"4つの地域福祉の主体形成論"である。また、それが母体になって第2編第3部「福祉教育の理念と実践的視座」が産まれる。

　この「補論」は、今日の厚生労働省が推進している「地域共生社会政策」を考える際に是非とも読んで、考えてほしい論題であると思い収録した。

　さらに、大学院で社会教育の考え方、方法論、とりわけ地方自治体論、職員論、共同学習論を実践的に学んだ（大学院修士課程では毎月のように長野県下伊那郡喬木村での婦人（当時名）読書サークル、青年団学習会に参加していた）お陰で、第1編第3部のコミュニティソーシャルワーク論を体系化できることになる。

　振り返ってみると、日本社会事業大学の学部生として学んだこと、東京大学大学院で学んだことがすべてモザイク模様を構成し、筆者の地域福祉論体系化のピースの一つひとつとなって輝いていることに改めて驚くと共に、それらの教えを繙いてくれた恩師の方々や実践家の皆さんに感謝の念で一杯である。

　本書は、出版事情が悪い中、中央法規出版が引き受けてくれた。筆者と中央法規出版との付き合いは、三浦文夫先生の計らいで筆者が立教大学の室俊司先生（東京大学大学院社会教育研究室の先輩）と共編で編集・執筆した『高齢化社会と教育』（室俊司、大橋謙策編）を1985（昭和60）年に刊行した時に遡る。それ以来数多くの出版にご尽力、ご支援頂いた。今回も無理を承知でお願いしたところ、快く引き受けて下さり感謝の気持ちで一杯である。この間のご支援、ご協力に対し、ここに記して改めて中央法規出版の前社長・

荘村多加志氏、現社長・荘村明彦氏に感謝の意を表したい。

　また、収録論文を再構成するに当たって、編集を担当してくれた小宮章氏、澤誠二氏には、丁寧に編集、校正をして下さり、読みやすくして頂いた。ここに記して感謝とお礼を表したい。

　地域福祉に関わる実践、研究は、厚生労働省の地域共生社会政策や内閣府の孤立・孤独問題対策、特定地域づくり事業協同組合を推進する「地域人口の急減に対処するための特定地域づくり事業の推進に関する法律」の制定等により、大きな節目を迎えていると筆者は考えている。そんなおり、戦前の社会事業と社会教育との関係（社会事業における精神性と物質性）、社会福祉におけるソーシャルワーク機能の重要性、地域福祉の主体形成の重要性などを本書から学び、21世紀の日本、ますます進む国際化時代に対応した新たな社会システム、社会哲学としての地域福祉を構築してもらえることを祈念して、本書を上梓した願いとしたい。

　2022年1月

日本社会事業大学の建学の精神
「忘我友愛」、「窮理窮行」、「平和共生」を求めた50年

大橋　謙策

「めじろ来て梅を励ます小坪かな」兼喬

目　次

まえがき

目　次

第2編　補　論

第 1 編　地域福祉とは何か

はじめに

　筆者は、この3月（2020年3月）で東北福祉大学大学院教授を退職し、50年間の大学教員生活に終止符を打った。

　1970（昭和45）年に、東京大学大学院教育学研究科博士課程に在籍のまま、女子栄養大学に講義を担当する助手として採用されてから、日本社会事業大学、東北福祉大学とで専任教員を勤め、非常勤では和光大学、聖心女子大学、千葉大学、淑徳大学大学院、東京大学大学院、九州大学大学院、同志社大学大学院、日本福祉大学大学院、川崎医療福祉大学大学院等で教えてきた。

註1）日本社会事業大学では、指導教員として学部生のゼミ指導、卒論指導学生が600名、大学院の修士課程での学位授与者が107名、博士課程が20名、東北福祉大学大学院での修士課程での学位授与者が9名、博士課程での学位授与者が7名に上った。それ以外でも、同志社大学大学院や川崎医療福祉大学大学院、淑徳大学大学院で副査として博士及び修士の学位審査に関わった。

　50年間の大学教員生活は、初めの頃の「講義ノート」の作成に四苦八苦した思い出や学部生との温泉付き、スキー付き、お酒付きのゼミ合宿、日本福祉大学の野口定久先生や中京大学の野口典子先生とご一緒した大学院の垣根を越えて複数の大学院生が合同でゼミを行った「猪苗代塾」の合宿など大学教員ならではの楽しい生活を送らせて頂いた。

　と同時に、筆者が生意気盛りの若い時から、全国の社会福祉協議会や自治体の方々との「バッテリー型」実践・研究を実施でき、新しい地域福祉のシステムの構築や新しい地域福祉方法論（住民座談会による地域福祉計画づくりやコミュニティソーシャルワークの体系化等）の創造、あるいは学校の先生方、教育委員会の指導主事等と一緒に理論化、体系化できた福祉教育論の確立など、本当に多くの人々に支えられた50年間だったと、改めて支えてくれた方々への感謝の気持ちで一杯である。

註2）野球のバッテリーのように、研究者がシステムづくりや実践方法の仮説を提起し、実践家や自治体の政策担当者がそれを受けて新しいシステムづくり、実践方法を開拓する研究者と実践家との協働の研究方法。

　思い起こせば、日本社会事業大学から東京大学大学院への進学時に、地域福祉と社会教育との学際的研究が必要ではないかと志してみたものの、恩師（小川利夫先生）からは"学際研究は、気を付けないと体のいい逃げ道になりかねない。やるなら、各々の学問領域において学術的に評価される研究、評価される研究者になるしかない。その一つの指標が各々の学会選挙で選ばれる公選理事になることである"とその道の厳しさを指摘された。

　実際問題として、社会福祉学界で、長らく"大橋謙策は社会福祉のプロパー研究者ではない"という評価を幾度となく言われ、筆者が提唱してきた福祉教育論や地域福祉方法論、障害者の文化・スポーツ・レクリエーション論に対して社会福祉学界はその実践、研究を受容することに拒絶的であった。それは、逆に社会教育学界でも同じ傾向であった。

　しかしながら、今では、地域福祉は社会福祉行政のメインストリーム（主流）になり、「地域共生社会政策」として推進されている。他方、社会教育学会、社会教育政策においては、東京大学や名古屋大学の社会教育関係講座の主任教授の方々が社会教育と地域福祉と題する著作を上梓する状況であり、かつ文部科学省も「地域学校協働事業」を政策の重要な柱にする状況である。

註3）例えば、名古屋大学の教授であった松田武雄先生は編著として、『社会教育と福祉と地域づくりをつなぐ』（大学教育出版、2019年）を上梓している。

　かつて、教育学界において、1960年代に"概念くだきと概念づくり"という考え方が論議されたことがあるが、学問、実践の進歩においては、常に既存の概念を壊し、新しい概念づくりが求められる。岡村重夫が1970（昭和45）年に"地域福祉とは、社会福祉の新しい考え方"であると指摘したが、それはまさに既存の社会福祉学界における理論枠組み、研究方法の見直しを

求めるものであった。既存の労働経済学的視点（賃労働にかかる貧困問題の重要性は筆者も認識している）に基づく社会福祉研究、貧困研究とアメリカのWASP（ホワイト、アングロサクソン、プロテスタント）の文化を前提とした社会福祉方法論になじめなかった筆者にとって、" 新たな社会福祉としての地域福祉 " は魅力的な領域であった。

註4）筆者は学部学生時代、朝日茂さんの生活保護をめぐる裁判などに関わり、藤本武、中鉢正美等の「最低生活費研究」に関する論文を読み、かつ大河内一男、氏原正治郎、戸塚秀夫等の労働経済学、とりわけ江口英一の不安定就業層や下層社会研究についてそれなりに学んだ。さらには、山谷、釜ヶ崎、横浜曙町等のドヤに寝泊まりし、ソーシャルワーカーたちの実践に学んできた。

今回、編集者から依頼を受けたテーマは「地域福祉とは何か？　コミュニティソーシャルワークの視座から論ずる」であるが、そのテーマを少し筆者なりに意訳し、筆者が学際研究の中で、何に苦しみ、何を理論課題として取り上げようとしたのかという「大橋謙策の自伝的地域福祉研究・実践史」を通して、編集者が求める「地域福祉とは何か？」に迫ってみたい。

本稿は、3部構成で展開されている。第1部は、筆者からみた地域福祉の理論的検討課題に関するもの、第2部は、地域福祉の主たる目的である地域自立生活の考え方であり、第3部は地域福祉を推進する方法としてのコミュニティソーシャルワークの考え方、展開方法についてである。

なお、本稿は十分な引用文献の精査をしきれていない。筆者は、大学教員生活に終止符を打ったこともあり、3度にわたり書庫、書斎の断捨離を断行し、蔵書のほとんどは東北福祉大学大学院の通称「大橋文庫」に収納されていて、手元に文献らしい文献はない。したがって、記憶違いの部分や引用による裏付けが十分でないところがあるかもしれないが、それはお許し頂き、後学の人の検証を待ちたい。

第1部
地域福祉とは何か——
理論的課題の検討と実践的研究史

第1章
地域福祉の構成要素と地域福祉研究の
理論的検討枠組み

「地域福祉」という用語は一種の理念的目的概念として使われていたものが、1970（昭和45）年頃を境に実体概念化してきたことを、筆者は"社会福祉問題の国民化と地域化——地域福祉の実体概念化"として、1980（昭和55）年の「高度成長と地域福祉問題——地域福祉の主体形成と住民参加」（『社会福祉の形成と課題』吉田久一編、川島書店）の論文において指摘した。

その当時、筆者は「地域福祉とは、自立生活が困難な個人や家族が、地域において自立生活できるようにネットワークをつくり、必要なサービスを総合的に提供することであり、そのために必要な物理的、精神的環境醸成を図るため、社会資源の活用、社会福祉制度の確立、福祉教育の展開を統合的に行う活動」と考えていた。

地域福祉に関する研究も、学問である以上その概念規定は大切であるが、筆者が思うに社会福祉学分野はそもそも既存の歴史ある学問の"統合科学的要素"が強いので、端的に、かつ無理やり"概念規定"するより、その考え方、何を大切にするかということを重視する方が良いと考えてきた。ましてや、地域福祉は社会福祉学分野においてとりわけそのような考え方が重要ではないかと考えてきた。

岡村重夫や右田紀久恵も同じように考えていたと思われる。

岡村重夫は、1974（昭和49）年上梓の『地域福祉論』（p.69）において、"地

域福祉概念の構成要素"という用語を使い、"地域福祉概念を構成する要素
は、①最も直接的具体的活動としてのコミュニティケア、②コミュニティケ
アを可能にするための前提条件づくりとしての一般的な地域組織化活動と地
域福祉組織化活動（前者は新しい地域社会構造としてのコミュニティづくりであ
り、後者はそれを基盤とする福祉活動の組織化である）、③予防的社会福祉の三
者によって構成される"としている。

　右田紀久恵は、法学の分野で使われていた"構成要件"という用語を援用
して整理した（『自治型地域福祉論』ミネルヴァ書房、2005（平成17）年、p.8）。
右田紀久恵は、"地域福祉は、伝統的な社会福祉の方法・技術・運営を止揚
し、生活上の諸問題の解決視点を「個（人）」「施設」から「地域」に移した、
新たな社会福祉の在り方と展開であると理解されている"として、①地域で
の生活を成り立たせる基本的要件、②生活上の困難への個別的対応としての
構成要件、③両者を関係づけ組織化し計画化する運営要件を挙げている（「地
域福祉の構成要件」、阿部志郎・右田紀久恵・永田幹夫・三浦文夫編『地域福祉
教室』有斐閣、1984（昭和59）年所収）。

　このほか、地域福祉の研究者が、その考え方、概念規定の中にどのような
要素、要件を入れているかを整理した鈴木五郎の『地域福祉の展開と方法』
（史創社、1981年）がある。鈴木五郎は、岡村重夫、三浦文夫、前田大作、
阿部志郎、井岡勉、右田紀久恵という当時（1970年代）を代表する研究者
を取り上げ、地域福祉推進にあたってどういう点に注目しているかを整理し
た（**図表1**「地域福祉の構成要件」）。

　鈴木五郎が抽出した地域福祉の要素としては、①要援護の状況にある人へ
の対人援助サービス（コミュニティケアという用語や在宅福祉サービスという用
語も含めて）、②要援護者を包含・支援する地域改善活動、福祉コミュニティ
づくり（福祉教育も含む）、③地域福祉計画づくり、④住民参加と公私関係論
を、主たる機能、要因として挙げている。

　地域福祉そのものに焦点化したものではないが、地域福祉の展開において
は、市町村の社会福祉行政との関わりを抜きにしては語れない。その市町村
の社会福祉行政に関するアドミニストレーション（行政・管理）を地域福祉

図表 1　地域福祉の構成要件（一部筆者修正）

岡村重夫	・要保護対象者への直接的具体的援助活動としてのコミュニティ・ケア ・一般地域組織化（コミュニティづくり） ・福祉組織化活動（福祉コミュニティづくり） ・予防的社会福祉
三浦文夫	・要援護者の自立のための対人援助サービス（個別援助活動）としての 　○予防的福祉活動 　○狭義のコミュニティ・ケア 　○在宅福祉サービス ・当該地域の社会的統合性を高めるための環境制度の改善・整備等の活動 　○物的環境整備 　○要援護者の社会参加の促進 ・要援護者に対する住民の意識・態度の変容，住民の社会福祉への参加の促進，組織化
前田大作	・居宅対象者の自立の諸社会福祉サービスの整備，収容ケア施設の社会化 ・地域福祉計画（Aを含んで）の推進，県・全国の長期福祉計画 ・社会福祉サービスへの住民参加，福祉教育 ・福祉的地域社会，コミュニティ形成の推進
阿部志郎	・住民が協働し得る範囲の小地域において，住民参加による福祉活動を基盤として，行政機関，施設等の社会資源を動員して，地域の福祉ニーズの充足を図り，地域の福祉を高める公私協働の体系である ・対象者による生活形態の選択 ・生活形態選択のための条件整備 ・住民参加
井岡勉	・公的責任の基本体系としての制度・政策的地域福祉基準の設定・行財政上の遵守措置 ・公私福祉サービスの体系，予防的治療回復的諸サービスとコミュニティ・ケアのネットワーク的配置 ・以上の体系の有機的調整，拡充強化を働きかける組織化・運動化の体系
右田紀久恵	・地域福祉計画 ・住民主体・住民参加・住民運動を内容とする地域組織化 ・制度サービスの体系化（予防対症療法・アフターケア・サービス，コミュニティ・ケア） ・サービスの配置基準の体系化 　○地域福祉を目標とする方法論・技術論の組織化

註）岡村重夫「地域福祉論」光生館，1974年11月。三浦文夫「公私の役割と参加の展開」「地域福祉論」全社協社会福祉研修センター，1977年。前田大作「地域福祉の概念とその推進方策」「現代社会福祉学」八千代出版，1986年。阿部志郎「今日の社会福祉の諸問題」「ソーシャルワーク研究」vol.15, no.4, 相川書房，1980年。井岡勉「社会福祉の基礎知識」p.420, 有斐閣，1973年。右田紀久恵「地域福祉の本質」「現代の地域福祉」法律文化社，1973年

の視点から学説史的に、かつアドミニストレーションの要件・要素について
整理した研究に、森明人著『市町村社会福祉行政のアドミニストレーション』
(中央法規出版) がある。

　森は、市町村の社会福祉行政の機能を鈴木五郎と同じようにマトリックスに
整理し、その要件についてどのような研究者が論及しているかを整理している
(**図表2**「市町村社会福祉行政におけるアドミニストレーションの機能と枠組み」、

図表2　市町村社会福祉行政におけるアドミニストレーションの機能と枠組み

機能及び枠組み	主要論文
(1) 権限	■佐藤進 (1980)『社会福祉の法と行財政』 ■西尾勝・大森彌・神野直彦 (1980〜2010)『地方分権、地方自治、福祉行政』など。 ■松下圭一・西尾勝・新藤宗幸編 (2002)『岩波講座自治体の構想3政策』 ■星野信也 (2000)『「選別的普遍主義」の可能性』 ■大森彌編 (2002)『地域福祉と自治体行政』 ■金井利之 (2010)『実践自治体行政学』 ■横川正平 (2016)『地方分権と医療・福祉政策の変容』
(2) 財源	■横山純一 (2003)『高齢者福祉と地方自治体』 ■神野直彦・山木隆編 (2011)『社会福祉行財政計画論』
(3) 供給	■全国社会福祉協議会 (1979)『在宅福祉サービスの戦略』 ■三浦文夫 (1983)「社会福祉改革の戦略的課題─複合的福祉供給システムについて」 ■小林良二 (1983)「福祉政策における公私問題」 ■三浦文夫 (1985)「増補社会福祉政策研究─社会福祉経営論ノート」 ■大橋謙策 (1987)「在宅福祉サービスの構成要件と供給方法」 ■平岡公一 (2000)「社会サービスの多元化と市場化─その理論と政策をめぐる一考察─」 ■大橋謙策・白澤政和共編 (2014)「地域包括ケアの実践と展望」 ■白澤政和 (2015)「地域包括ケアシステムの確立に向けて」
(4) 運営	①計画 ■全国社会福祉協議会 (1984)『地域福祉計画─理論と方法』 ■大橋謙策 (1985)「地域福祉計画のパラダイム」 ■定藤丈弘・坂田周一・小林良二編 (1996)『社会福祉計画』 ■大橋謙策 (1996)『地域福祉計画策定の視点と実践』 ■大橋謙策・原田正樹『地域福祉計画と地域福祉実践』 ■武川正吾 (2005)『地域福祉計画』 ■牧里毎治・野口定久 (2007)『協働と参加の地域福祉計画』

(つづく)

機能及び枠組み	主要論文
(4) 運営	②行政組織の編成 ■三浦文夫（1971）『福祉センター構想』 ■大橋謙策（1978）「施設の社会化と福祉実践―老人福祉施設を中心に―」 ■大橋謙策（1986）「地域福祉の展開と福祉教育」 ■大橋謙策（1996）「市町村児童福祉行政のパラダイム転換と子ども家庭支援センター構想」 ■大橋謙策（2007）「市町村社会福祉行政と地域福祉〜福祉事務所の位置〜」
	③コミュニティソーシャルワーク ■大橋謙策（1996）「地域福祉計画策定の視点と実践〜狛江市・あいとぴあへの挑戦〜」 ■渡邉洋一（2000）「コミュニティケア研究」 ■大橋謙策（2001）「地域福祉計画と地域福祉実践」 ■大橋謙策（2002）「地域福祉計画とコミュニティソーシャルワーク」 ■大橋謙策（2005）「コミュニティソーシャルワークの機能と必要性」 ■上野谷加代子（2015）「福祉ガバナンスとソーシャルワーク研究の意義と到達点」及び「小地域福祉ガバナンスと専門職」「福祉ガバナンスとソーシャルワーク」 ■大橋謙策（2016）「地域包括ケアの実践と展望」
	④サービス開発 ■全国社会福祉協議会（1979）「在宅福祉サービスの戦略」 ■三浦文夫（1985）「社会福祉経営論」 ■白澤政和（2015）「地域包括ケアシステムの確立に向けて」 ■大橋謙策（2016）「ニーズ対応型福祉サービスの開発と起業化」 ■高山由美子（2016）「ソーシャルワーク実践としての「地域ケア会議」：その意義と活用の視点」
	⑤実践システム ■大橋謙策（1996）「市町村児童福祉行政のパラダイム転換と子ども家庭支援センター構想」 ■地橋・大橋・鎌田・ほか（2003）『福祉21ビーナスプラインの挑戦』 ■全国社会福祉協議会（2008）『地域における「新たな支え合い」を求めて』
	⑥権利擁護 ■平岡公一（2004）「社会サービスの市場化をめぐる若干の論点」
	⑦研修システム ■大橋謙策（1986）「社会福祉教育の構造と課題」「社会福祉の現代展開」 ■大橋謙策（2000）「社会福祉基礎構造改革と人材養成の課題」
	⑧サービス評価 ■大島巌（2012）「制度・施策評価の課題と展望」 ■大島巌（2015）「ソーシャルワークにおける『プログラム開発と評価』の意義・可能性、その方法」

（つづく）

機能及び枠組み	主要論文
(5) 協働	⑨実践組織 ■平岡公一（2004）「福祉多元化と NPO」 ■村田文世（2009）「福祉多元化における障害当事者組織と「委託関係」」 ■神野直彦・牧里毎治編著（2012）『社会起業入門』 ■山本隆編（2014）『社会企業論―もう一つの経済―』 ■牧里毎治監修（2015）『これからの社会的企業に求められるものは何か』 ■大橋謙策（2016）『ニーズ対応型福祉サービスの開発と起業化』
	⑩参加・コミュニティ形成 ■地方自治における民主的手続きの確保（西尾） ■大橋謙策（1976）「施設の社会化と福祉実践―老人福祉施設を中心に―」 ■大橋謙策（1981）「高度成長と地域福祉問題―地域福祉の主体形成と住民参加―」 ■全国社会福祉協議会（2008）『地域における「新たな支え合い」を求めて：住民と行政の協働による新しい福祉：これからの地域福祉のあり方に関する研究会報告』 ■大橋謙策編（2014）『ケアとコミュニティ』
	⑪まちづくり ■大橋謙策（1996）「まちづくり地域福祉実践」 ■大橋謙策（1999）「住民参加による福祉のまちづくり―地方分権化における地域福祉の推進」 ■大橋謙策（2003）『福祉 21 ビーナスプランの挑戦』 ■上野谷加代子（2006）「福祉コミュニティの創造に向けて」『松江市の地域福祉計画』

図表 3「日本におけるソーシャルアドミニストレーション研究の学説史の俯瞰図」参照）。

　さらに、視点がやや異なるが、地域福祉研究者が目指す地域福祉の捉え方、考え方を "4 つの志向性" で類型化した岡本栄一がいる。

　岡本は、地域福祉に関する 4 つの領域（ドメイン）とその領域を主に志向する地域福祉論を関係づけて 4 つに地域福祉研究者の志向性を分類した。その分類では、①福祉コミュニティ・地域主体志向（岡村重夫、阿部志郎）、②在宅福祉志向（永田幹夫、三浦文夫）、③政策制度（自治）志向（右田紀久恵、真田是、井岡勉）、④住民の主体形成参加志向（大橋謙策、渡辺洋一）に類型化される（**図表 4**「4 つの領域と 4 つの地域福祉論」参照）。

岡本栄一の地域福祉論の志向性に着目した類型化は、それなりに参考になるが、それらの志向性をもった地域福祉を具現化させる方法論には言及されていない。論文のタイトルが「場─主体の地域福祉論」なので、求めるのが酷かもしれないが、志向性をどうやって具現化させるのか、その実践論、方法論のない地域福祉論はまさに“論”でしかない。

　ところで、筆者は現在、地域福祉の考え方として次のように捉えている。地域福祉とは、住民に身近な基礎自治体である区市町村を基盤に在宅福祉サービスを整備し、地域での自立生活を支援するという目的を具現化することである。中でも、福祉サービスを利用することが今日のように一般化、普遍化しているにも関わらず、未だ福祉サービスの利用につながっていない福祉サービスを必要としている人々を発見し、とりわけ福祉サービスを必要としていながら、福祉サービス利用につながっていないヴァルネラビリティのある人（社会生活上において傷つきやすく、各種の脆弱性を有している人）と信頼関係を築き、それらの人々も含めて地域での自立生活を支援するという社会福祉の新しい考え方である。

　地域での自立生活支援においては、従来行ってきた低所得者への金銭給付や属性分野別単身者への入所型施設での集団的、画一的なサービス提供方法やADL（日常動作能力）を軸にしたアセスメント（生活の診断、分析、評価）の方法、支援では不十分で、新たな視点と枠組みに基づくアセスメントと支援の在り方が問われることになる。

　これからの地域福祉は、従来の「福祉六法」体制にみられる属性分野ごとに定められたサービスを縦割り的に相談、提供するのではなく、福祉サービスを必要としている人、あるいはその家族が必要としている多様なサービスを有機化し、本人はもとより、家族への支援も含めて横断的、統合的にサービスを提供する新しい福祉サービス提供システムを創ることである。

　それは、住民が身近に感ずる「福祉アクセシビリティ（便利・近づきやすさ・相談のしやすさ）」を考えて、市町村を日常生活圏域、在宅福祉サービス地区に分けて、相談・利用・供給しやすいシステムを創ることである。

　区市町村に適切な在宅福祉サービスがない場合には、地域に合うニーズ対

図表3　日本におけるソーシャルアドミニストレーション研究の学説史の俯瞰図

	重田信一 (措置費施設運営)	高沢武司 (機関委任事務体制・ 措置行政)	三浦文夫 (社会福祉政策)
①措置費施設運営	○『アドミニストレーション』1971	○『社会福祉の管理構造』1977	○「1960年代の社会福祉」『季刊社会保障研究』5（4）1970
②機関委任事務・ 　措置行政		○『社会福祉のマクロとミクロ』1985	○「社会福祉行政における施設サービスと居宅サービス」『ジュリスト臨時増刊』(537)，1973
③法外援護			○「法外施設としての有料老人ホームをめぐる若干の課題」『社会福祉研究』(28) 1981
④自治			○「社会福祉の分権化と地域福祉」『社会福祉政策研究』1993
⑤ハードウェア 　(在宅福祉・施設 　福祉の整備計画)			○「社会福祉と計画」『期間社会保障』1973 ○『在宅福祉サービスの戦略』1979
⑥ソフト・ウェア 　(サービス事業・ 　制度計画)			○「社会福祉における在宅サービスの若干の課題」『社会福祉研究』(24) 1979
⑦アドミニストレーション			○「多元的福祉サービス供給システム論」『社会福祉政策研究』1985
⑧コミュニティソーシャルワーク			
⑨パーティシペーション(住民参加)			
⑩ファイナンス 　(財源)			
⑪社会的企業 　(ソーシャルエンタープライズ)			

星野信也 (地方自治体・社会福祉行政)	右田紀久恵 (自治型地域福祉)	大橋謙策 (地域福祉・コミュニティソーシャルワーク)
○「革新自治体の福祉政策再考」1979 ○「福祉政策をめぐる国と自治体」『都市問題』74（1）1983	○「社会福祉行政における委託と契約の課題」『季刊社会保障研究』19（3）1983	○「社会福祉行政再編成の課題」『地域福祉の展開と福祉教育』1986
○「福祉政策をめぐる国と自治体」『都市問題』1983 ○「社会福祉の地方分権化」「社会保障研究」1988	○「自治体の行財政と地域福祉」『現代の地域福祉』1973	○「施設の性格と施設計画」『社会福祉を学ぶ』1976
○「福祉施設体系の再編成と課題」『社会福祉研究』1982	○「地域福祉運営における公私関係」『地域福祉講座②福祉組織の運営と課題』1986	○「在宅福祉サービスの組織化」『地域福祉の展開と福祉教育』1986
○「個別福祉サービスの地方分権化『人文学法（211）』1989	○「分権化時代と地域福祉ー地域福祉の規定要件をめぐって』『自治型地域福祉の展開』1993	○「地域福祉計画のパラダイム転換」『社会福祉研究』1985 ○「コミュニティソーシャルワークと地域福祉計画」『地域福祉研究』2002
○「サービス供給体制の改革ー地方分権と現金給付化」『選別的普遍主義』2000	○『自治型地域福祉の展開』1993 ○『自治型地域福祉の理論』2005	○「市町村社会福祉行政と地域福祉～福祉事務所の位置～」『生活と福祉（616）2007
		○「わが国におけるソーシャルワークの理論化を求めて」『ソーシャルワーク研究』31（1） ○「コミュニティソーシャルワークの機能と必要性」『地域福祉研究』（33）
		○『福祉21ビーナスプランの桃戦』2003
		○『地域福祉計画と『福祉実践』2001
		○「ソーシャルファーム」『コミュニティソーシャルワーク』2013

図表4　4つの領域と4つの地域福祉論

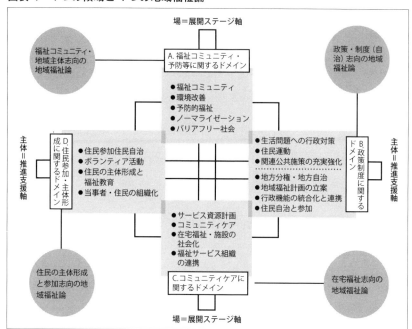

場＝展開ステージ軸

福祉コミュニティ・地域主体志向の地域福祉論

政策・制度（自治）志向の地域福祉論

A. 福祉コミュニティ・予防等に関するドメイン

● 福祉コミュニティ
● 環境改善
● 予防的福祉
● ノーマライゼーション
● バリアフリー社会

主体＝推進支援軸

D 住民参加・主体形成に関するドメイン

● 住民参加住民自治
● ボランティア活動
● 住民の主体形成と福祉教育
● 当事者・住民の組織化

● 生活問題への行政対策
● 住民運動
● 関連公共施策の充実強化
● 地方分権・地方自治
● 地域福祉計画の立案
● 行政機能の統合化と連携
● 住民自治と参加

B. 政策・制度に関するドメイン

主体＝推進支援軸

● サービス資源計画
● コミュニティケア
● 在宅福祉・施設の社会化
● 福祉サービス組織の連携

C. コミュニティケアに関するドメイン

住民の主体形成と参加志向の地域福祉論

在宅福祉志向の地域福祉論

場＝展開ステージ軸

（岡本栄一「場─主体の地域福祉論」、『地域福祉研究』第30号、日本生命済生会 2002年、参照）

応型の福祉サービスを開発することや、それを具現化できる供給組織体や財源確保の在り方も企画する。

　地域福祉は上記のことを踏まえると必然的に区市町村社会福祉行政を再編成させざるを得ない。従来の「申請主義」を前提にした「待ちの姿勢」ではなく、「アウトリーチ（こちらから訪ねていくこと）して問題を発見」し、ケアマネジメントの方法を活用して、それらの人々の問題を整理し、援助方針を「本人の求めと専門職の必要とする判断とその両者の合意」に基づき立案し、伴走的に、かつ継続的に関わるコミュニティソーシャルワーク機能を展開できるシステムを区市町村につくることでもある、と整理している。

註1）「申請主義」とは、生活困窮者を救済する制度において、国民が国に対して、

自らの救済を申し立てる権利を行使して申請すること。

　日本の救済制度の歴史では、1874（明治7）年の「恤救規則」では生活困窮者を救済する国の公的扶助義務は明記されず、"恩恵"として救済するという姿勢であった。1932（昭和7）年の「救護法」では、国の公的扶助義務は認めたが、国民の救済を申請する権利は認めなかった。

　戦後の1946（昭和21）年に制定された「旧生活保護法」でも国の公的扶助義務は認めたが、国民の救済を申請する権利は認めなかった。

　1950（昭和25）年の「新（現行）生活保護法」の制定により、ようやく、国民自らが救済を申請する制度が認められた。それにより、国民が生活保護を申請した際に、行政（福祉事務所）がその申請を認めず、脚下した場合の不服申し立て制度が明文化された。その不服申し立て制度という権利を行使して裁判が起こされたのが、朝日茂さんの「人間裁判」である。

　したがって、「申請主義」とは、国民の権利である救済を申請する仕組みであり、いわば国民の「権利保障」上重要な意味をもっている。

　他方、行政の側から考えると、国民の権利である救済の申請を国民、住民が行使しないのだから、救済をする必要がないのだと考え、住民からの申請を「待つ姿勢」になり、地域へアウトリーチして、積極的に潜在化している生活困窮者を発見、救済するという行動をとらなくなる傾向をもたらすことになる。

　したがって、地域福祉を推進するためには、区市町村の地域属性（地域課題、地域生活課題、地域社会生活課題）を積極的に明らかにし、それに即した地域福祉計画を策定することが重要になる。

　さらに、地域での自立生活支援においては、地域住民のエネルギーがプラスにもマイナスにも働くので、地域のヴァルネラビリティ（社会生活上の資質・能力上の脆弱性）のある人に対する差別、偏見、蔑視を取り除き、排除しがちになる地域住民の社会福祉意識改革への取り組み（福祉教育）とそれらヴァルネラビリティの人々を包含し、支援するという個別支援を通して地域を変えていくという住民参画型の福祉コミュニティづくり、ケアリングコミュニティづくりが重要になる。

地域包括ケアシステムはこれら地域福祉の考え方の具体的具現化の一つの
システムモデルであり、その実践的要はコミュニティソーシャルワーク機能
であると整理してきた。

　かつて、筆者は、岡村重夫の地域福祉論の継承と発展の課題として、①岡
村重夫は奥田道大のコミュニティ論を援用して地域づくりの在り方を検討し
ているが、岡村重夫理論には地方自治体論が欠落していること、②岡村重夫
は福祉教育や住民参加を論じているが、その住民主体形成論が欠落している
こと、③岡村重夫は地域組織化とかコミュニティオーガニゼーションについ
て論及しているが、地域福祉を推進する職員論がないことを指摘した（「岡
村重夫の思想的源流と理論的発展課題」『岡村理論の継承と展開・第1巻　社会福
祉原理論』ミネルヴァ書房、2012年所収）。

　この岡村重夫の地域福祉論への批判と鈴木五郎、森明人の研究を踏まえて
重ね合わせると、地域福祉の実践、研究においては、その理論的検討課題と
して、少なくとも以下の要素・研究課題を検討しない限り、地域福祉の全体
を研究しているとは言えないのではないか。

　第1は、地域福祉における"地域"とは、である。それは、コミュニティ
論と地方自治体論との関わりである。

　第2には、在宅福祉サービスの整備の在り方と家族、施設福祉サービス、
コミュニティケアとの関わりである。

　第3は、地域福祉における住民の位置づけの問題である。住民参加やボ
ランティア活動とは何を意味しているのか、その機能を増進させる役割を担
う福祉教育についての問題である。

　第4は、地域福祉を推進するシステム、社会福祉行政の在り方に関わる
問題である。この中には、地域福祉計画策定の視点、方法についても含まれ
る。

　第5は、地域福祉を推進する組織の職員に求められる資質、地域福祉の
理念を具現化させる方法論についての問題である。

　第6は、地域福祉の目的は何か、という問題である。これまでの社会福
祉行政が救貧的であり、措置行政であったということもあるのか、社会福祉

研究において、社会福祉の目的は何かについて正面きって論議が深めきれていない現状がある。同じように、地域福祉は何を目的にするのか、その社会哲学に関しての課題である。

これらの検討課題、要素は相互に関係しているので、単純ではないが、今後意識して地域福祉の研究、教育を展開する際には、少なくともこの6つの理論的検討課題、要素が問われるべきではないか。

この6つの検討すべき理論課題のうち、第1から第4までは、第1編第1部で展開するが、先に述べたように第5の課題は第1編第3部でコミュニティソーシャルワークの理論、展開方法として扱い、第6の課題は第1編第2部で論述することとしたい。

第2章
地域福祉における地方自治体の位置と「重層的圏域」、「福祉アクセシビリティ」

　1969（昭和44）年に経済企画庁（当時）の国民生活審議会報告として「コミュニティ─人間性の回復の場として─」が出され、研究者も、中央省庁の政策もコミュニティ構想にとりつかれた。

　他方、1960年代の急激な社会構造の変容がもたらした様々な社会問題、生活問題が厳しくなる中で、1970（昭和45）年前後に全国各地で革新自治体が登場し、かつ大学紛争が巻き起こる中で、1972（昭和47）年に経済団体の一つである経済同友会社会開発委員会は「70年代の社会緊張の問題と対策試案」という報告書を出す。その報告書は、"新しい市民運動の高まり"、"学生運動の広域化と過激化"、"ドロップ・アウト的人間の発生"、"高年齢者の孤独感の増大"等を"70年代の社会問題"として捉え、その対応策としてコミュニティづくりが必要であり、そのコミュニティづくりにおける住民のエネルギーを"水路付ける"役割をソーシャルワーカーに経済同友会は求めた（拙稿「社会教育施設管理と住民参加─運営審議会の民主化─」『住民の学習権と社会教育の自由』小川利夫編、勁草書房、1976（昭和51）年所収、『社会教育と地域福祉』第2部理論編、大橋謙策編著、1978（昭和53）年、全国社会福祉協議会等参照）。

　このような状況の中で、コミュニティ構想に幻想を抱くわけにはいかず、筆者は"住民参加の手段、権利が明白でないコミュニティ構想は、""戦前の官府的精神作興運動"の轍を踏むことになりかねないと指摘してきた。かつまた、コミュニティ構想においては、主体的に理解・判断できる住民、従来の町内会や自治会ではなく、住民がアソシエーション的な組織としてのコミュニティをつくる街づくりを行うことが想定されていたが、そのような"公民"的意識を有した住民はどこにいて、どのように形成されるかも明らかになっていないことも問題であると考えてきた。

註 1）1990 年代半ば、東京都の知事青島幸男氏の時代に、筆者は「東京都行財政
　　改革委員会」の委員を務めたが、その際、青島知事がいる席上で、障害者や
　　高齢者に配慮された都営住宅の建設にあたっては、単に配慮された空間とし
　　ての建物の建設だけでは、障害者や高齢者に住みやすいとはいえないので、
　　障害者や高齢者を包含し、それらの人々を支えるインフォーマルケア、ボラ
　　ンティア活動を展開できるコミュニティを創ることが必要で、そのために、5
　　年間の期限付き有期でいいので、コミュニティワーカー（当時）を新しくつく
　　る集合住宅街に配置をしてほしいと提言したが、受け入れられなかった。

　筆者は、フランスの 1789 年の市民革命の際に、社会契約できる公民を育
成するために、おとなの教育・学習こそ義務化すべきであるというコンドル
セ等の研究を齧ったことがあるが、エゴイスティックになりがちな住民が
"公民"意識を醸成し、コミュニティづくりに参画するということはそう簡
単ではないと考えていた。だからこそ、岡本栄一が指摘する大橋謙策の地域
福祉論の志向性は地域福祉の主体形成と住民参加なのである。
　筆者が学際研究してきた社会教育行政は、地方自治体において、公民館運
営審議会や社会教育委員会議を設置し住民参加が保障される中で、公民館等
の社会教育施設を拠点に地域づくりを進めるということを基本原則にして実
践、研究されていたので、その当時、若さもあって、あまりにも社会福祉分
野の"研究の素朴さ"に呆れた思いをした。
　筆者は、1966（昭和 41）年に書かれた江口英一の「日本における社会保
障の課題」（小谷義次編『福祉国家論』別冊、筑摩書房、1966 年）を読んで、
地方自治体を基盤とした地域福祉と社会教育の学際研究を志した。江口英一
は、"企業内福利厚生を期待できない小家族の労働者世帯の生活を守るため
には、地域住民としての対応が求められる。小家族の労働者世帯は、何らか
の生活上の事故がその世帯を公的扶助受給世帯に直ちに転落させる可能性
を、今までのように下層社会の特殊な層に独自だった関係から労働者階級の
かなり上層まで押し上げる"と指摘し、"地域住民の生活を守るために、地
方自治体において、多様な福祉サービスの提供が必要である"と述べている

（拙稿「高度成長と地域福祉問題——地域福祉の主体形成と住民参加」『社会福祉の形成と課題』吉田久一編、川島書店、1981 年参照）。

　筆者は、社会福祉分野において未だ中央集権的な機関委任事務時代にあっても、地域住民の生活を守るために、新たな社会福祉としての地域福祉を推進するためには、市町村という基礎自治体レベルで住民参加が必要であると考えてきた。

　1970（昭和 45）年に、26 歳で移住した東京都稲城市での筆者の関わりで言えば、1970 年代半ばの「保育料審議会」の報告書で、保育料のみを審議する審議会ではなく、稲城市全体の今後の保育問題を論じる、検討する審議会を創るべきだと提言し、「保育問題審議会」を設置してもらった。その「保育問題審議会」の報告書で、保育問題だけでなく、稲城市の社会福祉全般を住民参加で論議できる審議会を設置するべきであると提言し、その後「社会福祉委員会」が設置された。しかしながら、この「社会福祉委員会」は条例設置ではなく、行政の要綱設置にとどまった。

　このような住民参加の制度をどうつくるかという取り組みは、1990（平成 2）年の老人福祉法、老人保健法に基づき策定が義務化された「老人保健福祉計画」において、その計画の中に住民参加による条例設置の「地域保健福祉審議会」（仮称）の設置を提言としていれてきた。東京都狛江市の「市民福祉推進委員会」、東京都目黒区の「地域福祉審議会」は、「地域福祉計画（老人保健福祉計画を包含）」の提言により、いずれも条例で設置できた。しかしながら、東京都豊島区の場合は行政の要綱設置にとどまった（後で条例設置に切り替わる）。

註 2）筆者は、この計画策定に関わる際には、高齢者分野のみならず、子ども、障害者も含めて地域福祉計画として策定し、その高齢者編がその市町村の老人保健福祉計画であると位置づけることを標榜し、行政に承認してもらい策定してきた。

　狛江市の「市民福祉推進委員会」（1994（平成 6）年実施）は、市長の付属機関として、福祉に関する重要事項について調査、審議し、必要な意見を具

申する役割を担っており、筆者の考え方が十分反映されたものになった。また、狛江市では、同じ 1994（平成 6）年 4 月より、狛江市社会福祉協議会が策定した「あいとぴあ推進計画」（1989（平成元）年）と連動して策定された「あいとぴあレインボープラン」という地域福祉計画（老人保健福祉計画を内包）で提言された福祉事務所の組織を地域福祉に対応できるように再編成した。それは、①社会福祉に関する窓口を統合した総合相談窓口の設置と、②高齢者、身体障害者、知的障害者、精神障害者、難病者、一人親家庭等に対するサービスを横断的に提供する在宅福祉課の設置で、"サービスを必要としている人に、必要とするサービスが、もれなく、迅速に、総合的・一体的に提供できる" 組織に再編した（『地域福祉計画策定の視点と実践―狛江市・あいとぴあへの挑戦―』大橋謙策編著、第一法規、1996 年参照。このほかに拙稿「施設の性格と施設計画」（『社会福祉を学ぶ』小川利夫、高島進、高野史郎編、有斐閣、1976 年所収）では「住民参加と地域福祉計画」について書いている）。

註 3）「施設の性格と施設計画」の論文（1976 年）の中の項目「住民参加と地域福祉計画」において、筆者は以下のように書いた。

「社会福祉行政における住民参加と民主主義とは、(1) 国の「機関委任事務」から「地方分権主義」への転換を図り、(2) 公選制による社会福祉委員会を作り、他の一般行政からの自律性を確保すること、(3) 社会福祉施設の設置を地方自治体に義務付け、(4) 施設利用、施設入所の措置の権限を社会福祉委員会に委ねる、(5) その措置については、行政担当職員だけでなく、施設職員、サービスの提供を受ける人の参加の下に決定すること、(6) 社会福祉施設には、法的に「運営協議会」を設置させ、その「運営協議会」には施設利用者、民生委員、学識経験者、一般住民の下に運営される必要がある。そして、社会福祉施設は小さく、地域的に分散され、地域の福祉の相談所の機能をもたせる」

註 4）急激な都市化、工業化、核家族化の進展の中で、全国各地で生活を守るための様々な活動が展開される。社会福祉行政においても、戦後初期に作られ

た社会福祉の構造がいろいろな面で矛盾を来し、再検討される動きがあった。それは『地域福祉の源流と創造』（三浦文夫・右田紀久恵・大橋謙策編、中央法規出版、2003 年）に詳しいので参照願いたい。

註5）社会福祉行政の在り方の論議は 1970（昭和 45）年前後における宮本憲一等の経済学分野の社会資本論、篠原一等の政治学、法学分野の市民論、住民参加論、あるいは東京都知事を務めた美濃部亮吉等のシビルミニマム論などとも連動して地域福祉の在り方も論議されていた。

　他方、1983（昭和 58）年に社会福祉事業法に市町村社会福祉協議会が法定化されたのを受けて、全国社会福祉協議会が推進している市町村社会福祉協議会の活動を住民主体で推進するために、小学校区単位を基盤とした地区社会福祉協議会づくりが進められていた。

　小学校区は住民にとって、いわば身近な、“おらが地域”の感覚をもてる親密圏の地域である。市町村基礎自治体は、行政機構上の、かつ住民の参加が多様な権利として認められている“地域”ではあるが、それはあくまで公共圏としての地域である。その点、小学校区は狭く、身近な親密圏であるので、参加も関心ももちやすい。地域福祉を推進するには、この親密圏と公共圏を重層的に捉えて推進していくことが重要である（大石剛史・東北福祉大学大学院博士論文『ケアリングコミュニティの哲学的、思想的研究――社会福祉の新しい地平を拓く地域福祉の鍵概念としてのケアリングコミュニティ概念』参照）。

註6）筆者も、富山県氷見市、山形県鶴岡市等で 1980 年代後半に、地区社会福祉協議会づくりに携わってきた。氷見市では 21 小学校区に地区社会福祉協議会を設置できたが、その過程では 1 日に、朝、昼、晩と地区社会福祉協議会づくりの住民懇談会を行ったこともある。

　　鶴岡市の住民座談会では、住民とは言ってみたものの、どうしても当時の婦人会や老人クラブの方々が多くなってしまうので、8 月に「ビールを飲みながら福祉を語る集い」を行ったことがある。飲み代自己負担、漬物持参の集いであったが、中年男性が多く参加し、大成功であった。

地域福祉を推進するにあたっては、地域を重層的に捉えることが重要であるが、それは市町村圏域と小学校区だけではない。その中間に在宅福祉サービスの提供や住民の福祉アクセシビリティを考えた地域福祉を効率よく展開できるシステムと地区設定が重要になる。

　東京都目黒区は「地域福祉計画（老人保健福祉計画を包含）」策定時には人口約26万人、保健所は2つ、福祉事務所は大きな福祉事務所であった。豊島区は同じく26万人の規模。計画策定過程において、目黒区では保健所を1つ廃止し、福祉事務所の機能と一体化させる保健福祉サービス事務所構想を提案した。その際に、区内の地域性、住民の属性、人口規模、生活圏域等を勘案して、設置箇所数を3か所、5か所、8か所にする論議を行い、結果として5か所の保健福祉サービス地区（在宅福祉サービス地区）を設定した。その保健福祉サービス地区において、保健福祉サービス事務所を拠点に、保健、福祉の一体的提供を行うことにした。豊島区では、結果的に3か所の保健福祉サービスの圏域の設置となった。

　重層的に地域を分けるといっても、人口規模、地域の属性、地域文化の違い、生活圏域、交通体系の利便性等も考慮に入れて、住民のアクセシビリティと在宅福祉サービス提供の規模を考える圏域システムを考えなければならない。

註7）東京都の区市町村では、法定化された「老人保健福祉計画」ではなく、それを包含した「地域福祉計画」を1989（平成元）年の「東京都における地域福祉推進計画の基本的あり方について」という研究会報告書（三浦文夫、和田敏明が中心）の提言に基づき策定することになった。

註8）豊島区では、3か所のうちの1か所の地区において、その地区の中央を大きな、幅広い国道が通貫しており、結果として保健福祉サービスを提供する施設がある側の住民の利用度は高まったが、国道を渡らなければならない地区の住民の利用度は低いことが判明した。

　地域福祉研究において、地域を重層的に考えるという発想や圏域をどう設
定するかなどについての研究は従来ほとんどない。岡村重夫や田端光美の地
域福祉論は奥田道大のコミュニティ論を前提として展開されているが、この
ような地域を重層的に考えるという論点はない。

　同じく、右田紀久恵は地方自治体を基盤とした地域福祉論を展開している
が、地域を重層的に捉える論述や条例による住民参加の実証的論述はない。

　筆者の地域福祉研究において、地方自治体レベルにおける条例による住民
参加と重層的圏域設定の最も代表的な実践例は長野県茅野市である。この茅
野市の実践とシステムは 2006（平成 18）年、介護保険制度に導入された地
域包括支援センターのモデルである。

　長野県茅野市は、当時人口 5 万 7000 人であるが、市内を 4 つの在宅福祉
サービス地区（中学校は 9 校）に分け、各々に保健福祉サービスセンターを
設置し、市役所にいた福祉事務所の職員、保健課の保健婦（当時の名称。
2002（平成 14）年以降保健師）を 4 地区に分散配置、かつ市社会福祉協議
会職員も 4 つのセンターに分散配置し、それらの職員がチームを組んで、
子ども、障害児者、高齢者への世代を超えて世帯全体への総合的相談とそれ
を踏まえたワンストップサービスの提供、アウトリーチによる問題発見を行
うこととした（『福祉 21 ビーナスプランの挑戦―パートナーシップのまちづくり
と茅野市地域福祉計画―』土橋善蔵・鎌田實・大橋謙策編集代表、中央法規出版、
2003 年参照）。

　「重層的圏域」や「福祉アクセシビリティ」については、市町村社会教育
振興にあたって、中央公民館方式か地区公民館並立方式か、あるいはそこに
おける公民館審議会の設置運営の在り方に関する 1960 年代以降の論議、さ

らにはデンマーク、スウェーデンのコミューンの自律性、分権主義やデンマークの「生活支援法」（1974（昭和49）年）、スウェーデンの「社会サービス法」（1982（昭和57）年）に触発されて、筆者なりに到達した考え方である。

註10）筆者は、東京都児童福祉審議会の専門部会長の時に、児童相談所では子どもの虐待、親の子育て不安などの対応、解決が十分できないので、「福祉アクセシビリティ」を考えて、子ども・家庭支援センターを区市町村に最低1か所設置するべきとの提案をし、それが答申に盛り込まれ、東京都は1994（平成6）年より子ども・家庭支援センターを設置する。そのセンターでは、社会福祉士、保育士、保健婦がチームで活動することを提案。設置のイメージを事務局がもてず、児童福祉審議会の委員がモデル地区に張りつき、コンサルテーションをしてセンターの構想を具現化させていった。現在、都内に58か所設置されている。（「児童福祉行政のパラダイム転換と子ども・家庭支援センター構想」（『季刊児童養護』第25巻第3号、全国児童養護施設協議会、1996年所収、及び「市町村児童福祉行政のパラダイム転換と子ども家庭支援センター構想」『世界の児童と母性』第41号、資生堂福祉財団、1996年）参照）。

　この子ども・家庭支援センターが地域包括支援センターのモデルの一つでもある。

第3章
地域包括ケアと社会福祉法人の地域貢献
——在宅福祉サービスの考え方

　地域福祉は社会福祉の新しい考え方と位置づけられるが、その中軸に位置づけられるのは在宅福祉サービスであることは、先の鈴木五郎（p.2参照）の地域福祉研究者の構成要件を考えてもほぼ一致している。

　その日本における在宅福祉サービスの考え方に大きな影響を与えたのが1968（昭和43）年に出されたイギリスのシーボーム報告である。イギリスの地方自治体ごとに展開されるコミュニティケアをどう位置づけるか、を巡っては日本で論争があり、必ずしも一致しているわけではなかった。それは、①コミュニティケアとしての在宅福祉サービスを従来の施設福祉サービスの補完物として考えるのか、②施設福祉サービスと在宅福祉サービスとしてのコミュニティケアは理念的に対置する考えなのか、③施設福祉サービスと在宅福祉サービスとを連続的に考え、機能分担という考え方なのか、という違いがあった。

註1）イギリスのシーボーム委員会報告を踏まえた最初の社会福祉分野での答申は、1969（昭和44）年の「東京都におけるコミュニティケアの進展について」である。

註2）日本では、シーボーム委員会報告は注目され、文献にも引用されているが、1968（昭和43）年のシーボーム委員会報告と"対"になっていて、1969（昭和44）年に出されたエイブス委員会報告についてはほとんど文献で取り上げられていない。このエイブス報告書は、当時全社協の職員であった根本嘉昭氏（のちの厚生省専門官、神奈川県立保健福祉大学、桃山学院大学教授を歴任）が翻訳（1971年『イギリスのボランティア』国際社会福祉協議会日本国委員会刊行）している。

　ところで、日本の在宅福祉サービスの考え方、内容、整備の方向等に大き

な影響を与えたのは「はあと財団」及び「社会福祉事業開発基金」の研究助成による全国3か所（北海道岩見沢市、京都府綾部市、福岡県春日市）を指定した実証的研究によってまとめられた『在宅福祉サービスの戦略』（全国社会福祉協議会、1979年）である。

　鈴木五郎が「地域福祉の展開と方法」の中で取り上げた地域福祉の研究者の中で岡村重夫、右田紀久恵、井岡勉を除く永田幹夫、前田大作、阿部志郎、鈴木五郎はいずれもこの研究プロジェクトの主要メンバーである。

　「在宅福祉サービスの戦略」では、在宅福祉サービスの基本的枠組みを、①予防的福祉サービス（活動）、②専門的ケア・サービス、③在宅ケア・サービス、④福祉増進サービスとし、在宅ケア・サービスとは"家庭内で充足されてきた日常生活上の介護、保護、養育等のニーズが家族機能の変化により社会化されたものを、施設で対応するのではなく地域で在宅のまま再編成するものとした。必ずしも、"専門的サービスとする必要はなく、非専門的サービスとしてボランティア、地域住民の参加を求める"と定義した上で、以下のサービス、活動（訪問看護、家事援助、配食サービス、入浴サービス、洗濯サービス、ふとん乾燥サービス、住宅改造、設備改善、介護器具の支給・貸与、福祉電話、介護福祉手当、交通外出サービス、歩行援助サービス、雑用サービス、友愛訪問）を列挙し、いわゆる自宅で利用できるサービスとしている。そのほか通所サービスを取り上げている。

　この在宅福祉サービスの考え方と内容は、その後の地域福祉実践・研究に大きな影響を与え、その後の在宅福祉サービスの整備が地方自治体レベルでも国のレベルでも進展していく。

註3）在宅福祉サービスの整備・政策化に大きな役割を果たした三浦文夫がとった手法は、どこかの自治体での社会福祉審議会の答申・建議の策定過程や助成団体の助成事業により、新しいサービスを開拓して、その実証を踏まえて国の政策を変えていくという手法であった。その最たるものが、日本生命財団の高齢社会助成事業である（『地域包括ケアの実践と展望』大橋謙策・白澤政和共編著、中央法規出版、2014年参照）。

この「在宅福祉サービスの戦略」では、入所型施設や通所型施設との関係を一応視野に入れて整理しているが、必ずしも明確になっていない。専門的ケア・サービスがどちらかといえば入所型施設で展開され、在宅ケア・サービスは"必ずしも、専門的サービスとする必要はなく、非専門的サービスとしてボランティア、地域住民の参加を求める"と区分けされているが、果たしていいのだろうかという疑義がある。また、入所型施設は地域で展開される在宅ケア・サービスとどう関わるのかも明確でない。

　そのような中で、筆者は施設福祉サービスと在宅福祉サービスとを連続的に捉え、その機能を住民の選択により、それらの機能、サービスを利用できるようにするべきだと考えた。

　また、入所型施設が有している機能を在宅ケア・サービスとしても利用できるようにすべきではないかと考えた。そのためには、社会福祉施設がもつ機能の社会化と地域化が必要であると考え、問題提起をした（「施設の社会化と福祉実践—老人福祉施設を中心に—」『社会福祉学』第19号、日本社会福祉学会、1978年所収参照、「施設の性格と施設計画」『社会福祉を学ぶ』小川利夫、高島進、高野史郎編、有斐閣、1976年所収参照。この拙稿では「住民参加と地域福祉計画」についても書いている）。

註4）この「施設の社会化と福祉実践」という拙稿は、1977（昭和52）年に大正大学で行われた日本社会福祉学会のシンポジウムでの報告が収録されたものであり、筆者の社会福祉学会デビューの機会でもあった。終了後、当時、大阪ボランティア協会の事務局長であった岡本栄一氏に大変おもしろかったと称賛されたことが嬉しかった。

　日本の在宅福祉サービスは、戦後の社会保障制度設計がそうであったように、どこか歴史的に、政治的に使われてきた「家」制度による家族の介護力を前提とした在宅福祉サービスの整備になりがちであった。筆者は、家族の介護力で対応できなくなった人々が入所型施設を利用する（1970（昭和45）年当時は、行政権力による措置として施設に収容保護するという用語が使われた）ことになるわけで、地域での自立生活を支援するというならば、家族

が対応できずに施設福祉サービスが利用されるのであるから、その施設福祉サービスを細かく分節化させて、それを地域住民の選択により利用できるようにすれば、家庭か、施設福祉かの二者択一にならなくて済むのではないかと考えた。施設福祉は、①空間的サービス、②栄養的サービス、③経済的サービス、④精神的サービス、⑤身辺自立的サービス、⑥医療的サービスを利用者すべてに一体的・統合的に一律に提供しているが、そのサービスを利用者の必要に応じて提供するように考えれば、そのサービス利用は在宅福祉サービスでも十分利活用できると考えた。それこそが、家族の介護－訪問型在宅福祉サービス－通所サービス－施設福祉サービスを連続的につなげ、利用者の選択による利用が可能になると考えた。

　また、入所型施設が提供しているサービスを分節化すると、サービス利用者の中に、上記の6つのサービスをすべて一律に提供される必要がない人がいる。施設の提供しているサービスを構造化して、入所施設の利用者の類型化をすることによって、すべての人が入所施設を利用せずに在宅で生活することが可能になるのではないかと考えた。①自立ができる環境を整備してあげれば入所施設に入らないで済む人、②自己決定に不安があり、何かがあった時に、即座に相談できる「求めに応ずる相談・援助機能」があれば、入所施設に入らないで済む人、③身辺を清潔に保ち、家事をこなせる能力が十分でないか、医療的管理を行わないと日常生活の継続が困難な人で、専門職の直接サービスの提供が必要で、入所施設に入ることが妥当な人とサービス利用者を分類することを考えて、①、②の生活環境を整えることが必要ではないかと考えた（**図表5**「入所型施設ケアの分節化と構造化」参照）。

　そのためには、地域で暮らす住民がどのような在宅福祉サービスを必要としているのか、本人はどのような希望、求めを有しているかのアセスメントが必要、かつ重要であり、そのアセスメントに基づき各種サービスをパッケージ化する必要があると考え、論述した（**図表6**「在宅福祉サービスの構造」参照）。

　そのアセスメントを行うにあたっては当然のことながら、社会福祉はそもそも"自立"をどう考え、"自立支援"をどう考えるかと深く関わってくる。

図表5　入所型施設ケアの分節化と構造化

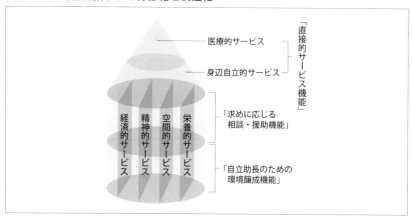

出典：大橋謙策「施設の社会化と福祉実践－老人福祉施設を中心に－」『社会福祉学』第19号、日本社会福祉学会、1978年を一部改変

図表6　在宅福祉サービスの構造

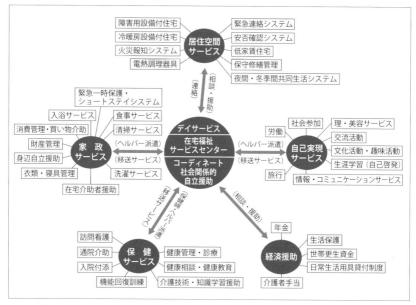

出典：大橋謙策著「社会福祉思想・法理念にみるレクリエーションの位置」『日本社会事業大学研究紀要』第34集、1988年

この点については、第2部で詳しく論述したい。

註5）当時、アセスメントという用語やケアマネジメントという用語は使用して
おらず、サービスパッケージという用語を使った。施設福祉サービスで提供
しているサービスを分節化させ、そのサービスをサービス利用者の本人の求
めと必要に応じて利用できるようにパッケージしないと、整備される在宅福
祉サービスは家族サービスの補完的位置を脱却できず、一人暮らし高齢者や
一人暮らし障害者は地域での自立生活が不可能になると考えたからである。

　障害者分野でいえば、2005（平成17）年以降、厚生労働省は施設入所の
障害者を地域移行させる政策をとっているが、未だ市町村には一人暮らし高
齢者の統計はあっても、一人暮らし障害者の統計はない。家族が介護できな
くなったから、施設に入所（当時、親亡き後対策として、入所型障害者施設が
たくさんつくられていた）させた障害者を地域移行させて地域自立生活支援
を考えるなら、当然家族の介護力を前提にした在宅福祉サービスの種類と
サービス提供システムではなく、障害があっても地域生活ができる在宅福祉
サービスの種類とサービス提供システムを構築するべきである。多くの地域
福祉研究において、この点が明確にはされていない。

　全国に約10万か所（社会福祉施設78724、介護保険施設13649、2019年10
月1日現在）ある社会福祉施設が有している機能を、地域住民の生活を守る
地域の共同利用施設、拠点施設として活用できるように位置づければ、地域
福祉は急速に進展すると考えた。入所型施設は、社会福祉施設の中でも専門
的職員の集積度は高いし、学校と同じように全国の約1750ある市町村に設
置されているわけで、その施設を拠点に住民が共助していく社会システムを
創るべきではないかと、1978（昭和53）年当時に考えて論文にしたが、そ
の考え方は2016（平成28）年の社会福祉法の改正で、"社会福祉法人の地
域貢献"として実質的に施設経営している社会福祉法人に義務付けられた。

　全国各地に存在する社会福祉施設を経営する社会福祉法人が、地域を基盤
として地域福祉の推進を図る活動をしている市町村社会福祉協議会と地域を
基盤に活動している民生委員・児童委員とが協働化した時、家族の介護‒訪

問型在宅福祉サービス−通所サービス−施設福祉サービスは連続的につながると同時に、制度的フォーマルサービスと地域の近隣住民によるインフォーマルサービスとが有機化し、地域における自立生活がより豊かになる。

　地域での自立生活を可能にするためには、在宅福祉サービスの整備が必要であり、他方医療との連携も重要になる。

　筆者が、医療との連携も含めて「地域トータルケアシステム」という用語を始めて使用したのは、1990年の岩手県遠野市の地域福祉計画（老人保健福祉計画を包含、『遠野ハートフルプラン』）づくりの時である（『21世紀型トータルケアシステムの創造─遠野ハートフルプランの展開─』大橋謙策、野川とも江宮城孝共編、万葉舎、2002年参照）。

　岩手県遠野市ではその当時、岩手県立遠野病院の貴田岡博史医師が精力的に訪問診療を展開されていた。

　同じ時期に、東京都目黒区の地域福祉計画づくりでは、社会福祉と保健の連携、有機化を目指した計画づくりを担当して企画したが、医療との連携の問題は簡単ではなかった。目黒区の計画策定委員会には目黒区医師会の関係者も参加はしてくれているものの、実際の連携は難しかった。しかしながら、地域での自立生活支援を展開するためには、医療との連携は大きな課題である。

　地域包括ケア（地域トータルケア）の理念とその実践の歴史を整理すると以下のように整理できる。

　そもそも、地域包括ケア（地域トータルケア）の歴史的展開には大きく分けて2つの潮流があった。その一つは、医療系からの発議、視点であり、それも病院を拠点としてのシステムと地域保健を軸にした流れである。他の一つは、地域福祉系からの発議、視点によるアプローチである。

　それらを概観すれば、以下の通りである。

①1950年代：長野県佐久市（旧臼田町）の若月俊一医師による医療、保健、福祉、社会教育の連携システムに基づくベクトル─保健婦、生活改良普及員、公民館主事の連携（「予防は治療に勝る」を合言葉に全村民健康管理と、1964（昭和39）年成人病センター開設）

②1970 年代：広島県御調町の山口昇医師による病院を拠点としたシステムのベクトル（1974（昭和 49）年訪問看護サービスを実施、1984（昭和 59）年病院に併設の健康管理センター開設）

　　地域に包括医療を、社会的要因を配慮しつつ継続して実践し、住民が住み慣れた場所で安心して生活できるように QOL の向上を目指すもの。

　　包括医療・ケアとは治療（キュア）のみならず、保健サービス（健康づくり）、在宅ケア、リハビリテーション、福祉・介護サービスなどすべてを包含するもので、施設ケアと在宅ケアとの連携及び住民参加のもとに、地域ぐるみの生活、ノーマライゼーションを視野に入れた全人的医療・ケア。換言すれば保健（予防）・医療・介護・福祉と生活の連携（システム）である。

③1970 年代：秋田県象潟町及び高知県西土佐村での宮原伸二医師による国保診療所を拠点とした地域保健的実践のベクトル（宮原伸二「これからの地域医療「健康」づくりの進め方」医学書院、1986 年）、（松浦尊麿「保健・医療・福祉の連携による包括的地域ケアの実践」金芳堂、2002 年）

④1960 年代：兵庫県リハビリテーションセンターにおける澤村誠志医師による障害者分野をもとにした地域包括ケアのベクトル。地域リハビリテーションとは、障害のあるすべての人々のリハビリテーション、機会の均等、社会への統合を地域の中において進めるための戦略である。地域リハビリテーションとは、障害のある人々とその家族、地域、さらに適切な保健、教育、職業及び社会サービスを統合し、その努力を通して実施される。

　　障害のある人々が自分の住む地域で暮らす権利、つまり健康で快適な生活を楽しみ、教育・社会・文化・宗教・経済・政治の面において完全に参加する権利を促進するものである（1994（平成 6）年 WHO、ILO、UNESCO の合同会議報告）

⑤1994（平成 6）年設置の岩手県遠野市「健康福祉の里」（国保診療所併設）と県立遠野病院との連携システムによる地域福祉実践のベクトル― 1993（平成 5）年遠野ハートフルプラン策定（『21 世紀型トータルケアシステムの創造』万葉舎、2002 年参照）

⑥2000（平成12）年実施の長野県茅野市における保健・医療・福祉の複合型拠点及び日常生活圏域ごとのシステムによる地域福祉実践からのベクトル―診療所を核とした通所型・訪問型サービスとインフォーマルケアとの有機化、病診連携を踏まえた診療所の併設をシステム化した保健福祉サービスセンターの創設（『福祉21ビーナスプランの挑戦』中央法規出版、2003年参照）

⑦『地域包括ケア研究会―2025年問題』（座長田中滋、2013年）の問題提起による政策ベクトル―在宅医療連携診療所、医療と介護の連続的改革

生活圏域でのケアの一体的提供とその社会資源（インフォーマルサービスを含めて）整備を地域包括支援センターを中心に構築する―ⅰ持続的な介護サービスの充実と基盤整備、ⅱ介護と医療の連携強化、ⅲサービス付き高齢者住宅の整備、ⅳ認知症ケアの体系的な推進、ⅴ介護人材の確保とキャリアアップシステムの構築、ⅵ地域における高齢者の孤立等への対応、ⅶ低所得高齢者への配慮ある展開等

2015（平成27）年に「医療介護総合確保推進法」が成立し、医療と介護の連携が強く政策的に求められるようになってきたが、それらを推進するには、多様な阻害要因がある。それらを概観すると以下の点が挙げられる。

①医療・保健・福祉・介護に関わる財源の調達（税金による一般会計財源、医療保険財源、介護保険財源）の違いの問題

②保健・医療・福祉・介護に関わる利用圏域（広域圏域、一部事務組合、市町村圏域、日常生活圏域）の違いの問題

③保健・医療・福祉・介護のアセスメント及びケア方針立案の着眼点の違いとチームアプローチの問題（共通アセスメントシートの作成の困難さがある。「多問題家族のアセスメント枠組みと視点」（**図表7**参照）に基づき、同じ事例で専門多職種がアセスメントすると、その専門多職種ごとのアセスメントの着眼点の違いがわかり、相互理解が深まる）

④本人の意思を尊重し、個人の尊厳を守りつつ、QOLを高める最善のケアプランと財源論を踏まえた、制度の枠内での合理的、効率的ケアプランと

図表 7　多問題家族のアセスメント視点と枠組みシート

大橋謙策　作成 2001 年 8 月　修整：2018 年 12 月

	ナラティブ（生育史、希望、願い）	労働的・経済的自立	精神的・文化的自立	身体的・健康的自立	生活技術的・家政管理的自立	社会関係的・人間関係的自立	政治的・契約的自立	住宅（住まい）	移動手段	ソーシャルサポートネットワーク 家族	地域	その他 情緒的s	評価的s	情報的s	手段的s	情報的s	援助方針
A 強み																	
A 課題																	
B 強み																	
B 課題																	
C 強み																	
C 課題																	
D 強み																	
D 課題																	
E 強み																	
E 課題																	
同居家族全体																	

相談経路及び経緯

（問題とつながるまでの経路とその後の経緯）

基本属性及びジェノグラム

フォーマル・インフォーマルのエコマップ

（フォーマルエコマップ）

（インフォーマルエコマップ）

の違いに関わる問題

⑤策定された自立生活支援のプログラムを最大限に尊重・遂行できるシステムの在り方とその運営管理（ソーシャルアドミニストレーション）に関する問題

⑥医療機能の構造化、地域化（行政直営、医療法人）のシステムと地域における保健、福祉、介護のサービス供給組織（行政直営、社会福祉法人、医療法人、NPO法人、株式会社）等との連携に関わる問題

⑦医療・保健・福祉・介護の専門多職種連携における「共通言語」と専門多職種連携教育（Interprofessional Education：IPE）及び合同研修の問題

⑧介護保険事業計画、医療計画、健康増進計画、地域福祉計画（2015（平成27）年以前の横並び時代のもの）、障害者福祉計画・子ども・子育て支援計画等の各種保健・医療・福祉に関わる計画の整合性の問題

⑨介護職、医療職、福祉職の人材不足及びその養成基盤の共通化と地域におけるサービス供給組織間の適正配置問題

　このような阻害要因、制約がある中で、医療・保健・福祉が連携した地域包括ケアをどうシステムとして設計するかは非常に難しい問題である。

　山形県鶴岡市では、医師会が中心になり、患者の医療・保健・福祉の連携を図るための電子カルテ化を1990（平成2）年代末に推進しようと試みたが、残念ながら社会福祉分野と介護分野は対応できなかった。そのような試行錯誤の中で、出来上がったものが、先にも述べた長野県茅野市の保健福祉サービスセンター構想で、2000（平成12）年から実施された。

　長野県茅野市（当時、人口5万7000人）で、八ヶ岳山麓の広範囲の市域を4つの在宅福祉サービス地区（中学校区9校、行政区10区）に分け、その各々に保健福祉サービスセンターを設置し、市役所内にいた福祉事務所の職員、保健課の保健婦を再編成して配属。それに加えて市社会福祉協議会の職員も配属した。保健福祉サービスセンターには、内科クリニック、高齢者デイサービス、訪問看護、訪問介護、地域交流センターを併設した。内科クリニックは諏訪中央病院との病診連携を図ると同時に医師会の了解も得て、地区内の住民の「かかりつけ医」の制度化を促進することにした。保健福祉サービス

センターは、子ども、障害者、高齢者の全世代に対応するワンストップサービスを展開することとした。このシステムづくりには医師会と諏訪中央病院の全面的理解と協力があったからこそ実現できた（『福祉21ビーナスプランの挑戦—パートナーシップのまちづくりと茅野市地域福祉計画—』土橋善蔵・鎌田實・大橋謙策編集代表、中央法規出版、2003年参照）。

註6）茅野市の計画づくりにおいて医療分野で中枢的役割を果たしてくれた鎌田實医師は、地域包括ケアの歴史的源流の一つである長野県佐久市の佐久病院の若月俊一医師の下で働き、学んでいて、既に諏訪中央病院で訪問診療を軸とした地域医療を展開されていた。

　鎌田医師は、医療は患者の生活全般を把握できていない。地域福祉の視点から患者の地域自立生活を考えて、その重要な一翼を医療が担うことが患者、住民にとって最もよい方策ではないかと考えられ、茅野市の地域福祉を軸にしたシステムづくりに全面的に協力をしてもらえた。

　このような、ある種の"天の時、地の利、人の和"みたいなリレーションシップ・ゴールが成立しないと保健、医療、福祉、介護の連携は一筋縄ではいかない。

　茅野市の場合であれ、以前述べた目黒区の保健福祉サービス事務所のシステムであれ、行政再編成を伴う地域福祉のシステムづくり、保健、医療、福祉の連携システムづくりには縦割り行政になじんだ専門職や行政事務職からの多くの抵抗があり、それを乗り越えなければ実現できない。

第4章
地域福祉の主体形成と
ボランティア論及び福祉教育論

　先述（p.12）したように、岡本栄一は地域福祉研究が目指す、志向する事柄を軸に分類しているが、その中で大橋謙策の地域福祉論は住民の主体形成の志向が強いと分類している。その分類の方法を筆者は必ずしも肯定しているわけではない。そのような指向性と判断される分類の下になる筆者の研究が、戦前（1900年代）の内務省の井上友一の風化行政（井上友一『救済制度要義』1909（明治42）年参照。本書の補論で詳述）や社会教育との比較研究の中で、住民がどのような立ち位置で、どのような力量を有して、関わっているかを抜きにして抽象的にコミュニティづくり、住民参加を述べることへの危惧が筆者にあったからである。

　筆者は戦前の社会事業と社会教育との関係を東京大学大学院の修士課程の学位論文で取り上げて研究してきた（「戦前大正期社会事業理論における"教育"の位置」東京大学大学院修士論文、『地域福祉の展開と福祉教育』拙著、全国社会福祉協議会、1986年に収録、本書第2編補論としても収録）。

　明治期から大正期において風化行政を推奨した井上友一は、戦前の社会教育の特色である「非施設団体中心性」、「官府的民衆教化性」（碓井正久著『社会教育』御茶の水書房、1961年参照）に基づき、報徳会を市町村ごとに組織化して遂行した。それと共に国は「国民精神作興運動」を展開し、国民の意識及び価値規範を政策誘導し、"水路付ける"ことを行ってきた。

　その危険性のある側面を研究してきた筆者にとって、住民一人ひとりが主体的に判断する力をもち、制度的に住民の権利としての参加、意見表明が保障された上で、かつ住民自身が自律的に、仲間内の冠婚葬祭という互助ではなく、社会的博愛の精神を発揮するという"担保"なくして、情感的に"共に生きましょう"とか、コミュニティをつくりましょうとか言われても、その受け入れは単純ではない。

かつて、1970年代から80年代にかけて、全国各地の社会福祉協議会は
こぞって"福祉の風土づくり"、"福祉の輪づくり"等の福祉の県民運動に
取り組んでいた。

　その一つである神奈川県の長洲一二知事が提唱した「ともしび運動」(1976
(昭和51)年)を総括する研究(ともしび運動促進研究会委員長、1981(昭和
56)年)を依頼されたことがある。

　長洲一二知事は、1975(昭和50)年の"福祉見直し講演"で、"新しい
福祉の理念と科学の確立"を提言し、①住民意識、体質となっている上意下
達的な"与えられる福祉"からの脱皮、②福祉の量的拡大を図るための"質"
の向上、③福祉施策の連携と総合体系化の政策を掲げ、同時に"福祉の心"
の提起や、"できるところで、できる時に、できること"で、県民のともし
び運動への参加を呼びかけ、神奈川県の「ともしび運動」は発足する。

　筆者は、このともしび運動の総括において、長洲県政によって取り組まれ
た数々の政策は高く評価したが、県民運動を推進するにあたって留意すべき
点もいくつか提起した(『ともしび運動の発展をめざして』ともしび運動を進め
る県民会議・ともしび運動促進研究会、1982(昭和57)年)。それは、戦前の
社会事業と社会教育との学際研究から導き出されたことである。長洲県政は
革新県政であり、県民が求めている福祉サービスを国の社会福祉制度の"法
外援助"として幅広く推進した人であることは評価しつつも、それを"免罪
符"にして、いいことだからという、安易な気持ちでの「ともしび運動」の
展開に警鐘をならした。

　その総括の中で、「コミュニティづくりと地域福祉施設」、「在宅福祉サー
ビス施策の促進とインテグレーション」、「障害者の組織化と住民参加による
街づくり」等を今後深める課題として整理し、市町村社会福祉協議会の充実
強化と社会教育行政との連携を課題として提起した。

　戦前の行政では、公的責任としての物質性は軽視され、精神性に偏ってい
た。しかしながら、方面委員(現在の民生委員)制度を創設した小河滋次郎は、
行政による物質的救済の必要性、重要性を指摘しつつ、貧困者の救済はその
人の精神性の救済であると考え、この方面委員制度を創設している。

あるいは、筆者が岡村重夫の社会福祉論、地域福祉論の思想的源流は海野幸徳（社会事業理論家・龍谷大学教授）ではないかと指摘した（「岡村重夫の思想的源流と理論的発展課題」『岡村理論の継承と展開・第1巻　社会福祉原理論』ミネルヴァ書房、2012年所収）が、海野幸徳は1930（昭和5）年上梓の『社会事業学原理』において、社会事業の精神性と物質性の問題を社会事業の積極的側面と消極的側面とで説明し、それを統合することの必要性を指摘している。福祉サービスを必要としている人の主体性の確立が歴史的にみても常に重要であった。

　ところが、戦後の社会福祉は憲法第89条の規定と労働経済学の考え方にとらわれ、物資的救済を行政責任で行うことが強調された。したがって、社会福祉の目的は本人の経済的自立、経済的自立を可能ならしめる身体的自立に焦点化され、税金で賄われる公的扶助の負担を軽減することに主眼が置かれてしまった（大橋謙策「社会福祉思想・法理念にみるレクリエーションの位置」『日本社会事業大学研究紀要』第34集、1988年参照）。

　社会福祉実践において、この精神性と物質性の問題はいつの時代においても重要である。岡村重夫は「社会関係の客体的側面だけに着目する一般的政策だけでは不十分であって、社会関係の主体的側面を問題とする個別化援助の方策がなければならない」（『社会福祉学（総論）』柴田書店、1968年参照）としているが、まさに2015（平成27）年に実施された「生活困窮者自立支援法」は、生活保護などの経済的給付だけでは問題解決にならないことを物語っており、1970（昭和45）年前後から指摘された「新しい貧困」への対応としての"主体的側面"への働きかけの必要性と重要性を政策的に認めたものである。

　しかしながら、岡村重夫は「主体性」の重要性を指摘したものの、それをどのようにして形成するのかということについてはほとんど論述していない。岡村重夫は、福祉教育や社会教育についての小論文を書いているが、その深まりはない。右田紀久恵も「主体性」に言及はしているものの、どうしたらそれが形成されるのか、その方法、実践については明確でない。

　筆者が社会事業における精神性と物質性の問題と住民の主体性、参加の具

体的過程をどう考えるのかということで到達したのが、**図表8**「ボランティア活動の性格と構造」である。

　この図表は、全国社会福祉協議会が1979（昭和54）年に設置した「ボランティア基本問題委員会」（委員長　阿部志郎）において、作業委員会と起草委員会の委員長を担当とした筆者が、作図して文章化し、1980（昭和55）年に「ボランティアの基本理念とボランティアセンターの役割―ボランティア活動のあり方とその推進の方向―」と題して出された報告書に収録されている。

註1）「戦後のボランティア活動の歴史的概観と現況」については一部、当時の全
　　　社協・全国ボランティア活動振興センター職員の山田秀昭氏（のちの常務理事）
　　　が執筆。

　筆者は、この研究委員会報告書で、ボランティア活動を従来の"自由意志に基づく活動"や"宗教的自律"という問題としての捉え方ではなく、①住民、市民、公民といった用語の違いを論議しつつ、地域づくりにおける住民参加、活動の在り方、位置づけを整理、②そのあるべき市民活動と自発的、自由意志に基づくボランティア活動との関係、③地方自治体を基軸にした"自立と連帯の社会・地域づくり"との関係をどう考えるか、④ボランティア活動を支える人間はどのように形成されるのか、⑤ボランティア活動を行う契機、動機は何なのか等を論議・検討し、報告書としてまとめた。

　その具体的活動として、第1に近隣での日常的な触れ合いのある地域づくりを行うこと、第2に地域内にある福祉サービスを必要としている人を発見し、その個別課題に対応する対人サービス活動を行うこと、第3に市町村における（地域）福祉計画づくりを行うことの3つの課題があり、それらを構造的に捉えて考え、実践することの重要性を提起した。

　その背景には、1970（昭和45）年前後に一世を風靡したコミュニティ構想が"住民参加、住民の権利ということが担保されない、権限なきコミュニティにおいて、麗しき隣人愛に基づく活動、助け合い活動"を求めていたことへの反論であり、かつ地域住民の生活を守るためには国レベルの社会保険制度の整備と共に、居住する市町村自治体における福祉サービスの整備が必

図表8　ボランティア活動の性格と構造

ボランティアの構造図

① ボランティア活動の目的は、自立と連携の社会・地域づくりを実現することである
② ボランティア活動は、(イ)近隣における助け合い等ができる地域づくり、(ロ)地域に住んでいる生活のしづらさを抱えている人々を支援する個別対人サービス、(ハ)市町村レベルの社会福祉を豊かにする地域福祉計画づくりという3つの側面がある
③ ボランティア活動は、市民一人ひとりが上記のことを当たり前にできる市民活動を活性化させる触媒活動である、

自立と連帯の社会・地域づくり

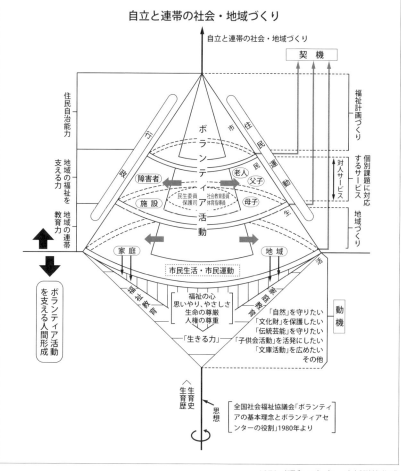

1979（昭和54）年　大橋謙策作成

要であり、重要であると考えたからにほかならない。

　図表8と共に「ボランティア活動の性格と役割」として10項目にまとめた。

註2）『ボランティア活動の性格と役割』

　　　　ボランティアとは自立と連帯の社会・地域づくりを目指して、自発的・自律的・自覚的・社会的に活動を行う人をいう

　　①ボランティア活動とは、社会・地域づくりに主体的に関わり、他者との中で自己をより豊かに実現する活動をいう。

　　②ボランティア活動では、社会・地域づくりにおける創造的・先駆的活動が重視される。

　　③ボランティア活動は、個々の具体的問題を解決するにとどまらず、その活動は波及的・開放的なものである。

　　④ボランティア活動の契機は恣意的であっても、その活動が日常生活の中に計画的・継続的に位置づいていくものでなければならない。

　　⑤ボランティア活動は、その活動によって原則として金銭的対価を求めるものではない。

　　⑥ボランティア活動とは、行政とも協働する住民の主体的活動である。

　　⑦ボランティア活動は、行政に対し積極的に問題を投げかけ、行政に反映できる活動である。

　　⑧ボランティア活動は、社会・地域づくりに向けて、住民の生活における問題を調査し、関心を喚起し、住民が参加する機会を提供する活動である。

　　⑨ボランティア活動は、自由な活動であるが故に制度的サービスでは行き届かない面をより細やかにサービスを提供する活動である。

　　⑩ボランティア活動は、個々の具体的情報及びサービスが行政と住民との間でスムーズに行われるよう媒体の役割をもつ。

　筆者は、既に1976（昭和51）年に拙稿「施設の性格と施設計画」で"「住民参加と地域福祉計画」"について書いている（『社会福祉を学ぶ』小川利夫・高島進・高野史郎編、有斐閣、1976（昭和51）年所収参照）ので、このようなボランティア活動の考え方と整理は当たり前と考えていたが、社会福祉関係

者にはボランティア活動をこのように性格づけ、位置づけることに驚いたようである。

註 3）委員長の阿部志郎先生が、このように考えることができるのかとの感想を漏らされていた。

註 4）仁平典弘著『ボランティアの誕生と終焉』（名古屋大学出版会、2011 年）は、全社協、日本奉仕協会、大阪ボランティア協会の資料を丁寧に年次ごとに駆使して書かれているが、どういうわけか、この 1980（昭和 55）年の研究委員会報告書だけが取り上げられていない。仁平典弘の研究枠組みに入らないから取り上げてないのか定かでないが、そのことに関する注記もないのはおかしい。

　このようなボランティア活動を位置づける中で、市町村という地域において地域福祉を推進する主体の形成とそれに関わる福祉教育の重要性に気づく。
　1970 年代末に、福祉教育は急速に進む高齢化社会への対応策として社会福祉協議会関係者により標榜され、検討されていた（大阪府社会福祉協議会では岡村重大、東京都社会福祉協議会では一番ヶ瀬康子、全国社会福祉協議会では重田信一等が中心であった）。しかしながら、これらの研究者も含めて（一番ヶ瀬康子はやや違う）地域福祉研究者で、福祉教育に関し、その理論、歴史、類型、方法等について体系的に論述した研究者はいない。それどころか、福祉教育は社会福祉学研究でもなければ、地域福祉研究でもないと言及していた日本社会福祉学会の研究者がいた。
　ところで、筆者は上記した 3 名の研究者が委員長として関わった福祉教育への注目点とは異なる点に注目した。それは 2 点ある。第 1 は、高齢化社会対応の人材を育てるということも重要ではあるが、当時の子ども・青年の発達の歪みを改善する教育方法としての福祉教育である。第 2 は、地域福祉の主体形成の問題である。
　1982（昭和 47）年に全国社会福祉協議会に設置された「福祉教育委員会」の委員長に筆者は就任し、報告書の執筆もした。その研究委員会の報告書

で、福祉教育が求められる5つの背景項目として、①高齢化社会の進展と福祉教育、②障害者と共に生きる街づくり、③子ども・青年の発達の歪みと社会体験、④地域の連帯力の喪失と政治的無関心、⑤国際化時代における飢えと飽食、を挙げた。

　日本では、何かにつけ"学校期待"があり、政策を実現しようとすると学校教育を利用する、という発想が戦前から色濃くあった。福祉教育に対してもそうで、福祉教育は"いいことだから"誰も反対しないであろうからという、いわば素朴な、安易な発想で福祉教育を学校現場に持ち込み、"○○のための教育"の一つとして利用しようとしたことに、教育学と社会福祉学の学際研究をしていた筆者は抵抗していた。福祉教育実践の結果として、その成果が生きることは大いに推奨するが、初めから"○○のための手段としての○○教育"という発想は、"戦前と同じ轍"を踏みかねないと考えたからである。そういう意味では、高齢化社会の進展と福祉教育ということに関する社会福祉関係者の期待はわかるが、それ以上に上記の②障害者と共に生きる街づくり、③子ども・青年の発達の歪みと社会体験、④地域の連帯力の喪失と政治的無関心の視点からの発想を大事にしたいと思ったからである。

　そのようなことも考えたので、福祉教育の定義は以下のように整理した。

　福祉教育は「憲法第13条、第25条などに規定された基本的人権を前提にして成り立つ平和と民主主義社会をつくりあげるために、歴史的にも、社会的にも疎外されてきた社会福祉問題を素材として学習することであり、それらとの切り結びを通して社会福祉制度、社会福祉活動への関心と理解を進め、自らの人間形成を図りつつ、社会福祉サービスを利用している人々を社会から、地域から疎外することなく、共に手をたずさえて豊かに生きていく力、社会福祉問題を解決する実践力を身に付けることを目的に行われる意図的な活動」（1982（昭和57）年。『福祉教育ハンドブック』全社協全国ボランティア活動振興センター、1984年刊行に所収）である。

　この福祉教育の定義に込めた意味と福祉教育に必要な要件についてはここでは論述する余裕がない（第2編補論の第3部で詳述している）。

　ただ、子ども・青年に関わる福祉教育は、学校の教育課程において取り組

まれる実践と学校外教育として組織的に取り組まれる実践とがあり、その各々の実践の在り方に関わる整理とその両者の関係に関わる整理をした上で論述しないといけないと考えてきた。

　その上で、学校の教育課程で取り組まれる福祉教育実践は、道徳教育や同和教育、人権教育などとは何がどう違うのか、福祉教育実践の内容と方法の独自性、特色は何かを明確にしないと、"学校に期待"しても普及しないし、福祉教育が"矮小化"される危険性を孕んでいることだけはここで指摘しておきたい。

註5）福祉教育の類型、背景、福祉教育の歴史的展開、専門職を養成する社会福祉教育、市民教育における福祉教育などについてまとめた拙稿が収録されている『福祉教育の理論と展開』（一番ヶ瀬康子・小川利夫・木谷宜弘・大橋謙策編、光生館、1987年）を参照されたい。

　ここでは、福祉教育が必要とされる5つの背景の項目のうち、③の子ども・青年の発達の歪みと社会体験、福祉教育と、④の地域の連帯力の喪失と政治的無関心、福祉教育の問題に絞って展開しておきたい。

　筆者は、1970（昭和45）年当時の子ども・青年の発達の歪みの特色として、①社会的有用感の喪失、②集団への帰属意識、準拠意識の希薄化、③成就感、達成感の欠如、④対人関係能力、自己表現能力の不足、⑤生活技術能力の不足を挙げた。

註6）名古屋市の医師である久徳重盛が『人間形成障害病』（健友館、1978年）を、息子の久徳重和も『人間形成障害』（祥伝社、2012年）を出している。

　このような状況は既にヨーロッパ諸国でも大きな問題とされており、"スローラーナーズ"（学習遅滞者、学習意欲のない、学校教育になじめない児童・生徒）と呼ばれ問題への対応策が課題であった。中でも、イギリスの中央教育審議会は1963年に「Half Our Future」というショッキングなタイトルの報告書を出し、青年の発達の歪みを指摘していた。イギリスでは、その論議もあり、コミュニティボランティア活動を子ども・青年に推奨していくこ

とになる。このような流れは、スウェーデン、アメリカ、西ドイツ（当時）でも大きな課題であった。

　筆者は、このような状況が日本にもあり、子ども・青年の発達を豊かに保障していくためには、日常生活における人間形成の問題の重要性を意識化することと、それを補完、発展させる社会体験の機会の提供が重要であると考えたからである（「青年期の発達課題と福祉教育実践の構造」『学校における教育教育実践Ⅱ―中学校・高校』大橋謙策・木谷宜広編、光生館、1986年所収参照、「青少年のボランティア活動の意義」『青少年のボランティア活動』全国ボランティア活動振興センター編、1984年参照）。

　他方、④地域の連帯力の喪失と政治的無関心と福祉教育の関係は、主に成人を対象とした福祉教育、社会福祉の学習問題として、取り上げて考えてきた。

　筆者が、成人の社会福祉への国民的理解をどう推進するかという課題に即し、1978（昭和53）年に編著で上梓した『社会教育と地域福祉』（全国社会福祉協議会）で述べたことは、"憲法第13条、第25条を基本として、社会福祉に対する共通認識をもつにあたっては、第1に、社会福祉を自由と平等を基本とする民主主義において捉えられるよう、地域をつくる「市民」意識の醸成が必要である。第2に、人間性に対する豊かな愛情と信頼をもち、人間を常に"発達の視点"で捉えたことができるようにすること、第3に、自らの生活を客観化し、自らの要求を自覚できる社会科学的認識力の形成、第4に、社会福祉制度そのものについての理解力を深めること"という4つの指向性であった。

　先の「ボランティア活動の構造図」（p.44）もまさに、この指向性の具現化を考えたものであり、かつ、各地での地域福祉実践に関わる中で、「4つの地域福祉の主体形成」（市町村地域福祉計画策定主体、地域福祉実践主体、福祉サービス利用主体、社会保険契約主体）の必要性を感じていたからである。

註7）地域福祉の主体形成に大きな役割を果たすのが、市町村社会福祉協議会ではないかと大いに期待した。それもあって、市町村社会福祉協議会に配置さ

れている地域福祉活動指導員の体系的研修を行っていた全国社会福祉協議会主催の「地域福祉活動指導員養成課程」において、筆者は福祉教育の科目を担当した。

　そのテキストの中で、"福祉教育は社会福祉協議会にとって要諦"であり、"福祉教育は、社協の一つの独自の領域として存在すると同時に、社協活動を総括する視点である"（地域福祉活動指導員養成課程・社会福祉学双書『社会福祉教育論』大橋謙策著、1985年）と位置づけ、"社会福祉協議会は福祉教育で始まり、福祉教育で終わる"と言い続けてきた。

　第2章でも触れたが、地方自治体レベルでの地域福祉計画づくりやその進行管理、あるいは運営に関わる住民参加を推進するためには、"公民"としての意識と力量を有した住民の存在が欠かせない。

註8）東京都武蔵野市の社会福祉協議会は早くから「武蔵野市市民社会福祉協議会」を名称として使っていた。武蔵野市は煙突のある工場はあまりないが、武蔵野市の財政力は豊かであった。それは高額所得の市民が数多くいたからである。その市民として生活していた社会学や政治学の研究者が、ある意味1970（昭和45）年前後のコミュニティ構想の牽引者であった。

　コミュニティ構想を実現させていくためには、地域住民の社会福祉への関心と理解を推進させなければ、"住民自治"としての地域福祉実践はできない。しかしながら、これらの点についても、地域福祉研究者の中で体系的に論述した文献は少ない（右田紀久恵は住民自治型の地域福祉を提唱しているが、その主体の形成についての論述はあまりない）。

　筆者は、社会教育学分野も学んだこともあり、戦後の青年団が全国的に取り組んだ"問題発見・問題解決型共同学習"が成人の社会福祉学習、福祉教育でも重要ではないかと考えた。

　筆者は、1973（昭和48）年に、東京都稲城市で「住みよい稲城を創る会」を創立し、代表幹事になるとともに、住民の集いを開催し、父子家庭の子育て問題、「嫁」の立場での舅、姑の介護問題、学校拒否児（当時の使い方。今

のひきこもりの児童・生徒）問題、保育所問題等を取り上げ、体験発表して頂き、その報告を受けての分科会で論議をする集会を毎年行ってきた。

　同じような実践として、山口県宇部市では1977（昭和52）年度より、文部省（当時）の補助事業を活用して「婦人ボランティアセミナー」を始めた。社会福祉の学習、高齢者問題の学習、住民の自学自習、相互学習の重要性を学ぶ社会教育の学習という座学、介護教室や点字・朗読など障害者支援に必要な実技とその実技を実際の社会福祉施設で体験する派遣学習とを組み合わせ、毎年6月から翌年2月までの9か月間、20回以上行われた。「婦人ボランティアセミナー」は、その後発展して2年制の「ボランティアカレッジ」になり、男性も受け入れるようになった。この「婦人ボランティアセミナー」及び「ボランティアカレッジ」に企画及び担当講師として約25年間関わってきた（『生きがい発見のまち―宇部市の生涯学習推進構想―』大橋謙策監修、宇部市教育委員会編、東洋堂企画出版社、1999年参照）。

　同じような取り組みとしては、東京都狛江市の「あいとぴあカレッジ」がある。狛江市社会福祉協議会が1989（平成元年）年度に策定した地域福祉活動計画「あいとぴあ推進計画」において提言した「あいとぴあカレッジ」は福祉の街づくりとの関わりを意識して構想されたものである。2年制のカレッジで、1992（平成4年）年の5月から始まった。この構想は宇部市の「婦人ボランティアセミナー」の考え方をより充実・発展させたものであった。「あいとぴあカレッジ」は基礎課程、実技課程、専攻課程からなる2年制で、具体的に事例に基づいたケース会議も内容に組み込まれていて、履修中でも、修了後でも実際の在宅福祉サービスに関われる人材の養成、研修を志した（『地域福祉計画策定の視点と実践―狛江市・あいとぴあへの挑戦―』大橋謙策編、第一法規、1996年参照）。

註9）狛江市の「あいとぴあカレッジ」については「市民福祉教育研究所」を主宰している阪野貢氏の論文及びブログなどが参考になる。参照願いたい。

註10）このような体系的成人の学習体系のプログラム開発は、1977（昭和52）年に創立された「世田谷区老人大学」の企画構想委員に就任し、その構想案を

執筆した時からである。この「世田谷区老人大学」も単なる自己充足型生涯学習として考えたのではなく、社会還元型生涯学習として構想した。

世田谷区老人大学の目標、理念を"地域に生きる、集団で生きる、若者と生きる、丈夫で生きる、汗を流して生きる、家庭・家族と生きる、文化をもって生きる"と起草させて頂いたのも、まさに社会還元型生涯学習を目指したからにほかならない。

世田谷区老人大学は、2年制、各学年4クラス（コース）で、1クラス25名（1クラスに1名の講師）のアクティブラーニングを基本とし、問題発見の調査、問題解決の企画、さらには修学旅行もある本格的なカレッジを構想した。

その「世田谷区老人大学」の初代学長は福武直氏で、それは名称は変わったが、今でも続いて運営されている（『老いて学ぶ老いて拓く─世田谷区老人大学・生涯学習への挑戦』三浦文夫編、ミネルヴァ書房、1996年参照）。

筆者は、戦前、住民が企画・実施した長野県上田自由大学に学び、「地域青年の学習活動と形態─青年学級から青年自由大学」（大橋謙策『社会教育の方法』東洋館、1973年）及び大橋謙策「地域青年自由大学の創造」（講座『日本の学力』第14巻、青木書店、1979年）を執筆していたことが底流にある。

地域福祉が目指す地域自立生活支援のシステムづくりや「福祉でまちづくり」に取り組むことによって、従来「福祉国家」体制以降つくられてきた地域住民の社会福祉観を変え、社会福祉関係者や住民の行政依存的体質を改め、住民と行政の協働による地域共生社会づくりが実現する。それこそが、市町村を基盤とした住民参加による、自律と博愛と連帯による社会システムとしての「ケアリングコミュニティ」の実現である。

そのためには、地域福祉の主体形成の課題である①福祉サービスの適切な利用ができる主体形成、②地域福祉を支えるボランティア活動を行う主体形成、③市町村の地域福祉計画策定と進行管理に参画できる主体形成、④そして対人援助としての社会福祉を介護保険や医療保険等の社会保険制度の面から支える社会保険契約主体の形成、といった4つの地域福祉の主体形成を体系的に取り組むことが重要になる。そのためにも、社会福祉行政の枠だけではなく、社会教育行政とも連携して、自分の住む地域を愛し、地域を良く

するために能動的に活動できる"選択的土着民"(榛村純一、元掛川市長が
1970年代に提唱)を増やすことが喫緊の課題である。

第5章
地域福祉計画の枠組みと策定方法

　筆者は、1976（昭和51）年の「施設の性格と施設計画」（『社会福祉を学ぶ』小川利夫、高島進、高野史郎編、有斐閣）という論文において、教護院（現在の児童自立支援施設）は都道府県に1か所の設置が義務付けられているが、それ以外の社会福祉施設の整備計画がないのはおかしいのではないかという問題提起をした。それは多分に当時の社会福祉行政が"救貧的な最低限度の生活の保障"であり、社会福祉行政による措置行政のなせる業であると分析し、それを改善する必要性を提起した。

　社会福祉施設を地域住民が自分たちの生活を守る拠点になる共同利用施設として位置づけ、そのために必要な社会福祉施設を計画的に整備すること、かつそのための運営の民主化と住民参加による運営の必要性を提起した。

　筆者は、1971（昭和46）年に東京都稲城市の社会教育委員に任命され、稲城市の社会教育振興方策の長期計画を立てることに関わる。公民館、図書館の建設も含めた長期計画の策定であった。中央公民館方式か、7つある字（あざ）単位での地区公民館並列方式かとか、公民館と児童館、老人福祉センターとの合築などの論議を既にしていたこともあって、上記の論文を執筆することになる。

　このような機運が当時の自治体にあったのは、1969（昭和44）年に地方自治法が改正され、地方自治体は基本構想、長期計画、実施計画を策定することが義務付けられたことと、稲城市が木炭や梨を算出する農村から、都営の4階建ての集合住宅団地（人口5000人）がつくられ、一気に人口増加が進み、"人口3万人の特例市"に"昇格"したこともあって、様々な福祉サービスの整備や社会資本の整備をせざるを得ない時期での取り組みであった。

　しかしながら、社会福祉行政は国の機関委任事務であり、中央集権的措置行政のために、社会福祉分野の計画はいわば"治外法権"の領域で、住民参加で社会福祉を進めるということにはほど遠い状況の中であった。

第4回日本地域福祉学会は1990（平成2）年に日本社会事業大学で開催されたが、その大会のテーマが「地域福祉計画の視点と課題」であった。その際、筆者は地域福祉計画の歴史的系譜と課題についてまとめた（「『地域福祉計画』の到達点と現状及び課題」日本地域福祉学会『地域福祉計画の視点と課題』所収、1990（平成2）年参照）。

　筆者は、それを踏まえて、地域福祉計画は、大きく分けて5段階からなる発展をしてきたと考えている。第1段階は、コミュニティ・オーガニゼーションにおける問題解決の目標とその解決を目指す計画のことで、牧賢一が『コミュニティオーガニゼーション概論』——社会福祉協議会の理論と実際（全国社会福祉協議会、1967年）で述べている。

　第2段階は、全国社会福祉協議会が、未だ法定化されていない市町村社会福祉協議会の充実強化を図る側面から、その活動指針になることや在宅福祉サービスの整備の在り方等を考えて、社会福祉協議会が行政との協働の側面も視野に入れて策定を考えるもので、1984（昭和59）年の『地域福祉計画——理論と方法』（全国社会福祉協議会、1984年）がその典型である。

　第3段階は、社会福祉行政の機関委任事務が改革され、地方分権が社会福祉の分野においても明らかになる中で、1989（平成元）年のゴールドプラン（「高齢者保健福祉推進10か年戦略」）（厚生省）に対応して、市町村での在宅福祉サービスの整備を計画的に推進するために1990（平成2）年から老人保健福祉計画が策定されて義務化されたこと。その流れの中で、1989（平成元）年に「東京都における地域福祉推進計画の基本的あり方について」（東京都地域福祉推進計画等検討委員会）が出され、その報告書で市町村行政が策定する計画を地域福祉計画と呼び、市町村社会福祉協議会等が策定する計画を地域福祉活動計画と呼ぶよう提言したこともあって、従来、「地域福祉計画」という名称は社会福祉協議会が使っていたものであるが、東京都の報告書にならい、すみ分けされることになった。

　と同時に、1990年代は、地方分権の流れの中で、社会福祉行政の各分野の計画が進展する（老人保健福祉計画、障害者計画、障害福祉計画、介護保険事業計画、地域福祉計画、健康増進計画、次世代育成支援行動計画、子ども・子育

て支援計画等）。

第4段階は、1990年代の社会福祉分野ごとの計画に遅れはしたが、社会福祉事業法が社会福祉法に2000（平成12）年に改称・改正され、その社会福祉法に地域福祉計画が位置づけられた段階である。各社会福祉分野に関する各種計画との“横並び”での位置づけであったが、社会福祉法が地域福祉という新しい考え方を取り入れ、地域での自立生活の支援を指向する中で、市町村の地域福祉計画が求められるようになり、厚生労働省からは「地域福祉計画策定ガイドライン」（「市町村地域福祉計画及び都道府県地域福祉支援計画の策定について」通知2002年4月）も出された。

第5段階は、2015（平成27）年から始まる「地域共生社会政策」が、社会保障、社会福祉の“戦後第3の節目”と位置づけられ、地域福祉が実質的に社会福祉のメインストリームになって、地域福祉計画が各種社会福祉の分野計画の“上位計画”として、地域福祉の視点から住民参加を得て、各種分野計画の統合的調整をしようとする段階である。

筆者が、1976（昭和51）年に「施設の性格と施設計画」（『社会福祉を学ぶ』小川利夫・高島進・高野史郎編、有斐閣）という論文において、「住民参加と地域福祉計画」を書いてから約45年、ようやく十分ではないが、地域福祉の根幹である市町村を基盤にした在宅福祉サービスの整備を軸にした住民参加による計画づくりと運営が論議できるようになってきた。

ところが、地域福祉実践、研究において、地域福祉計画の体系的かつ理論的研究は残念ながら十分でない。地域福祉研究者が、各地の地方自治体において、バッテリー型研究を行い、地域福祉計画の体系的、理論的研究を行わないと、シンクタンク系のコンサルテーションレベルでつくられてしまう。筆者は、1990（平成2）年前後の老人保健福祉計画に関わるシンクタンク系のコンサルテーションにはない計画づくりを取り組んできたつもりである。

筆者が1990（平成2）年度から策定に取り組んだ目黒区地域福祉計画（老人保健福祉計画を包含）では、地域福祉展開の基本的理念として10項目を掲げた（①全体性の尊重、②地域性の尊重、③身近性の尊重、④社会性の尊重、⑤主体性の尊重、⑥文化性の尊重、⑦協調性の尊重、⑧交流性の尊重、⑨快適性の

尊重、⑩迅速性の尊重）。これらの理念を掲げて確認したのは、縦割り行政を排し、世帯全体を考え、身近なところで迅速に対応するとともに、福祉サービスの内容は救貧的でなく、文化的で、快適性に富み、地域の中で孤立しないで、社会生活を楽しめるようにしたいと考え、理念として掲げ、その理念を遂行できるシステムや福祉サービスを計画として盛り込んだ（拙著『地域福祉論』放送大学教育振興会、1995 年参照）。

註 1）目黒区の地域福祉計画づくりでは、新しい保健福祉サービス事務所を区内5 か所につくるという新しいシステムづくりなので、区職員の労働組合から"組合団交"を求められた。"組合団交"の当事者でないので、説明会を組合向けに行った。そんなこともあり、この計画づくりの過程では、区長や副区長との協議を何回となくさせて頂いた。

筆者が手がけた地域福祉計画づくりでは、地域福祉推進の理念、計画の枠組み、策定の方法を重視して行ってきた（前掲『地域福祉計画策定の視点と実践—狛江市・あいとぴあへの挑戦』、『21 世紀型トータルケアシステムの創造—遠野ハートフルプランの展開』、『福祉 21 ビーナスプランの挑戦—パートナーシップのまちづくりと茅野市地域福祉計画』参照）。

地域福祉計画というと在宅福祉サービスなどをどう整備するかという目標、タスクゴールだけが注目されるが、計画づくりには計画づくりの過程で住民参加をどう位置づけるかなどのプロセスゴールがある。

註 2）山形県鶴岡市では、合併前の人口 10 万人の時であるが、"車座トーク"と称して、住民座談会を 133 か所、2100 人の住民参加を得て行った。住民から出された生活課題、生活のしづらさの課題は 5300 枚のカードに書かれた。岩手県遠野市では人口 2 万 3000 人で 68 か所の住民座談会が行われた。

また、地域福祉計画づくりを通して、関係者の社会福祉への意識を改革し、協力を得るということも重要であるので、リレーションシップゴールも重視した。

註3）遠野市や茅野市では市議会議員の調査研究の一環として地域福祉計画に関する講演、質疑応答も行った。茅野市では3回、遠野市でも2回させて頂いた。

　　　遠野市の場合では、財政が厳しく、社会福祉に財源を投入できないという"どぶに金を棄てる"ことになりかねないという質問に対し、"福祉でまちづくり"の重要性と必要性を訴えた。

　　　また、医師会に働きかけて、「保健・医療・福祉の集い」を多くの自治体で、何度となく開催してきた。

　そのようなプロセスゴール、リレーションシップゴールを意識しながら、タスクゴールとしては以下の枠組みを重視して策定してきた。

①ハード面——在宅福祉サービス地区を想定した施設整備。地区ごとの施設の偏在と福祉サービス利用の分布予測

②ソフト面——住民の福祉ニーズの把握と新たな福祉サービスの整備「限界集落」における総合的な生活支援サービス（国際障害分類（ICF）の視点に基づく生活機能の低下・障害に対する支援）の必要性

③アドミニストレーション面——福祉サービスの評価、適正化のシステム、サービスのアウトソーシング化に関わるアドミニストレーションシステムの構築、社会福祉従事者の研修システム

④パーティシペーション面——条例による「地域保健福祉審議会」の設置、インフォーマルケアに関する人材の養成と支援のシステムづくり

⑤ファイナンス面——国の補助制度の積極的活用、財政部局との計画実現に必要な財政フレームの協議、共同募金のコミュニティファンド化や寄付の文化の醸成、新しい財源確保

註4）東京都狛江市、東京都東大和市では、計画化する事業について、財政規模、積算根拠などを概算で出し、市行政の財務部と財政フレームとして可能かどうかも計画策定段階で協議をした。

　このような計画の枠組みと目的を設定して、筆者は全国の地方自治体の計画づくりに参加し、企画し、その実現に努めてきた。

そのような1980年代末から策定してきた地域福祉計画づくりの考え方とその意味を2000（平成12）年の社会福祉法の中に「地域福祉計画」が位置づけられた際に、集大成的にまとめたのが以下の「社会福祉法時代の地域福祉計画」（2003年第9回地域福祉実践セミナー資料集所収、その後一部加筆）である。

①地域福祉計画づくりは、住民参加により、住民の社会福祉意識を変え、地域のもつエネルギーを再発見する、住民の生涯学習の機会である。
　（解説）
　　住民座談会を行い、住民のニーズを把握する際に、住民自身から出された課題を参加者で討議し、その解決方策を探る方法は、戦後社会教育実践において、大いに活用された共同学習運動（1950年代に日本青年団協議会が提唱し、広がった学習活動で、「話し合い学習」、「生活記録」を重視し、その問題解決に必要な社会科学等の系統学習を結びつけていくもの）と類似している。社会教育法第3条は“実際生活に即する文化的教養を高めうる”ことを重視しているが、まさに住民自身が問題発見・問題解決学習を行うことは、社会教育法の理念に基づく地域を基盤とした生涯学習そのものであり、「自己充足型生涯学習」ではなく、「社会還元型・社会参画型生涯学習」そのものの実践といえる。

註5）筆者が体系的な地域福祉計画に携わるのは、栃木県が県単独事業として始めた「コミュニティケア政策」に基づき県内市町村の中からモデル市町村を選定する施策により、栃木県足利市が指定された際、筆者を中心として「日本社会事業大学地域福祉計画研究会」が組織されて取り組んだ時である。
　　その足利市の地域福祉計画づくりの中で、住民の社会福祉意識調査が重要だと考え、住民のアンケート調査と有識者及び関係団体へのインタビュー調査や住民座談会を行った。その報告書は1980年に「足利市における社会福祉実態調査研究報告書」として刊行されている。
　　これ以降、各自治体の地域福祉計画では住民の社会福祉意識調査と関係者・団体のインタビュー調査を行うと同時に、住民座談会を行うことを不可欠と

している。

②地域福祉計画づくりは、行政と住民のリレーションシップ（力学）を変え、行政補助金依存体質、行政陳情・要望型活動スタイルを見直し、行政と住民との新しいパートナーシップ（協働）をつくる機会である。

（解説）

　中央集権的行政組織、補助金方式による行政運営が、戦後長らく続いてきたために、住民自身が行政に対してどのようなスタンスをとればいいかわからない面がある。また、行政も情報を秘密的にコントロールし、住民管理的発想での行政が展開されてきた。しかしながら、情報公開、規制緩和、地方分権の中で、かつ住民の高学歴化とも相まって行政と住民との関係を新しいものに変えていくことが必要であり、計画づくりはその契機になる。

　かつて、筆者は1970年代半ばに、東京都稲城市の「保育問題審議会」やその後の「社会福祉委員会」の実践において、委員会主催の住民集会を開催した。それは、行政と住民との新しい関係を模索するもので、行政主催ではなく、委員会あるいは審議会主催で住民集会・住民懇談会を行うことにより、陳情型、告発型の集会としてではなく、問題発見・問題解決型という住民参画・協議型の集会の在り方として定着させた経験を有している。そのような新しい関係づくりが21世紀には必要であるし、"草の根"の民主主義を、地域主権をつくり上げるためには、そのような実践が重要になる。

　地域福祉計画は行政と社会福祉協議会とが協働して策定する、住民参画による市町村の新しい公共の理念を具現化する地域福祉の計画である。それはまた、行政と住民との新しいパートナーシップの在り方を問うものである。それだけに、首長や議員が市町村社会福祉協議会の位置を見直し、行政ではできない活動を展開してくれる重要なパートナーシップとして社会福祉協議会を位置づけられるかが問われることになる。市町村社会福祉協議会が策定しようとしてきた地域福祉活動計画は、社会福祉法で地域福祉計画が法定化されて以降は、社会福祉協議会が自らの立場で、自らの体

制整備の在り方も含めて、どう推進するかに関する社会福祉協議会の充実
強化方策ともいえる組織整備、活動計画へとその性格を変えている。した
がって、地域福祉活動計画は、逆に、社会福祉協議会が市町村との関わり
に関し、新しいパートナーシップの在り方を展開する計画づくりであると
いえる。

③地域福祉計画づくりは、縦割り行政を見直し、行政再編を行い、保健・医
　療・介護・福祉を連携させた、総合的な、新しいサービス提供システムを
　展開する機会である。
　（解説）
　　社会福祉法第5条は“多様な福祉サービスと保健・医療その他関連す
　るサービスとを有機的に結び付け、創意工夫して、総合的にサービスを提
　供すること”を規定している。この考え方は地域での、在宅での自立生活
　を支援しようとすれば、素直にその必要性が理解できよう。この理念を具
　現化するためには、ワンストップサービスができる総合相談窓口の設置や
　家族全体を考えた支援、地域の支え合いを結びつけられる支援が行えるシ
　ステムづくり等社会福祉の行政再編成が必要であるし、新しいサービス提
　供システムが必要になる（詳しくは大橋謙策・原田正樹共編著「地域福祉計
　画と地域福祉実践」万葉舎、2001年参照）。

④地域福祉計画づくりは、職員の“縄張り”意識を変え、チームアプローチ、
　プロジェクト機能の必要性を認識させる機会である。
　（解説）
　　③と同じで、地域自立生活を支援するシステムを考えれば、当然のこと
　と理解できるはずである。その中で、医師や看護師、保健師、あるいは管
　理栄養士、理学療法士等、他の専門職種とチームを組んでサービスを提供
　する際に、他職種から評価される社会福祉士及び介護福祉士の固有ともい
　える社会生活モデルに基づく問題分析の視点、分析の枠組み、援助方針の
　立て方がなければ、社会福祉士及び介護福祉士の業務は他の職種の業務の

中に埋没、もしくは軽蔑、あるいは下請的業務分担を求められることになる。ソーシャルワーカーとしての社会福祉士の固有の分析の視点、枠組み及び援助方針が重要で、その理論モデルがコミュニティソーシャルワークである。

⑤地域福祉計画づくりは、「行政の福祉化」に気づかせ、ノーマライゼーション、バリアフリーの必要性と重要性を気づかせる機会である。
　（解説）
　　「社会福祉の普遍化」が1970（昭和45）年以降いわれている。「社会福祉の普遍化」は、まず、社会福祉ニーズの普遍化から始まる。それは、社会福祉サービス利用の普遍化、社会福祉サービス供給組織の普遍化へと発展する。介護保険のように、民間事業者が参入してくるのは、その最たるものである。そうなると、それは社会福祉サービスなのか、社会サービスなのかの境界が難しくなる。と同時に、社会福祉とは何かが改めて問われることになる。社会福祉法第4条の理念の具現化とは、事実上、あらゆる社会サービスにおいて障害を有している人や高齢者等生活機能上障害を有する機会が多い人が、日常的に不自由を感じないようにすることである。とすれば、それは従来社会福祉の視点、サービスとして行われていたものが、あらゆる社会サービスに関する行政の中に内在化することである。そのことを「行政の福祉化」という。WHO（世界保健機関）が、1980（昭和55）年に制定した「国際障害分類」を改訂し、2001（平成13）年5月に「国際生活機能分類」を発表した。その考え方は、まさに同じ発想である。

⑥地域福祉計画づくりは、「福祉でまちづくり」の可能性を追求する機会であり、商店街の活性化、生活衛生同業組合関係者のビジネスチャンスをもたらす機会である。
　（解説）
　　地域福祉計画は、社会福祉行政の再編成のみならず、多様なサービスを

総合化させ、地域トータルケアシステムを構築することであると述べたが、それと同時に、地域福祉計画づくりは、地域福祉を推進することにより、地域の雇用機会の創出や地域の商店街等地域経済の活性化にもつながる。高齢者や障害者のように、自ら自動車を運転して、移動することができない人々は、どうしても生活圏域が狭くなる。狭い生活圏域内にある商店が、従来の商法を改め、高齢者、障害者に特化させ、それらの人々の日常生活を支援することは、自らのビジネスチャンスを増やす可能性を秘めている。

「生活衛生関係営業の運営の適正化及び振興に関する法律」の一部改正が2000（平成12）年に行われ、生活衛生同業組合の事業の中に「組合員の営業に係る老人の福祉その他の地域社会の福祉の増進に関する事業についての組合員に対する指導その他の当該事業の実施に資する事業」が付け加えられた。理容美容、公衆浴場、クリーニング業、飲食業等の関係業者が地域福祉を推進することを通して、自らのビジネスチャンスを考えることが求められている。

また、市町村の地域福祉を推進することにより、その情報を全国発信し、関係者が視察に来るなど市町村の活性化につながることも大いに期待できる。そのようなことを含んだ地域福祉計画づくりを考えたい。

さらには、社会福祉施設の食材を地元の商店や地元の農家との契約により、「地産地消」を促進することや、障害者の労働の機会を農業との連携に求め、「農福連携」による休耕田を活用しての栽培等も「福祉で街づくり」である。

⑦地域福祉計画づくりは、首長、議会議員のまちづくりの哲学を問う機会である。

（解説）

今までの市町村の長期計画等は、どうしても高度経済成長の名残、公共土木事業への依存、右肩上がりの経済成長を念頭に置いて作成されてきた。しかしながら、21世紀の市町村経営は、環境との共生、少子・高齢社会

の急速な進展、人口減少、産業構造の転換、地球規模での政治・経済動向を考えなければならなくなってきた。地域福祉計画づくりは、どのような地域をつくるのか、高齢者や障害者との共存できる社会システムづくりと経済の活性化との関わり等が問われることになり、従来の市町村経営の哲学では対応できない。したがって、首長や議員の地方自治体経営の哲学を問う機会でもあり、市町村議員研修等の取り組みが重要になる。

⑧地域福祉計画づくりは、社会福祉協議会、町内会等の地域コミュニティ型組織とNPO等の共通関心事アソシエーション型組織とを綾なすことによる地域コミュニティを再構築する機会である。

（解説）

　従来、地域福祉の推進というと社会福祉協議会が大きな役割を果たしてきた。また、社会福祉法でも地域福祉推進の中核的組織として市町村社会福祉協議会が位置づけられている。しかしながら、1998（平成10）年の特定非営利活動促進法が制定されて以降、かつまた高度情報化、高学歴化の進展に伴い、住民の社会参加へのエネルギーは高まっている。したがって、地域福祉の推進にあたっては、従来のような町内会等の地域網羅団体としての地域コミュニティ組織だけに頼るのではなく、住民の中で、共通関心事で組織化されているアソシエーション型組織のエネルギーも活用して、両者の特色を十分活かして計画づくりを進めることが、都市部でも農村部でも重要であり、そのことを通して福祉コミュニティづくりが醸成されていく。

　その際には、地域を基盤としてきた市町村社会福祉協議会は、NPO法人との連携を深め、地域の多様な社会福祉関係団体のプラットホーム機能をもつことが重要である。

⑨地域福祉計画づくりは、行政の財源のみならず、共同募金の活用等民間財源の在り方を見直し、寄付の文化を醸成する機会である。

（解説）

戦後の社会福祉は憲法第89条の規定や「福祉国家」論との関わりもあり、行政がすべて行うべきとの考えが定着し、かつ「措置行政」という方式で社会福祉サービスが展開されてきたこともあり、社会福祉関係者の中には、行政から補助金が出れば事業を行うといった行政依存体質が出来上がった。社会福祉法人なり、社会福祉協議会自らが住民のニーズに即し、自らが金銭を工面して、自発的にサービスを開拓・開発するという発想をなかなかもてなかった。しかしながら、規制緩和の時代、構造改革の動向を見据えると、まずは社会福祉関係者が住民のニーズをキャッチし、それを解決するサービスを企画し、その上でその財源をどう調達、捻出するかという発想をまずもつことが重要である。それこそがソーシャルワークである。その上で、財源は民間助成団体を活用する、共同募金会に申請する、他の財源調達法を考えるなどが必要である。そのような機運を醸成していくためにも、住民自身が社会に寄付を行うという「寄付の文化」を創造していくことが求められている。日本では、一定の固定されたメンバーシップ相互の扶助機能は「結」に代表されるように、農耕文化に支えられて地域に根づいているし、また宗教と結びついた「講」といったものもある。また、タテ社会の企業の中でも企業内福利厚生としての相互扶助機能が強かった。それに反して、見ず知らずの、社会で何らかの援助を必要としている人への「寄付の文化」が豊かにあったかといえばそうとも言えない。近代市民社会の形成において思想的に構想された、国民が自由と平等を保障される替わりの“担保”としての「博愛」に思いを馳せ、世界規模での貧困と恐怖を絶滅するための「寄付の文化」が日本に求められている。地域福祉計画づくりの中で、そのような地域から世界を見通す主体性の確立の一つの証として「寄付の文化」があるといっても過言ではないであろう。

⑩地域福祉計画づくりは、社会福祉の在り方のみならず、国民、住民の人間観、生活観を見直し、新しいライフスタイルと福祉文化を創造する機会である。

（解説）

地域福祉計画は、今まで述べてきたように、従来の狭い社会福祉行政の枠組みで計画づくりを進めることではない。現実に、社会福祉サービスを必要としている人や福祉サービスを利用している人々をきちんと支えつつも、その人々と共に生きる地域・社会づくりそのものである。そのことは、住民自身がどのような社会システムを望み、どのような人生観、人間観、生活観の下で、どのようなライフスタイルを求めるかにも関わる内容である。しかも、その計画づくりが当面関わる空間は、その住民が住む市町村圏域であるが、その内容は世界に開かれた、世界と関わる思想そのものでもある。それだけに、どのような社会福祉に関する文化を創造するか、一人ひとりの住民に問われている。

第 2 部
地域での自立生活を支える ICF の視点に基づくケアマネジメント及び福祉機器活用によるソーシャルケア（ソーシャルワーク・ケアワーク）

第 1 章
人間の尊厳・幸福追求権を踏まえた「ケア」観の創造

　日本の高齢者介護の領域は、2000（平成 12）年の介護保険サービスに株式会社や NPO 法人等がサービス事業者として認められ、多様な介護保険サービス事業者が参入できるようになり、その分野における事業の経営の在り方やサービス提供の考え方、ケアの考え方も大きく変わりつつある。しかしながら、その変容は未だ十分とは言えない。それはある意味、戦後日本の社会福祉がもっている考え方、哲学の残滓を引きずっているといっても過言ではない。

　人をケアする営みは、人間の進化の中で取り組まれてきた機能であるが、その営みは普通は人間関係が自然発生的に濃厚に生じる家族、親類、あるいは生活を共同体的に成り立たせている近隣という親密圏域の中で行われてきた。その親密圏域におけるケア、助け合いの機能が何らかの事由により脆弱化していたり、成り立たなくなった時、それを代替する機能が社会的に求められる。生活困窮に陥っている、あるいは日常生活の自立ができないという事態が生じ、それが家族等の親密圏域で解決できない時、「ケアの社会化」という社会福祉が制度的につくられ、展開される。

「ケアの社会化」である社会福祉の歴史において、それがどのような思想、哲学で行われるかは大きな課題である。それは宗教家により行われる場合もあれば、生活に余裕のある富裕層により慈善として行われる場合もある。しかしながら、少なくとも、近代国家という国民の参政権が認識され、国家が国民の生活を守る関係が成立して以降で、改めて「ケアの社会化」における思想・哲学が問われることになる。

　「ケアの社会化」が進む要因は多様である。第1にはケアを必要とする人がその時代において多数となり、時の為政者にとって看過できない状況、もしくは社会統合の必要性から進めるもの、第2には労働力の確保が社会発展の鍵と考え、そのことに関わって推進させること、第3には住民自身の生活防衛的立場から生活協同組合的に推進すること、第4には新たな社会思想、哲学に基づき推進されることが挙げられる。これらの要因は、相互に関わりながら、時の政治力学に左右されて実際の「ケアの社会化」は推進される。

　ところで、人間にとって自然に働きかけ、自らの糊口を癒す糧を得る労働は、人間を成長させる大きな役割であり、かつ生計を維持する上で欠かせない営みである。また、その労働を管理し、生産力を高め、社会・国家を富ませることは為政者にとって最重要な課題である。「ケアの社会化」を進める思想の最大の要因は、この労働力をいかに確保し、いかに生産性を上げるかという課題であった。

　イギリスで1834年に改正された新救貧法は、「劣等処遇の原則」をうちたて、社会的なケアである救貧制度のサービスを受ける者は、自ら生計を維持して生活している最低の労働者の生活を上回らない水準のサービスを受けることになるという、一種の"見せしめ"的生活を強い、救貧制度を利用することへの抑制と低賃金労働力の確保を思想とした。

　「ケアの社会化」を労働力との関わりで考えようとする思想は、資本主義社会においては常に問われてきた命題であるということができる。日本でも、1900（明治33）年にフランスのパリで行われた「公私救済事業万国会議」に出席した内務省の井上友一が列強諸国の救貧制度を学び、1909（明治42）

年に上梓した『救済制度要義』（博文館）で提示した"風化行政"（いわゆる教化・風紀・娯楽・奨倹行政のこと）は実質的にイギリスの新救貧法につながる思想を普及させる役割を果たした。井上友一は"救貧よりも防貧、防貧よりも教化、教化よりも風化"という考え方の下で、中央報徳会を全国津々浦浦に組織化し、二宮尊徳の教えを流布させ、期待される人間像としての勤倹貯蓄、隣保相扶、至誠を説く風紀善導の実践を推進した。結果として、日本人は 1970 年代に"エコノミックアニマル"と揶揄されるほど、労働生産性中心の社会哲学が創られていく。そこでは、「社会化されたケア」を受けることは、"非国民"であり、"人間失格"という文化を歴史的につくりあげた。このような社会観、国民観、文化観は、社会福祉行政の在り方やケアの目的をも歪めることになる。

　このような労働観・生活観を結果として推進させた役割を担うことになったのが大河内一男である。大河内一男は 1938（昭和 13）年に「我国に於ける社会事業の現状及び将来——社会事業と社会政策の関係を中心に」（「社会事業」第 22 巻第 5 号）と題する論文を書き、労働力をどう豊かに確保するのかが社会政策の課題であり、社会事業はその"補充"、"代替"であると位置づけた。社会事業という救済制度としての社会の制度は、常に労働力政策の補完であり、下位機能でしかないという位置づけになり、今でも社会的に経済の余剰が生まれたら社会福祉を充実させるという社会哲学が支持を受けることになる。

　戦後も一貫して、社会福祉行政における「自立論」は経済的自立を指向してきた。身体障害者も知的障害者も、精神障害者も時の産業構造になじまない、あるいははじき出されてきたにも関わらず、そこで求められる「ケア」の目的は経済的自立を求める"就労支援"である。

　したがって、戦後、憲法第 25 条で、国民の"健康で文化的な最低限度の生活の保障"が国民の権利として位置づけられたというものの、それは"あくまで最低限度の生活の保障"であり、行政からの"してあげる"目線になりがちであった。

　このような、日本の社会福祉行政における伝統的な「ケア」観、社会福祉

観に対して、違う視点で問題提起をした思想がある。

　その一つが権田保之助である。権田保之助は 1931（昭和6）年に『民衆娯楽論』（厳松堂）を上梓し、"娯楽は生活の余力より発生するものである、娯楽発生の条件は生活余剰であるとする見解は逆であって、人間は生活余剰と関係なく娯楽を追求するものであり、……それは生活創造の根底である"と位置づけている。そして、権田保之助は余暇善用論のような"娯楽の他目的的活用"を戒め、娯楽は"生活美化の欲求"としての人間の本然的欲求であると考えた。この考え方は、オランダのヨハン・ホイジンガが 1938 年に書いた『ホモ・ルーデンス―人類文化と遊戯』（高橋英夫訳、中央公論、1963 年。日本語訳ではホモ・ルーデンスを遊戯人と訳す）よりも早く、人間の自己表出の喜び、自己実現の方法について示した考え方である。

　看護や介護の領域でよく使われるアブラハム・H・マズローの欲求階層説は、生命維持に必要な生理的欲求が満たされた後に安全の欲求、その後社会的欲求である愛情と所属の欲求、自尊と承認、自己表出の欲求、最後に自己実現の欲求で構成されており、かつ低次段階の欲求から高次段階への欲求へと階梯性を有しているとの説である。

　しかしながら、アブラハム・H・マズローの著書を『完全なる人間　魂のめざすもの』（誠信書房、1964 年）として翻訳した上田吉一は、その本の「訳者あとがき」の中で"現実の欲求が階層組織を厳密に形作っているかどうかということ、また低次段階の欲求満足が自動的に高次段階に上昇するものかどうかについては、なおも疑問や批判の残るところである"と指摘している。

　このマズローの欲求階層説もケアを考える上で大きな問題となる人間像を示している。つまり、低次段階の欲求が十分確保できない人間は自己実現の欲求をもてない、あるいはその欲求を表出できないことになるわけで、二重の意味で人間の捉え方を誤っていると言わざるを得ない。障害を有していて他人の"ケア"を受ける人においても、認知症の高齢者においても、人間としての尊厳が保たれ、人間として評価される権利と欲求はあるし、自己表出、自己実現の欲求をもっている。また、自らが帰属する、自分が落ち着く空間、居場所を求めていることも明らかである。

このように考えると、これからの社会福祉観、「ケア」観は、憲法第 25 条に基づく"最低限度の生活の保障"という歴史的に獲得されてきた社会権的生存権保障のみならず、もっと積極的な意味合いをもたせて憲法第 13 条の幸福追求権に基づく自己実現を図る「ケア」観に転換されていかなければならない。

　筆者は、1976（昭和 51）年に書いた「社会福祉講座（3）教育と社会福祉」（『学研　教科の研究　第 11 巻第 6 号』所収、学習研究社、1976 年）や 1977（昭和 52）年に書いた「社会福祉のための社会教育」（『月刊福祉』第 60 巻 1 月号、1977 年）等の論文において、社会福祉は憲法第 25 条を法源として論ずるだけではなく、憲法第 25 条の社会権的生存権としての国民のセーフティネットの役割を大切にしつつも、他方、憲法第 13 条をも社会福祉の法源として、位置づけ、政策や実践を展開すべきだと主張してきた。

註）朝日訴訟の最高裁の判決が 1967（昭和 42）年 5 月 24 日に出されるが、その後開かれた集会において、筆者は生意気にも社会福祉は憲法第 25 条だけではなく、憲法第 13 条からも考えるべきだと発言。日本社会事業大学の学部 1 年の時から朝日訴訟に関わっていただけに憲法第 25 条の社会権的生存権のもつ重みはわかっていたつもりではあった。

　　その上で、それも踏まえつつ憲法第 13 条の幸福追求権からも考える必要があることを述べた。多分、それは、当時、教育学の学習もしており、貧困家庭の子どもたちが教育権、学習権を保障されず、親の貧困が子に継承される「貧困の世代継承」の問題にも関心を寄せていたことからの発言であったのだろう。

　　日本社会事業大学の小川政亮先生（当時）には、大変怒られたが、朝日訴訟中央対策委員会の事務局長であった長宏先生（後に、日本福祉大学教授）が、"大橋君、それはとても大事なことかもしれない。研究を深めたらいい"と場を繕っていただいた思い出がある。

　　それ以来、社会福祉を憲法第 13 条と第 25 条の両方の側面から探求してきた。その結果、1960 年代末から、"障害者の学習、スポーツ、レクリエーション"がなぜ社会福祉分野でも、社会教育分野でも十分位置づけられていないのかに疑問をもち研究、実践してきた。また高齢者の場合でも、なぜ高齢者の社会

活動の展開や学習、スポーツ、文化活動への関心が社会福祉分野や社会教育分野で弱いのかを問題視し、その領域での研究を推進してきた。

　とりわけ、入所型施設では、かつて1970年代頃まで、福祉サービスを必要としている人を"収容"し、"保護"するという用語が使われてきていただけに、意識して憲法第13条に基づく自己実現を支援するケアという考え方への転換が求められる。

　憲法第13条に基づく自己実現を図るケアとは、アメリカの哲学者であるミルトン・メイヤロフが『ケアの本質──生きることの意味』（田村真ほか訳、ゆみる出版、1987年）の中で述べている"一人の人格をケアするとは、最も深い意味で、その人が成長すること、自己実現することをたすけることである"、"ケアとは、ケアをする人、ケアをされる人に生じる変化とともに成長発展をとげる関係を指しているのである"、"ケアすることは、……世界の中にあって、〔自分の落ち着き場所にいる〕のである。他の人をケアすることを通して、他の人々に役立つ事によって、その人は自身の生の真の意味を生きているのである"と指摘していることと同じである。

　ところで、「ケアの社会化」の内容は物資的援助と直接的対人援助に分けられる。さらに、物資的援助は金銭給付とサービスの現物給付とに分けられる。対人援助は養育・介護に関わるケアワークと、生活のその諸問題を解決してその人の自立支援に関わるソーシャルワークとに分けられる。ここでは、その分類について詳細に論述することはしないが、ケアワークとソーシャルワークに関わる対人援助を中心とし、ケアワークとソーシャルワークとを統合した考え方としてソーシャルケアという用語を使う。

　対人援助に関わる用語としては、アメリカではヒューマンケアという用語を使うことがあるし、イギリスではソーシャルケアという用語を使うことがある。ヒューマンケアは医療や保健も含めた個別援助の意味合いが強い。ソーシャルケアはその人の生活環境、社会環境をも視野に入れて、対人援助をするという考えである。日本では、1987年に制定された「社会福祉士及び介護福祉士法」に基づき、ソーシャルワークとケアワークを分ける考え方

が強い。しかし、筆者はその当時においてもソーシャルワークとケアワークは連動して考えるべきであると言ってきた。

　1980年代は、急速に社会福祉施設が整備されている時代であり、ケアワークに注目が集まり、ソーシャルワークはどのような機能なのかということが認識されていない時代だった。

　しかしながら、1990年代に入り、在宅福祉サービスが法定化され、かつ2000年代の地域自立生活を支援する地域福祉や在宅の要介護高齢者への支援がメインストリーム（主流）になってくるに従い、ケアワークとソーシャルワークを一体的に考える必要性と重要性が高まってきている。その傾向は、2010（平成22）年以降、障害者の地域移行に伴う自立支援や生活困窮者自立支援法の制定により、より必要性が高まっている。筆者はイギリス的な考え方に基づき、2000（平成12）年以降ソーシャルケアという用語で、ケアワークとソーシャルワークとを統合的に考える場合には使っている。

　筆者は2000年5月に「ソーシャルケアサービス従事者研究協議会」を仲村優一先生（元日本社会事業大学学長）や田端光美先生（日本女子大学教授）等と協議し、日本学術会議の社会福祉学系研究連絡委員会が呼びかけて設立した。それはイギリスが1998年に設立した「ソーシャルケア統合協議会」に学んだものである。イギリスの「ソーシャルケア統合協議会」は、1968年のシーボーム報告「地方自治体とパーソナル社会サービスに関する委員会報告」を受けて1971年に「中央ソーシャルワーク教育研修協議会」が設立された。その活動は1976年のバーチ報告「ソーシャルサービスのためのマンパワーと訓練」（『福祉教育の理論と展開』一番ケ瀬・小川・木谷・大橋共編、光生館、1987年参照）により強化されていたが、ケアワークとの統合化を図るため「中央ソーシャルワーク教育研修協議会」を廃止し、ケアワークの質の向上を目指して、ソーシャルワークとケアワークを統合的に考えようとした組織である。

第2章
個別ケアを徹底化した「ユニットケア」の発想・哲学とアセスメントの重要性

　日本でも 2003（平成 15）年以降、多床型の特別養護老人ホームから、制度的にはプライバシー空間を守れるユニット型特別養護老人ホームへの転換が図られてきたが、そのことは必ずしも憲法第 13 条に基づく自己実現を図る個別ケアが徹底化されたわけではない。

　一般社団法人日本ユニットケア推進センターが推進している「ユニットケア」の考え方とは、ユニット型空間における個別ケアの徹底を追求したもので、筆者なりにわかりやすくその考え方を整理すると、少なくとも以下に述べる要件が意識された実践が提供されている。

1. 「ユニットケア」とは、単なる個室を提供する「ユニット型」のケアではない。
2. 「ユニットケア」とは、サービスを必要としている人の意思の確認・尊重を大前提として、限りなく「個別ケア」を徹底させる実践である。
3. そのために、自宅から引っ越し入居する人の生活リズム、行動様式を入居後も継続できるように、その人の日常の生活リズム、行動様式を 24 時間シートに表し、関係者がそれを共通化できるアセスメントを行う。したがって、食事時間、排泄対応、入浴時間などは本人の好みを踏まえた個別対応とし、ケアする側の都合での "スケジュール" 的対応はしない。
4. 「ユニットケア」は、個室が確保されるユニット型なので、限りなく利用者の家具調度も含めて生活空間は利用者の好み、嗜好、従前の生活スタイルを尊重、反映させた使用に供することを原則とする。
5. 「ユニットケア」はケアの本質を "良好な人間関係の構築" と考えるので、"流れ作業的なケア" をしないために、かつ利用者と職員との良好な対人関係を維持するために、ユニットごとに職員を固定配置させ、ゆとりある、居心地の良い、良好な人間関係が保てることを原則とする。

6. 「ユニットケア」は、各ユニットの個性、特色を発揮できるように、ユニットごとにサービス利用者と職員たちの裁量で使える費用を支弁し、ユニットごとに特色あるインテリア、サービスを職員の企画力、やる気によって展開できるようにしている。

7. 「ユニットケア」は、セミパブリックという生活空間を大切にし、多くの家族、ボランティアとの交流ができるようにすることを原則としている。

8. 「ユニットケア」は、利用者個人の食事の好み、嗜好を大切にし、できる限りそのニーズに応える食事サービスを提供することを原則とする。おやつの中味もでき得る限り手作りで、季節感を反映させたものにしている。自分の部屋であるユニットには冷蔵庫も置けるし、望むなら外から出前も取り寄せることができる。

9. 「ユニットケア」は、自分の住宅である個室での生活なので、「看取り」も本人と家族が望む限りにおいて自分の個室で対応するとともに、死後の対応も行う。

10. 「ユニットケア」は、居住者が地域社会の一員として暮らせるように、かつ地域住民の共同利用施設としての位置づけもして、家族はもとより、地域住民やボランティアとの交流と相談を大切にする。

（『ユニットケアの哲学と実践』大橋謙策・秋葉都子編著、日本医療企画、2019 年参照）

　このような個別ケアを目指すとなると、新たなアセスメントの視点と枠組みが重要になる。

　日本の社会福祉におけるケアや自立生活の捉え方はやや狭隘すぎた。日本の社会福祉は先に述べたように、社会政策の補充、代替という位置づけを1930 年代からされてきた影響で、社会福祉における自立は経済活動に参加して、自らの生計を成り立たせるという経済的自立を目的にしがちであった。それではこの世に生まれてきた生きとし生けるものの幸福追求、自己実現という考え方は脆弱にならざるを得ない。

それらの影響の結果といえるのがケアの考え方で、人間尊重、個人の尊厳を実現するケアというよりも、福祉サービスを利用している人の生命の保持（呼吸することの保障）のための食事介助、排泄介助であり、そのための生活環境を整然に保つという点に力点が置かれる「医学モデル」に基づいた"最低限度の生活の保障"になりがちであった。福祉サービスを必要としている人の生きる喜び、生きる意欲、生きる希望を引き出し、支えるという「社会生活モデル」と言える視点は弱かったと言わざるを得ない。結果的に入所型施設では福祉サービス利用者のADL（日常生活動作）が重要なアセスメントの視点となっていた。

　しかしながら、入所型施設サービスにおいても、サービスを分節化、構造化させる発想（**図表5**「入所型施設ケアの分節化と構造化」(p.32)と**図表6**「在宅福祉サービスの構造」(p.32)参照）で、精神的・文化的サービスや空間的環境における支援というものの考え方や位置づけがもっと意識化されなければならない。にもかかわらず、入所型施設という組織体としてサービスを提供するという前提の下ではパッケージ化されたサービスを画一的に、一斉に提供するのが原則で、個別ケアは意識化されず、その視点、考え方は埋没しがちであった。

　ところで、施設福祉サービスの対極と考えられがちな地域での自立生活支援を考えた場合、入所型施設での生活とそこで求められるアセスメントとは全くといって良いほどアセスメントの視点と項目は異なってくる。

　地域での自立生活支援の在り方は、入所型施設のように、全国的に決められている施設最低基準に基づき、限られた空間において、単身者として24時間365日、職員の管理的見守り体制の下でサービスの提供を受けるのとは異なり、住まいの状況、住宅地の地域環境、同居家族の有無、近隣住民によるソーシャルサポートネットワークの有無など一人ひとりの条件がすべて異なると言っても過言ではない。

　したがって、地域自立生活支援においては、入所型施設の様なあらかじめ組織体としてのサービスがパッケージ化されていて、それに合うようにサービス利用者を誘導し、ケアの提供に関するマニュアルがあるわけでもない。

一人ひとりの置かれている状況、サービス利用者一人ひとりの生活文化、行動様式、願いが異なるわけで、それを踏まえたアセスメントが重要になり、入所型施設以上に個別アセスメントが必要であり、重要にならざるを得ないのである。

　しかも、入所型施設においてはADLを軸にしたアセスメントが基軸に考えられがちであったが、地域自立生活支援では、ADLはもとより、買い物の能力、料理の能力、生活管理の能力、ゴミ出し能力などIADL（手段的日常生活動作）が大切な意味をもつ。さらには、近隣住民や友人との交流の頻度や社会活動への参加状況なども重要なアセスメントの項目となる。

　このように考えると、ユニット型ケアの在り方は先に述べた「特別養護老人ホームの設備及び運営に関する基準」の規定にもあるように"入居前の居宅における生活と入居後の生活が連続したものとなるよう"配慮しなければならないことから、ユニット型ケアではアセスメントの視点と項目が多床型の特別養護老人ホーム以上に多面的にアセスメントを行う必要がある。

　ところで地域での自立生活支援という場合、日本の社会福祉が長らくとらわれていた経済的自立への支援や心身に障害を有する人の身体的自立を支援し、結果としてその人が社会経済活動に参加をして経済的自立を図るという支援では対応できない。

　社会福祉法や介護保険法の理念、あるいはユニット型ケアの運営の基本方針を考えても、いまや福祉サービス利用者の個人の尊厳、人間性の尊重がうたわれている。今求められている自立生活支援とは人間としての尊厳に関わる６つの自立の要件（①労働的・経済的自立、②精神的・文化的自立、③人間関係的・社会関係的自立、④身体的・健康的自立、⑤生活技術的・家政管理的自立、⑥政治的・契約的自立）を十分踏まえて支援することが大切になり、これらの６つの自立の要件が何らかの事由によって欠損しているか、不十分であるか、停滞しているかをアセスメントすることが重要となる。

　その際大事なことは、先に述べた福祉サービス提供を構造化した図の考え方である。すべて、よかれと思ってケアを提供することは、却ってサービス利用者のケアサービスへの依存度を高めてしまい、結果として利用者の自立

を妨げることにもなりかねない。福祉サービスを必要としている人が何ができて、何ができないのかをアセスメントしてケアを提供しなければならない。しかも、その際に考えなければならないことは、その人の生きる意欲、生きる希望との関係である。何でもしてもらうのが"楽"だと考えるのか、自分自身で何かを取り組もうと意欲的なのかによって状況は変わる。

　戦前の日本において、社会事業には積極性と消極性の2側面があると考えられ、その両者の関係をどう考えるのが問われていた。物資的・金銭的給付やサービス給付はいわば消極的社会事業で、その人の生きる意欲、生きる希望を引き出し、支え、それが実現できるように支援することが積極的社会事業であると考えられた。

　戦後の社会福祉は、GHQの指導（元厚生省の役人で、後に大阪府知事になった中川和雄氏の証言）もあり、この積極的社会事業の側面が脆弱化し、物資的・金銭的給付やサービス給付をすれば問題は解決すると考えがちであったが、重要なことは生活者である福祉サービス利用者自身がどうしたいかを考えることで、その側面のアセスメントが重要になる。

　日本では稲作農耕が歴史的に創り出してきた文化ともいえる「ものいわぬ農民」、「世間体」、「寄らば大樹の陰」、「出る杭は打たれる」という処世訓に代表されるように、人前で自分の思い、意見を表明することができない、しにくい文化が今でもある。まして、使ったこともない福祉サービスの良し悪し等は素人である一般住民にはわからないわけで、本人からの申し出がないから対応しないということでは本来のケアにはならない。それらのことを意識しないアセスメントは、本当に福祉サービスを必要としている人のニーズを把握できたといえるのだろうか。

　しかも、従来のアセスメントは世界保健機関（WHO）が1980（昭和55）年に定めたICIDH（国際障害分類）により、医学的にADLに影響を与える心身機能の障害の診断をもとに考えられがちであった。しかしながら、WHOは2001（平成13）年に心身に機能障害があっても環境因子を変えれば多くの能力を発揮でき、自立生活が可能になるというICF（国際生活機能分類）という考え方を打ち出した。人間の特性とは何かと古来から論議され

てきたが、その特性の一つに"道具を使うこと"がある。介護ロボット・福祉機器の開発、実用化は急速に進んできており、これら介護ロボット・福祉機器を活用することは、それを利用したいという福祉サービス利用者自身の意欲や主体性が問われるわけで、これからのアセスメントではそれら ICF の視点に基づき福祉機器を活用して生活を向上させるということも重要な位置を占めてくる。介護ロボット・福祉機器の活用は、介護者の腰痛予防や省力化にも効果をもたらすが、それ以上にサービス利用者の生きる意欲とその機器を使うという主体性が本人の回復、QOL を上げる自立支援につながることが期待される。

　その際、重要なことは本人の意思をどう理解・把握するかということである。ややもすると、日本の社会福祉実践現場では専門職の視点と戦後の措置行政で培われてきた目線とが"奇妙に合体"し、パターナリズム的な"上から目線のサービスを提供してあげる"ということになりがちである。

第3章
ICF（国際生活機能分類、WHO、
2001年）の考え方

　これまで述べてきたような、従来の社会福祉における「自立」生活支援の考え方に大きな影響を与えていたのは、1980（昭和55）年に世界保健機関（WHO）が定めた国際障害分類（ICIDH）であった。それは、身体的機能障害に着目し、それを①固定的に捉え、身体的機能障害があるとそれがその人の②能力不全につながり、ひいては③社会生活上の不利を生み出すという考え方であり、この3つの機能の相関性が強いと考えられた。そこでは、身体的機能障害を医学的に診断することがある意味前提になる。従来、更生相談所において身体的機能障害の程度を診断し、身体障害者手帳の等級の判定をしてきたが、それは医学的見地に基づく診断であった。しかも、それらの診断は本来あるべき身体機能が欠損しているというどちらかといえばマイナス的側面に着目した診断といえた。

　そのICIDHが2001（平成13）年にICF（国際生活機能分類）に改訂された。ICFは、その人の身体的機能障害の診断もさることながら、その人の能力不全や社会生活上の不利になる要因として、その人の生活環境も大きな要因であると考え、生活環境を改善することによりそれらの能力不全や社会生活上の不利を改善できると環境因子の重要性を指摘した。それは言葉を換えて言えば、身体的障害に着目することよりも、生活機能上の障害に着目する考え方であった。

　そうだとすると、そこでは何も身体的機能障害を有する人にのみ求められる対策ではなく、一人暮らし高齢者も生活上の機能障害を抱えるという意味合いで、支援・対策が必要となり、"障害"概念それ自体の見直しが必要にならざるを得なくなる。

　このICFという新しい考え方は、ICIDHが医学モデルと呼ばれたのに比して、社会生活モデルと呼ばれている。ICFは単にある局面を取り上げて診

断し、それを固定的に捉えるのではなく、その人の生活上の機能障害がどのようなレベルで起きているかを、生物個体レベル（心身機能）、生活レベル（日常生活活動）、人生レベル（社会的役割・評価をもった参加）の３つのレベルから考え、障害を単なる心身機能障害と捉えず、生活機能障害と包括的な捉え方に変えた。

註）筆者は、厚生労働省社会・援護局障害保健部が、2002（平成14）年にWHOが1980（昭和55）年に制定した「WHO国際障害分類（ICIDH）」の改訂版として、WHOが2001（平成13）年５月に採択した「WHO国際生活機能分類（ICF）」の日本語訳版を出す翻訳作業において、6分野ごとに設置された作業班の第6作業班（活動・参加・環境）の班長を務めた。

　総務省は、2021（令和3）年10月に実施した「社会生活基本調査」の項目に、"心身の状態により日常生活に支障があるかどうか"を質問項目に加えた。この"生活のしづらさ"を事実上加えたことは、従来のICIDHでなく、ICFの視点に基づいた"生活機能障害"を問うもので画期的な変更である。
　従来のように病院で疾病治療や身体機能回復訓練としての意味合いの"リハビリテーション"を行うとか、入所型社会福祉施設での生活を支援するという考え方の際には、ある意味ICIDHの考え方で対応できたかもしれないが、今日のように社会福祉の考え方が地域での自立生活支援がメインストリーム（主流）になってきている時代においては、より生活環境を重要な要因として考えるICFが重要となり、ICFの視点から政策やケアの在り方、自立生活支援の在り方すべてを見直さなければならなくなってきている。とりわけ、IT（情報技術）や福祉機器の目覚ましい開発状況を踏まえると、ケアの考え方も一変し、一種の"介護革命"ともいえる時代状況になってきている。
　しかしながら、生活環境を整備しても、要は生活者である住民自身が自らの生活を改善・向上させようという意欲や意志がなければ生活は改善されないし、向上もしない。ICFはWHOが定めた疾病分類と同じように身体的機能障害を軸にした生活上の機能障害に関わる分類のための指標という面があ

るので、当然のことながら個人因子である個人の意欲、意志、希望などは対象になっていないし、それらに影響を与えている個人の生活歴、生活体験などは反映されていない。

　と同時に、生活者である住民の生活上の機能障害である事項（社会生活課題）ができるかできないかということに影響を与えている生活者の置かれている立場、社会環境ということについても考えられていない。

　つまり、その人が生活上「できること」と立場上「せざるを得ないこと」と、そのことに対して「する意欲があること」との違いが今ひとつ整理しきれていない。地域での自立生活支援において問題になるのは、立場上あるいは生活環境上「せざるを得ない」立場の人が、生活上それができていないことが問題なのである。地域自立生活支援では、単純に身体的にできるかどうかというレベルだけでは対応できない課題を考え、サービス提供の在り方や生活環境を改善する福祉機器の提供を考えざるを得ない。

第 4 章
自立生活支援の考え方と
ICF に基づく福祉機器の活用

　社会福祉分野は、人力によるサービス提供が人にやさしいサービスである、という呪縛に長らくとらわれてきている。その結果、サービス従事者の腰痛等を引き起こし、介護現場の状態を表す言葉としてきつい労働現場というイメージをつくり、"3K 職場" と言われるようになってしまった。

　他方、社会福祉分野は、身体機能の診断とその対応策についても 1980（昭和 55）年に世界保健機関（WHO）が制定した国際障害分類を前提とした失われた機能を補完するという医学モデルにとらわれ、その人々の生活環境を改善して、生活の質（QOL）を高め、その人の自己実現を豊かにするという社会生活モデルからの発想、視点は弱かったと言わざるを得ない。

　日本における「自立」生活の考え方は、戦前の「富国強兵政策」や戦後の「高度経済成長政策」の強い影響、あるいは労働経済学の強い影響を受けて、自らの労働力を活用・駆使して働き、自らの生計（家族の家計）を維持し、生活できることが「自立」であると考えられてきた。したがって、身体障害者の「自立」の考え方も、残存能力をより高めて喪失している機能を代替させるか、喪失した機能を福祉用具・補装具により補完させて社会経済活動へ参加させ、自ら生計を維持させることが主たる目的であった。その背景には、それらの支援に関わる国や地方自治体の財政負担をできるだけ減らしたいという発想が底流にある。

　他方、都市化、工業化、核家族化に伴い家族や地域での養育・介護機能が脆弱になってきたことを受けて、1971（昭和 46）年に制定された「社会福祉施設緊急整備 5 か年計画」に基づき、日本では急速に入所型社会福祉施設が整備されてきた。入所型社会福祉施設では、限られた空間において、職員によるケア及び見守りを前提として 24 時間 365 日の生活が展開される。そこでは、サービス利用者の ADL（日常生活動作）は問題になるものの、「自

立」生活支援の考え方は、身体的「自立」支援を除けば大変認識が狭く、希薄であったと言わざるを得ない。

　しかしながら、1990（平成2）年の社会福祉関係の法律改正が行われ、その後、とりわけ戦後の社会福祉行政の考え方を体現していた社会福祉事業法（1951（昭和26）年）が2000（平成12）年に社会福祉法へと改称・改正されることにより、社会福祉の基本理念が個人の尊厳の保持を旨として、地域での自立生活支援へと「コペルニクス的転回」を図るに及んで、「自立」の考え方は大きく変わってくる。

　社会福祉分野では、憲法第25条を根拠にした考え方が一般的であったが、筆者は1960年代から、憲法第13条の幸福追求権に基づき、福祉サービスを必要とする人の自己実現を図ることの重要性を指摘してきた。その考え方がようやく1995（平成7）年の社会保障制度審議会の勧告「社会保障の再構築」や2000（平成12）年の改正社会福祉法等で認証され、その後成立した障害者自立支援法（2006（平成18）年、現在は障害者総合支援法）でもその新しい社会福祉サービスの提供の在り方を理念として掲げた。

　したがって、今日の社会福祉における「自立」の考え方は、憲法第13条に基づく国民の幸福追求権を前提に福祉サービスを必要とする人の人間性の尊重及び個人の尊厳を踏まえた地域での自立生活支援へと転換された。

　それに伴い、「自立」生活支援の要件も従来と大きく変えなければならない。

　今日の「自立」生活の要件は、先にも述べたように、少なくとも①労働的・経済的自立、②精神的・文化的自立、③身体的・健康的自立、④生活技術的・家政管理的自立、⑤社会関係的・人間関係的自立、⑥政治的・契約的自立の6つの要件からアセスメント（分析・診断・評価）し、支援していくことが求められている。その自立支援を福祉機器を活用することにより、従来の考え方を変えていかなければならない。その関わりの一端を示すと、以下のように考えられる。

　第1の自立の要件は、労働的自立・経済的自立である。人間の存在に欠かせない労働の機会を得ることと、経済的自立とは必ずしも同一ではない。労働を通して社会とつながり、労働を通して"もの"を創造する喜びを得る

ことは人間の成長に重要な要件である。その労働の結果が家計の維持、生活の維持につながる収入になればそれに越したことはないが、その両者を簡単に同一視しないで考えることが大切になる。福祉機器を活用して労働する機会はたくさん増える。既存の産業構造への就労という発想ではなく、福祉機器を活用して労働の機会を新たに開拓するという考え方がこれからは重要になる。インターネットを使い、リモートで仕事ができるようになり、障害者の労働環境・雇用状況は大きく変わってきている。

　第2の自立の要件は、精神的・文化的自立である。人間として自らの快・不快の感性をもとにして、自ら感じたことを自己表出させる文化的自立の問題が大切となる。美しい空間で心地よい環境で生活し、思うところを多様な方法で感情表出するのは人間そのものの権利であり、人間だけに許された営みである。この精神的・文化的自立は自ら表現するという営みばかりではなく、たとえば自らが「快」と思える香りを楽しむという生活環境の整備とも関わる大きな問題でもある。その点からすると、意思伝達が困難な人にとって、自らの意思を伝えることを補助する意思伝達装置は福祉機器の中でも重要な役割を担っている。

　第3は身体的・健康的自立である。生活のリズムを保ち、生きる気力、生きる意欲、喜怒哀楽を豊かにもてる身体的・健康的自立の問題である。

　1970年代初頭以降、子ども・青年の無気力・無感動・無責任という3無主義が問題になり、1980年代には「生きる力」が希薄になっていないかと問題になった。今日の子どもの問題である "ひきこもり" や社会関係・人間関係能力の脆弱化、働く意欲、生きる意欲の喪失、もしくは脆弱化の問題は今に始まったことではない。24時間の生活リズムを保ち、社会関係・人間関係を築き、社会的に生きて行くことは身体的・健康的自立の最も基本である。それと関わって、座位保持装置や立位保持装置のもつ意味を改めて考え直す必要がある。また、生活習慣病における服薬管理や精神障害者の服薬管理も大きい課題になっており、本人に服薬の時間を知らせる装置などもこれからは重要になってくる。脊椎損傷の方々等食事介護のロボットも本人の食事のペースを尊重でき、喜ばれる福祉機器である。

第4の自立要件は、生活技術的・家政管理的自立である。自らが生きていく上で生活を整え、日常生活を維持していく上での技術・知恵がなければ生きていかれない。生活技術的・家政管理的自立の問題が社会福祉分野で大きな問題となったのは1970（昭和45）年頃で、当時の福祉事務所の現業員の人々が金銭的給付では解決できない問題としての「新しい貧困」問題を提起した。2013（平成25）年に成立した「生活困窮者自立支援法」（2015（平成27）年実施）で指摘した事項はまさにその問題であった。認知症の高齢者や知的障害者、精神障害者の地域自立支援を考えると、分別してゴミを出すこと、バランスの取れた食生活を送ること、家計簿のつけ方も含めた家政面での創意工夫する力の有無等が大きな問題となっている。今後は財産管理や相続問題とも関わり、成年後見制度や日常自立生活支援事業の問題も大きな課題となる。さらには単身高齢者や単身障害者への看取りや入退院支援、あるいは死後対応等の生活全般にわたる地域生活支援総合サービス事業といった包括的なサービスが必要になる。

　第5の自立要件は社会関係的・人間関係的自立の問題である。日本は稲作農耕が産業構造の基本であり、その稲作農業を行う上で必然的に求められた"上着性と共同性"がもたらした地域の支え合いの機能が自然発生的にあった。そのために、社会関係や人間関係は豊かにあったと思いこんできた。しかし、いまや都市化、工業化、核家族化によりそれは脆弱になってきた。古来から、"人間は社会的動物である"とか"人間は集団的動物である"とか比喩されてきたが、人間が生きていく上で他者との関係の持ち方、社会関係の持ち方は重要な要因であった。今は、その社会関係の持ち方がうまくいかず、"ひきこもり"や精神障害を発症している人が多くいる。発達障害と言われる人々もその社会関係の持ち方で苦しんでいる。

　そのような中、新たな技術であるパソコン等のIT（情報技術）を積極的に活用してコミュニケーションを豊かに保てるようにすると同時に、社会関係が豊かに保てない人々の安らぎや癒しを保障する福祉機器の開発が求められてきている。既に、癒し系のロボットは認知症高齢者の介護現場等では導入されて、効果を挙げている。

第 6 の自立の要件は、第 5 の要件、あるいは第 4 の要件などとも関わってくるが、一人の人間として自律的に意見表出し、契約する能力のことである。日本では、"言わなくてもわかるでしょう"的な"忖度的文化"を有している。しかしながら、今やそうではなく、国際化の状況も踏まえて、自分の意見を表出し、お互いがそれを認め合い契約する文化になってきている。そこでは、意思伝達装置、コミュニケーション機器などが重要になってくる。

　このように、社会福祉における「自立」生活とその支援の在り方（ケアの考え方）は、従来の労働経済学的なものとは大きく変わってきているし、身体的自立の支援の在り方、考え方も変わってきている。
　また、地域での自立生活支援を考えるということは、入所型施設での生活とは全く異なっており、従来の入所型施設等において、医学モデルに基づいて考えた「自立」の捉え方では対応できない。しかも、地域での自立生活を考える場合、福祉サービスを必要としている人は単身者ばかりではなく、同居している家族全体への支援や、近隣住民との関係も視野に入れた支援が必要でもある。
　そのような中で、従来の障害者への補装具や義肢装具の提供というレベルの支援から、積極的に自立生活を支援するという視点から福祉機器や介護ロボットの開発が進むことにより、サービス提供の在り方が見直される必要がある。

註) 福祉機器とは、ISO（国際標準化機構）の「ISO9999」の定義によれば、「障害者によって使用される用具・器具・機器・ソフトウェアであって、機能障害・活動制限・参加制約を予防、補償、検査、軽減、克服するもの」で「特別に製造されたものであると、汎用製品であるとは問わない」と規定されている。
　日本では、福祉機器というと介護保険制度による福祉用具、障害者総合支援法による補装具・日常生活用具が想定されているが、法制度化されていない介護ロボットや補聴器・メガネ等も福祉機器である。

第5章
自立生活支援の考え方と
ソーシャルワーク実践

　自立生活支援を行う際には、「"求め"と"必要"と"合意"」に基づく自立支援方針の決定と実施が大きな課題になる。専門家は、ややもすると自分たちは"専門家"なのだからすべてわかっているのだから任せてくれればいいと思いがちであり、パターナリズム的な"上から目線"でものを見てしまいがちになる。

　しかしながら、自立生活支援において環境因子の改善や身体的障害の診断においては大いに専門家としての視点・力量が問われるが、何にもまして重要なのは、サービスを必要としている人の希望や意欲や生きがいといった側面を大切にしなければならないことである。医療の世界を中心に、自然科学分野ではエビデンス（事実）に基づく発想、対応が重要視されてきた。社会福祉分野でも、環境因子や身体機能の分野では専門職としての「社会生活モデル」に基づくアセスメント（分析、診断、評価）におけるエビデンスが重要になるが、ある意味それ以上に重要なのが、福祉サービスを必要としている人の人生を再設計していくこと、新しい人生を紡ぎ、物語をつくることに寄り添うという側面でのナラティブ(物語)が大きな意味をもつ。したがって、専門家がエビデンスのみに基づいてサービス提供の考え方や内容を決定することは避けなければならない。福祉サービスを必要としている人の気持ち、意向を第一義に考えなければならない。

　ところが、福祉サービスを必要としている人はややもすると、自らの意見を述べることが機能的にできなかったり、心理的に躊躇したり、あるいは認識能力として不十分であったり、さらには自らの生活状況の自己覚知ができていないなど、ヴァルネラビリティ（社会的脆弱性）の状況にある人が多くいる。また、いわば"食わず嫌い"ともいえるように福祉サービスの利用において福祉機器を活用したら自らの生活がどのように変わっていくのかとい

う見通しをもてないという場合が多くある。

　しかも、それらに"輪"をかけて、「家」制度という文化に呪縛された家族の前で、福祉サービスを必要としている本人に自らの希望・意向を表明してもらうことは容易ではない。まして、生活支援を展開する場が家庭や地域であれば、なおさらのことである。

　このような、環境因子を十分わきまえて、福祉サービスを必要としている人の"求め"と専門家が"必要"と考える判断を相互に出し合い、インフォームドコンセント（合意）に基づいて自立支援方策を立案することが重要になる。

　したがって、自立生活支援を行う際に最も重要なことは本人の主体性を確立することであり、そのために本人の自己決定、関与を最大限に尊重して関わることが求められる。

　このように、自立生活支援方針を立てる際には福祉サービスを必要としている人の社会生活上の課題、その人が抱えている生活困難、生活のしづらさ、あるいはどのようなサービスがあれば生活が改善できるのか、といった視点からの社会生活の分析・診断・評価（アセスメント）が重要になる。とりわけ、地域での自立生活を支援する場合には、先に述べた6つの自立の要件（p.84～87参照）を前提として、環境因子としての住宅環境、社会生活環境、家族環境および近隣関係が大きな関わりをもっており、それらの因子がアセスメントされなければならない。

　と同時に、従来の日本のケアの考え方・実践において希薄であった「聞こえ」の保障をこれからは重視する必要がある。日本では基本的介護・看護としての食事介助、入浴介助や排泄処理介助はそれなりに位置づけられているが、「聞こえ」の保障はほとんど重視されてこなかった。アメリカやヨーロッパにおいては「聞こえ」の保障の重要性が認識されているが、日本ではその点が弱いといわざるを得ない。

　自立の要件の一つは社会関係を豊かにもつことであり、今日では孤独、孤立が社会的に大きな問題になっているが、その割には「聞こえ」の保障は社会福祉関係者の間でもあまり着目されてこなかった。

2012（平成24）年度に日本補聴器工業会が行った「ジャパントラック」という高齢者の補聴器、「聞こえ」に関する調査は国際的な比較ができるようにアメリカ、フランス、ドイツ、イギリス等の国と同時並行して行われたが、その調査によれば高齢者の難聴はかなり高い率で起きており、かつ難聴高齢者に「うつ」の症状や「認知症」の症状が現れる可能性が高いことが明らかになった。このような調査は今後とも継続的に行われ、その検証度を高める必要があるが、経験則的に考えても「聞こえ」が十分でなければ社会関係を豊かにもてず、孤立感を高め、生きる意欲を喪失させていくであろうことは予測するに難くない。世界保健機関（WHO）も2021年3月に「聴覚に関する世界報告書」を出し、"難聴は孤独に、孤独はうつ病に、うつ病は認知症につながる"との内容の報告書を出している。日本の全国の介護保険施設である特別養護老人ホームや老人保健施設を利用している高齢者はほとんど、補聴器を装着していない。それらの施設利用者がすべて難聴ではないとしても、職員や他人とのコミュニケーションが取れない状況で、"ケア"を受けていること自体が問題と言わざるを得ない。

　他方、福祉サービスを必要としている人の自立支援において、多様な福祉機器を適切に活用すればその人の自立度は高まる。2013（平成25）年度からの介護保険制度では、福祉機器の一種であり、介護保険法で法定化されている福祉用具を活用する場合に「福祉用具サービス利用計画」を策定することが義務化されたが、このもつ意味は大きい。そこでは、福祉用具がなぜ必要なのか、それを使用することで自立生活がどう変わるのかという見通しをもった「福祉用具サービス利用計画」の策定が求められているからである

　また、福祉用具の活用は、在宅での介護の場合であれ、施設福祉サービスの提供の場合であれ、介護者の介護負担を肉体的にも精神的にも軽減させる効果がある。内閣府等の調査でも、国民の介護ロボット等の使用への抵抗感は薄れ、逆に大いに使用すべきである、との結果が出ている。

第6章
自立生活支援における
福祉機器の位置と今後の課題

　自立生活支援において生活環境を変える福祉機器の活用は今後ますます重要になる。しかしながら、福祉機器の活用は介護保険制度上においても障害者福祉施策上も大きな課題がある。

　介護保険に基づく自立生活支援に関わる介護支援専門員は制度上、福祉用具専門相談員の「みなし職」としての資格を有しているが、実際にはほとんどその意識がなく、かつ介護保険制度で定められている福祉用具の知識も十分でなく、福祉用具供給業者へ "丸投げ" している状況があると言わざるを得ない。したがって、自立生活支援に必要なアセスメントの面においても、自立生活支援計画策定上でも介護支援専門員の中に福祉用具活用の視点と意識がないことが大きな課題になっている。

　そのような状況の中で、福祉用具専門相談員制度は、介護保険制度の実施に合わせて福祉用具供給業者の努力でつくられた。その福祉用具専門相談員の社会的認知と資質向上に向けて日本福祉用具専門相談員協会がその後組織され、その協会が福祉用具専門相談員の資質向上に向けてのキャリアアップの研修体系を構築し、活動を展開している。公益財団法人テクノエイド協会は、福祉用具専門相談員制度が確立する前の1977（昭和52）年に「福祉用具プランナー」という資格を設定し、養成を行っている（2021（令和3）年度現在約15000人）。「福祉用具プランナー」養成は、福祉用具専門相談員の養成よりも研修時間も長いし、内容も高度ではあるが、残念ながら2021年段階ではその両者の連動は十分になされていない。

　一方、介護保険施設である特別養護老人ホームでなぜ福祉用具の活用が進んでいないのかという問題がある。介護保険制度では、在宅でサービスを利用する場合には介護支援専門員等が作成するケアプランにおいて福祉用具が個々人の状況に応じて利用できるが、特別養護老人ホームにおいてはサービ

スがパッケージされて提供されており、利用者はそれに対し包括的利用料を支払うという考え方であるために、個々人の状況に応じた福祉用具を利用できる仕組みになっていない。福祉用具は施設が提供するパッケージ化されたサービスの一つに位置づけられ、施設利用者の多くが利用することを前提とした汎用性の高い福祉用具を施設が備品として備え付けるという位置づけであるために、パッケージ化されたサービス、備品以外に個別に対応するということを施設側は経営的見地や個別対応の煩雑さから避けようとする傾向がある。

　したがって、車いすに代表されるように、利用者個々人の状況にきちんとフィッティング（適合）されて、車いすが活用されているわけではない。汎用性の高い、いわば移動手段としての扱いの標準型車いすが提供されていて、多くの利用者はいわば"ずっこけスタイル"で座乗しているのが現状である。施設サービス利用者の状況に合わせて車いすシーティング（座位姿勢保持）をきちんと行っている施設のサービスの質は高く評価されていながらそれらの対応が普及しないのは介護施設における福祉用具が「備品扱い」されており、社会福祉法人などが経営上の理由でサービスとしての対応をしていないからである。施設においても介護支援専門員が利用者一人ひとりに即応したケアマネジメントを行うように求められていながら、実際には進んでいないのが現状である。

　しかしながら、社会福祉施設における福祉用具の活用は、サービス利用者の自立生活度を高める側面だけでなく、サービス従事者の労働災害である腰痛予防上からも福祉機器の活用が求められている。

　2013（平成25）年6月に厚生労働省は腰痛予防対策の改訂指針を出した。介護現場の腰痛が増えていることに鑑み、その対策を求めたものであり、介護人材が不足している状況の中、介護人材を確保し、働きやすい労働環境を整備する上からも福祉用具の活用は欠かせない。

　このような状況を踏まえると、福祉用具の開発は工学的見地からのみの開発でなく、開発の企画の段階から利用者の置かれている状況、利用上の課題を十分踏まえて開発される必要がある。

また、開発された福祉機器・用具も実際の生活場面において、あるいは介護現場においてどのような課題が生じるのかを臨床的に評価する必要がある。公益財団法人テクノエイド協会では、福祉機器活用における安全性の確保と事故対策を考えた福祉用具臨床的評価認証事業（QAP）を行っているが、この事業の拡大・充実が求められている。

　日本では、福祉用具に関する相談、フィッティング（適合）、簡単な修繕、展示などの総合的なセンター機能が十分整備されていない。1989（平成元）年に策定された「高齢者保健福祉推進十カ年計画」（通称ゴールドプラン）に基づき、国民の介護問題への啓発普及、並びに介護人材の養成のために、1992（平成4）年に「介護実習・普及センター」が国庫補助事業として都道府県に設置され、その中に福祉用具の普及啓発機能も含まれていたが、それはメインの業務ではなく、その多くが福祉用具、福祉機器の展示にとどまっていた。今や、この「介護実習・普及センター」も国庫補助がなくなり、地方交付税の算定基準の一つに位置づけられて一般財源化されるに伴い、「介護実習・普及センター」を設置している都道府県が少なくなってきている。

　しかしながら、介護実習の普及という側面では、「介護実習・普及センター」の役割が終わったという評価は首肯できるが、他方の福祉用具や福祉機器の普及・活用の促進という側面でますます重要になってきていると言わざるを得ない。

　今後の課題を考えると、「介護実習・普及センター」を改組発展させて「福祉機器相談・利活用センター」（仮称）か、「介護技術向上、福祉機器相談・利活用センター」（仮称）といった福祉機器・介護ロボットを活用した新しい介護技術の向上・普及や福祉用具、福祉機器の相談・利活用の機能を有したセンターへの改組が必要ではないか。一定の人口規模ごとに「福祉機器相談・利活用センター」（仮称）を設置し、単なる展示のみならず、サービスを必要としている人の自立生活を支援できるフィッティング機能を有しているセンターが必要となっている。

　あるいは、全国に約5000か所ある介護保険制度に基づく地域包括支援センター機能を拡充し、そのセンターに福祉機器の相談・利活用の支援をでき

る、より高度な福祉用具専門相談員や福祉用具プランナー等の専門職を配置することも今後考える必要がある。

第7章
ICF の視点で福祉機器を活用した
個別ケアと『ケアの科学化』

　日本のケアの考え方は、憲法第25条に基づく"最低限度の生活の保障"であり、かつ本人が"できないことを探し、痒い所に手が届くようにお世話してあげることが人間的である"という、一見"真逆な"考え方が同居して展開されてきた。したがって、科学的に分析して、適切な対応をとるという視点に欠けていた部分があったといっても過言ではないであろう。

　人力によるベッドから車いすへの移乗や、入浴の際における人力介助を良しとしてきたが、そこでは皮膚が劣化し、薄くなっている高齢者に表皮剥離等の擦傷を引き起こし、一種の"虐待"ともいえる状況が散見されていた。

　人力による対応の方が早いとか、サービス利用者が福祉機器を怖がるとか言われ、日本の介護現場ではなかなか福祉機器の利活用が進展していない。

　他方、日本の福祉現場では憲法第25条の考え方と無意識のうちにつながっている1980（昭和55）年のICIDH（国際障害分類）に基づく支援、ケアの考え方が長らく主流を占めてきた。

　しかしながら、憲法第13条の幸福追求権に基づき、本人が望む生活、自己実現を図るという視点から考えれば、生活の環境の整備や福祉機器の活用で、できないと思って本人が諦めていたことも可能になるかもしれないし、新しい生活の仕方をしたいという生きる意欲も醸成されるかもしれない。

　事実、福祉機器、とりわけ介護ロボットといわれる福祉機器を活用できれば、福祉サービスを必要としている人の生活改善は格段に改善できることが明らかになってきている。

　福祉機器や介護ロボットの利活用は、①福祉サービスを必要としている人の生活の質（QOL）を高めることができる、②従来できないと思われていたことができるようになる、③福祉サービスを必要としている人の生活圏域を拡大し、社会交流を多面的に保障できる。④また、介護従事者の腰痛予防や

利用者とのコミュニケーションをとる時間と質が向上し、結果として労働安全、労働衛生上多大の効果が見込まれる。そこでは"3K職場"と言われてきた職場環境が変わり、介護従事者の生きがい、喜びをも引き出すことができている。⑤さらには、従来介護従事者の"経験則"に頼っていたのが、福祉機器、とりわけIT機器を活用してケアの記録化を丁寧にすることによる「ケアの科学化」も進む。

IoT（モノがインターネットにつながること）を活用して、福祉サービスを必要としている人のコミュニケーションが図られ、かつ他人の手を煩わせることなく、自らの生活環境を自ら望むようにコントロールできる。

あるいは、リフトを活用しての入浴やトイレ介助、車いすへの移乗、車いすシーティングを徹底させたモジュール型の車いす使用により、利用者の嚥下能力の改善にもつながるなど、介護従事者の労働安全・労働衛生の向上と共にサービス利用者のQOLの向上にも貢献できる。

さらには、介護ロボットの活用によって、その人の排泄の状況にも対応できるし、IT（情報技術）を活用することによりサービス利用者のナースコールにも適切に対応できるようになり、結果として介護の省力化、合理化、生産性向上になっている。

ITの利用によっては、ケアの記録が容易になり、介護スタッフ間の情報の共有化がスムーズになり、申し送り事項、時間の簡略化にもつながっている。それは、ひるがえってケアが"属人的経験則"によるものでなく、標準的に提供されることになる。ITに記録された情報はAI（人工知能）ではないが、サービス利用者の時々刻々に変化する状況に適切に対応するケアの在り方を明らかにする能力もある。

このように、急速に進展してきているIT、IoT、福祉機器、介護ロボットの利活用は、福祉サービスを必要としている人の生活を一変させる力を有しており、個別ケアにはその活用が不可欠の時代になってきている。

これからのケアの在り方は福祉機器、介護ロボットの利活用を抜きにしては語れない時代である。

第3部
地域福祉の理念を具現化する方法論としてのコミュニティソーシャルワーク

第1章
地域福祉の方法論としてのコミュニティオーガニゼーションの考え方の変遷

　戦後の社会福祉行政は、属性分野ごとの法制に基づき展開されてきた。昭和20年代が「社会福祉三法体制」、昭和30年代が「社会福祉六法体制」と言われる所以である。

　その当時には、地域福祉に関する考え方、理論は十分成立しておらず、"地域の福祉の向上"とか、抽象的、理念的目的概念として使われてきた。その"地域の福祉の向上"を担ったのが、「福祉六法体制」には規定されていない社会福祉協議会であった。

　ところで、社会福祉協議会は、戦後1951（昭和26）年に制定された社会福祉事業法において、都道府県社会福祉協議会が位置づけられ、かつその連絡協議をする組織として、全国社会福祉協議会（当初は中央社会福祉協議会）が作ってもよいという"できる"規定で位置づけられた。それに対し、市町村社会福祉協議会については法的規定は何もなかった（市町村社会福祉協議会が社会福祉事業法に位置づくのは1983（昭和58）年の法改正によってである）。

　そのような中、傷痍軍人や身体障害者、"靖国の母になった戦争未亡人"と言われた母子家庭等の生活支援とそれらを包摂できる地域づくりを目指して"地域の福祉の向上"を掲げて、多くの市町村において任意の団体ながら市町村社会福祉協議会が設置されていく。

註1）戦後の社会福祉協議会の設立の経緯については、『社会福祉協議会理論の形成と発展』（山口稔著、八千代出版、2000 年 5 月）に詳しいので参照。

　　　この社会福祉協議会の活動の理論的支柱になったのが、コミュニティオーガニゼーションである。地域福祉分野では、地域福祉の方法論はコミュニティオーガニゼーションであり、それは地域組織化と福祉組織化であると長らく考えられてきた。

　　　コミュニティオーガニゼーションの学説の体系化と日本に大きな影響を与えたのが、マレー・G・ロス（M・G・Ross）の著作『Community Organization: Theory and Principles』（全国社会福祉協議会、1963 年）である。その著作を翻訳し、日本における地域福祉論説の嚆矢となったのが岡村重夫である。

　　　岡村重夫は、地域組織化論だけでは、地域の特別な問題を抱える少数者の問題解決には十分効果を発揮できないと考え、地域組織化論とは別に福祉組織化論を提唱した。

　　　このようなこともあって、地域組織化論、福祉組織化論は社会福祉協議会実践のバックボーン的な役割を担うことになる。

註2）アメリカの社会福祉方法論の一分野をなすコミュニティオーガニゼーションに関する本を上梓した研究者には、谷川貞夫、牧賢一、副田義也などがいる。
　　マレー・G・ロス『コミュニティ・オーガニゼーション──理論と原則』（翻訳者　岡村重夫、1963 年発行）
　　　　第 1 章　地域社会活動の概念について
　　　　第 2 章　コミュニティ・オーガニゼーションの意味
　　　　第 5 章　計画立案について
　　　　第 6 章・7 章　組織化に関する諸原則
　　　　第 8 章　専門ワーカーの役割（ガイドの役割、力を添える人としての役割、専門技術者としての役割、社会治療者としての役割）
　　谷川貞夫『コミュニティ・オーガニゼーション概説』、1955 年
　　　　第 1 章　コミュニティ・オーガニゼーションの起源
　　　　第 2 章　コミュニティ・オーガニゼーションの発達
　　　　第 3 章　コミュニティの概念

第4章　コミュニティ・オーガニゼーションの本質

第5章　コミュニティ・オーガニゼーションの目的

第6章　コミュニティ・オーガニゼーションの機能・活動の方法及び技術

第7章　社会組織化の母体とその類型

第8章　社会福祉協議会の成立とその組織

第9章　コミュニティ・オーガニゼーションの動向

牧賢一『コミュニティオーガニゼーション概論——社会福祉協議会の理論と実際』全国社会福祉協議会、1966年（一部省略）

第2章　コミュニティオーガニゼーションとは何か

第3章　コミュニティオーガニゼーションの社会的機能

第4章　コミュニティオーガニゼーションの社会的機構

第7章　コミュニティオーガニゼーションの技術（委員会活動の技術、ニード把握の技術、広報の技術）

副田義也『コミュニティ・オーガニゼイション』、1968（昭和43）年、誠信書房

第1部　生活構造と地域社会

第2部　地域住民と地域組織

第3部　地域活動における実践と認識

しかしながら、このような方法は何も社会福祉分野、地域福祉分野の"専売特許"ではない。

社会教育の分野では、日本青年団協議会が中心になって開発し、全国展開させた「問題発見・問題解決型共同学習」の実践があった。日本青年団協議会は、1955（昭和30）年に第1回青年問題研究集会を開催し、青年団の共同学習運動の全国展開を図ることになる。この青年団の実践に大きな思想的影響を与えた研究者の一人に宮原誠一がいる。

註3）宮原誠一（筆者（大橋謙策）の恩師の一人であり、筆者の東大大学院修士課程の指導教員）は、アメリカの哲学者、教育学者で、プラグマティズムの第一人者であるジョン・デューイの問題解決型学習を学び、それを青年団運動

に援用する。ジョン・デューイは、19世紀末のシカゴ大学時代にアメリカの
シカゴでセツルメント活動を行ったジェーン・アダムスとの交流もあり、か
つジェーン・アダムスのセツルメントハウスであるハルハウスの活動にも協
力している。宮原誠一は、ジョン・デューイが1899年に上梓した著作『学
校と社会』を1952（昭和27）年に翻訳（春秋社、後に岩波文庫）している。

　宮原誠一は、農村の問題解決を図る実践方法として農民の自己学習の機会
である「信濃生産大学」も自ら指導して開催する。
　青年や農民が、自らが抱えている生活課題、地域課題を発見し、その解決
のため調査研究方法を学び、必要なら講師を呼んで体系的学習を行うという
実践の支援を全国各地で展開させた。
　筆者は、宮原誠一が主導した、あるいはその教え子たちが全国各地で公民
館主事として、あるいは社会教育主事として実践した「問題発見・問題解決
型共同学習」に、日本社会事業大学の学部、東大大学院時代に触れることが
でき、多くの学びと地域実践のノウハウを身に付けていく。

註4）地域住民との対話をスムーズにする方法（地域の歴史を学ぶ、地域の食べ物に
　　関心をもつ、お酒の付き合いができる、地域の民謡を覚え、謳うことができる等）
　　を身に付けることの重要性を学ぶ。また、地域住民へのインタビューの仕方
　　を学ぶ（地域の方言を覚える）。
　　　一方では、住民座談会での"表の発言"と、実際の日常生活で表される"本
　　音"との違いのもつ意味を理解する。その際の住民間の歴史的力学、リレー
　　ションシップに注意を払うことの重要性を学ぶ。
　　　さらに、宮原誠一は住民の共同学習運動はすべて住民だけで行い得るとい
　　う発想を戒めている。宮原誠一は『小集団学習』（日本社会教育学会編集の『日
　　本の社会教育』第3巻、国土社、1958年）において、"一つ一つのサークルをもっ
　　ともっと大事に育て、サークル同士の横のつながりをもっともっと活発にし
　　ていくために、活動家の指導的役割についての自覚が広められ、深められな
　　くてはならない。すべてを大衆の創意として描き、指導者の役割をゼロにし
　　ておくサークル論やサークルの実践記録には、善意があっても誠意が不足し

ている"（同書、p.15）と指摘している。

　筆者は、住民主体の地域福祉の展開においても、その職員論と方法論は重要であると考えており、職員論のない地域福祉論や地域福祉方法論は考えられない。しかしながら、職員論のない地域福祉論や地域福祉方法論が多いのはなぜなのであろうか。岡村重夫の地域福祉論にも職員論がない。

　日本の地域福祉論、地域組織化と福祉組織化論に影響を与えたコミュニティオーガニゼーションは、1930年代にアメリカで確立したと言われ、社会福祉方法論の3分類（ケースワーク、グループワーク、コミュニティオーガニゼーション）の一つと位置づけられてきた。

　コミュニティオーガニゼーションの理論は、1939年のレイン報告でニーズ・資源調整説が打ち出され、その後、インター・グループワーク説（1947年、ニューステッター）、地域組織化説（マレー・G・ロス、1955年）へと発展をしていく。

　マレー・G・ロスによれば、"コミュニティオーガニゼーションの定義はいくつもあるけれども、一般的に認められているものは次の通りであるとして、「コミュニティ・オーガニゼーションとは、ある地理的地域、またはある専門機能的な分野において、社会福祉資源と社会福祉的要求と調整して、それをいっそう効果的に維持する過程をいう。その目標は、すべてのソーシャルワークが目標とするものと一致する。だから、最大の関心は、住民の要求であり、それを充足する手段として、民主的生活にふさわしい方法をもたせようと努力する」と定義したC・F・McNeilの説を紹介している（『コミュニティ・オーガニゼーション：理論と原則』岡村重夫訳書、p.27参照）。

　その上で、マレー・G・ロス自身は、「コミュニティオーガニゼーションとは、地域社会が自ら、そのニードと目標を発見し、それらに順位を付けて分類する。そしてそれを達成する革新と意思を開発し、必要な資源を内部・外部に求めて実際行動を起こす。

　このようにして、「地域社会が団結・協力して実行する態度を養い育てる過程である」と定義している（岡村重夫訳同書、p.51）。

このように定義されるコミュニティオーガニゼーションについて、マレー・G・ロスは“コミュニティオーガニゼーションを福祉的要求にのみ限定しようとする傾向には、反対者が多い。反対する人々は、地域共同社会の潜在的要求は、今の福祉の概念から遠くはみ出すものと考えるからである。アメリカにおいても、質的に、量的に、福祉分野以外の人々の努力が増加している。すなわち、成人教育、農業、宗教などの関係者が、コミュニティオーガニゼーションの実験計画を提唱し実行している”と述べている。

　また、マレー・G・ロスは、問題解決の計画への共同社会の参加・一体化及びこれを十分に支持する気持ちを考慮することが、計画を進めるための方法を決定する条件となるとして、「地域共同社会の調和」を重視した。

　そして、コミュニティオーガニゼーションを支えるのは ⅰ 自己決定、ⅱ 共同社会固有の幅、ⅲ 地域から生まれた計画、ⅳ 共同社会の能力増強、ⅴ 改革への意欲の 5 つであるとした（（『コミュニティ・ワーク——地域福祉の理論と方法』高森敬久、高田真治、加納恵子、定藤丈弘著、海声社、1989 年、p.16、高田真治執筆分参照）。

　マレー・G・ロスのコミュニティオーガニゼーション論は、目標達成の過程におけるプロセスを重視したもので、地域組織化説とも呼ばれるものであり、プロセスゴールとも呼ばれるものであった。

註 5）マレー・G・ロスの著作を 1963（昭和 38）年に翻訳・刊行した岡村重夫は、
　　　マレー・G・ロスの一般地域組織化説の限界を考えたのか、その後 1963（昭
　　　和 38）年に「講座　地域開発」という論文を『厚生』（第 18 巻第 1 号、2 号）
　　　に掲載している。また、「地域開発と住民福祉」（『都市問題研究』第 16 巻第 1 号）
　　　や「地域開発と社会福祉」（保健福祉シリーズ No.15、日本生命済生会）を 1964（昭
　　　和 39）年に執筆している。

　1962（昭和 37）年の国連の「共同社会開発の概念と社会福祉」の報告書などにみられる世界規模での計画的な“社会開発”、“地域開発”の流れともかかわりあいながら、コミュニティオーガニゼーション論は“地域開発”、“社会計画”の考えを取り入れていく。アメリカでも、地域問題の解決を重

視する考え方が強くなり、従来の住民による合意形成や調整では問題解決に至らないほど地域問題は深刻化し、地域問題の計画的解決を求める志向が強くなっていく。その代表がJ・ロスマンである。その背景には、アメリカの人種問題や貧困格差等が深刻化する中では、住民の合意形成や調整といったものでは対応できず、地域自体の再開発を社会計画的に取り組む必要性が求められた。日本でも、「新産業都市開発」に取り組み、全国社会福祉協議会関係者なども青森県八戸市での社会開発に関わっていく。

註6）全国総合開発計画は、日本における国土の利用、開発及び保全に関する総合的かつ基本的な計画として、住宅、都市、道路その他の交通基盤の社会資本の整備の在り方などを長期的に方向づける計画で、社会計画の嚆矢であり、1962（昭和37）年に第1次の計画が作られた。
　　　1969（昭和44）年には、地方自治法が改正され、全市町村は基本構想、長期計画、実施計画を策定することになり、地方自治体でも計画行政が進められた。

註7）岡村重夫が1970（昭和45）年に、大阪市立大学を退官する際に既存の論文も含めて上梓した『地域福祉研究』（柴田書店）には、多くの地域開発、社会開発の論稿が収録されている。

　そのような、地域開発や社会計画の考え方の下に、コミュニティオーガニゼーションという用語は徐々に使われなくなり、コミュニティワークという用語へ移り変わっていく。
　J・ロスマンのコミュニティワーク論は、①地域開発モデルとは、目標の決定や活動の中に、コミュニティの住民の多くが参加することを通してなされる伝統的コミュニティオーガニゼーション、②社会計画モデルとは、社会問題の解決のための専門技術的な過程を重視し、合理的に慎重に計画され、統制された変革、③ソーシャル・アクションとは、社会正義ないし民主主義の理念に基づき、搾取された人々のための諸資源の増大や待遇の改善を目指して、より広域のコミュニティに要求していく活動であり、他者と連帯して組織化を図っていくことが第一義的に重視される。重要な諸制度やコミュニ

ティの諸実践を基本的に変革していく（『コミュニティ・ワーク——地域福祉の理論と方法』高森敬久、高田真治、加納恵子、定藤丈弘著、海声社、1989年、p.18、高田真治執筆分参照）と整理される。

このような“社会開発”や“地域開発”の計画的進行の中で、コミュニティオーガニゼーションは一般的意味合いも含めてコミュニティワークとも呼ばれるようになり、必ずしもアメリカで整理された3種類の社会福祉方法論の一つとは考えられなくなっていく。

その動向は、イギリスにおいて顕著で、イギリスでは地域づくりに関する方法論はコミュニティオーガニゼーションとは呼ばれず、コミュニティワークと呼ばれていく。この考え方は、日本にも影響を与え、1970年代ではコミュニティオーガニゼーションと言われていたが、1980年代にはコミュニティオーガニゼーションという用語も使用するものの、より地域づくりに傾斜した考えとしてコミュニティワークという用語を使うようになる。1989（平成元）年に上梓された上記の『コミュニティ・ワーク——地域福祉の理論と方法』はその最たるものである。

ところで、イギリスで使われようになり、日本でも1980年代以降コミュニティオーガニゼーションよりも使用頻度が多くなってきたコミュニティワークについて、イギリスではそれを必ずしも社会福祉方法論の一つとしては考えていなかった。

国際ソーシャルワーカー連盟の会長職を務め、日本にも来日したことがあるデヴィット・ジョーンズ（Davit Jones）は、イギリスのコミュニティ・ワーカーの雑多性について、『社会福祉実践方法の統合化』（ハリー・スペクト、アン・ヴィッケリー編、岡村重夫・小松源助監修訳、ミネルヴァ書房、1980年、牧里毎治訳）に収録された「イギリスにおけるコミュニティ・ワーク」と題する論文で触れている。

その論文によれば、“コミュニティ・ワークは、広範多岐にわたる目的と課題を包含し、そして発展しつつある数多くの異なったサービスや専門職活動から成り立っている（同書、p.236）として、コミュニティ・ワークを3つの領域（ⅰ）サービスの開発もしくは直接サービス機関のコミュニティ・ワー

ク、ⅱ）組織間の調整と社会計画、ⅲ）地域集団への取り組み──同書、p.240）
に分けている。

デヴィット・ジョーンズは、コミュニティ・ワーカーの役割は、ある点を
超えると、少なくともより広い地域社会からみると、主として専門職的な役
割から政治的な役割へ、またサービスという委任事項を超えての役割へと
移っていく（同書、p.251）とも指摘している。

また、同じく、『社会福祉実践方法の統合化』に収録されているキャサ
リン・ブリスコー（Catherine Briscoe）の論文「イギリスにおけるコミュニ
ティ・ワークとソーシャル・ワーク」（牧里毎治訳）では、"イギリスにおけ
るコミュニティ・ワーカーたちは、自分たちの専門職としての帰属意識につ
いてすこぶるあいまいである（同書、p.253）"とし、"実践者の中にはソー
シャル・ワークの訓練を受けている者もいるが、多くは、社会学または政治
学の学位を取ったり、ユース・ワーク及びコミュニティ・ワークの訓練を受
けたりしてから、また住宅・都市計画事業から現場に入ってきたり、あるい
は教育を通しての準備もしくは経験を全くもたないで現場に入ってきたりし
ているのである（同書、p.253）"とも述べている。

さらに、"コミュニティ・ワーカー協会は、イギリス・ソーシャル・ワーカー
協会とは別個に組織されており、そしてはっきりと資格に基づいているとい
うよりも、自分たちの分野への関心と活動に基づいて会員を募集している。
多くのコミュニティ・ワーク実践者は、"ソーシャル・ワークを自分たちの
拠り所にしていない"（同書、p.254）とも指摘している。

キャサリン・ブリスコーは、"コミュニティ・ワークの目的は、多様な生
活課題に対応して、困窮を緩和し、希望と価値を実現していく資源、サービ
ス、機会を強化することによって、社会生活機能（social functioning）を促
進させる地域社会の力を強めることである"（同書、p.255）と定義している。

イギリスのコミュニティワークの雑多性についての同じような指摘は、田
端光美が「コミュニティワークの展開と日本の課題」（『ソーシャルワーク研究』
vol.5, no.3, 1988 年、相川書房及び『イギリス地域福祉の形成と展開』有斐閣、
2003 年、p.94 〜 124 参照）でも行っている。

第2章
地域づくりの方法論としての
地域組織化と福祉組織化

　岡村重夫は、マレー・G・ロスの地域組織化論に依拠しながら、それだけでは "地域の福祉の向上" にはならないと考え、福祉組織化という考えを提唱する。それは「福祉コミュニティ」の形成と連なる考え方である。

　岡村は、「地域福祉の概念成立の第一の条件は、地域福祉の主体としての地域共同社会（welfare community）の成立であり、それは生活者としての住民の立場を貫徹し得る地域社会構造の再編成を援助する者の組織化活動を不可避とするものである」（岡村重夫『地域福祉研究』柴田書店、1970年3月、p.12）と指摘し、地域福祉における地域共同社会のもつ意味を支持し、その位置づけをしている。

　その後、岡村は、1960年代末から論議が盛んになり、1970年代には各省庁の政策として取り上げられたコミュニティ論全般を論議し、とりわけ社会学の分野で考究されてきたコミュニティ論の中でも、奥田道大の4つの類型モデルといわれる「都市コミュニティの理論」に依拠して社会福祉の分野におけるコミュニティ論を展開した。

　1971（昭和46）年に厚生省（当時）の中央社会福祉審議会の答申「コミュニティ形成と社会福祉」でも書かれているコミュニティの一般的な考え方は "コミュニティとは市民社会型地域社会であり、生活者としての住民の主体的参加、近隣社会の一員として個人が負担すべき地域的連帯責任を自覚できるような活動への主体的参加を前提として考えられていた"（起草委員・松原治郎）が、岡村重夫は地域福祉においてはその考え方だけでは対応できないと考え、あえて「福祉コミュニティ」という考え方を提起している。

　地域住民の生活関心は、「しばしば多数の住民の平均的な生活条件を前提とした一般的要求に基づくものであるところから、特殊な生活条件をもつ人々の生活要求に一致しないことが往々にして起こる。これを逆に言えば、

住民の一般的要求に基づいて成立した各集団の活動は、多数の住民の要求を充足することができても、特定少数の不利条件をもつ人々の生活要求を充足することはできない」（『地域福祉論』岡村重夫、光生館、1974 年、p.86）と考え、"地域福祉のための地域組織化活動は、このような一般的地域組織化活動だけでは不十分である。というのは地域福祉にとっても、もっと直接的な関連をもつようなコミュニティづくりが必要だからである。このようなコミュニティづくりを、「福祉組織化活動」と名づけて、「一般的地域組織化活動」と区別することにする"（『地域福祉論』岡村重夫、光生館、1974 年、p.68）として、「福祉組織化活動」としての「福祉コミュニティ」の形成の必要性を提起する。

　つまり、「福祉組織化活動」の目的は「福祉コミュニティづくり」であるとし、「福祉コミュニティ」は「社会福祉サービスの利用者ないし対象者の真実の生活要求を充足させるための組織体である」（同上、p.88）と規定している。

　この岡村重夫の「一般コミュニティ」の下位集団として「福祉コミュニティ」を位置づける二元論、「一般地域組織化活動」と「福祉組織化活動」を区別する二元論は、わかりやすく、今でも多くの人を魅了するが、この二元論はノーマライゼーションやソーシャルインクルージョン、あるいは今日的に問われている「地域共生社会政策」の推進にあっては問題があると指摘せざるを得ない。

　わが国の社会福祉は、1970 年代に入り社会福祉ニーズの普遍化が始まり、社会福祉問題はごく一部の住民の生活課題ではなく、すべての住民が福祉サービスの利用を必要とする"社会福祉問題の国民化と地域化"（大橋謙策「高度成長と地域福祉問題——地域福祉の主体形成と住民参加」、『社会福祉の形成と課題』吉田久一編著、川島書店、1981 年所収）が進んだ。そこでは、岡村がいうように「一般住民の生活課題と福祉サービス対象者の福祉課題との乖離的状況」がなくなりつつある状況になってきていることをまず押さえる必要がある。

　今日では、福祉サービスを必要としている人は特殊な条件の下にあるので

はなく、一人暮らし高齢者や介護を要する高齢者の在宅福祉サービスのニーズであれ、あるいは共働きの核家族での出産、育児に求められている在宅福祉サービスのニーズであれ、それは一部の特定のニーズを有している特殊な人々の集団と考えるわけにはいかない。

岡村が1970年代初頭に指摘している地域福祉の構成要件の一つがコミュニティケアであるが、それは福祉サービスを必要としている人にとっては、外在的で普遍的な一般施策としての社会サービスとは異なる側面を有していることを確認しておく必要があろう。その点を今日的に考えるならば、地域福祉はコミュニティケアという個別支援機能を内包し、それを中核にしつつ、その問題を解決するためのソーシャルサポートネットワークづくりやユニバーサルデザインの都市構造や住宅の建設、住民の差別や偏見を取り除く"心のバリアフリー"活動（福祉教育）の推進、そして何よりも福祉サービスを必要としている人を地域から疎外せず、社会、経済、文化等の活動に参加できるように福祉コミュニティをつくっていくことを総合的に展開する営みである。

と同時に、岡村地域福祉論の「福祉コミュニティ論」については、筆者は当時から首肯していない。

筆者は、1970（昭和45）年前後のいわゆる「コミュニティ」構想が"バラ色"に語られる時代風潮に警鐘を鳴らしてきた。「コミュニティ」との関わりにおいて、住民参加の手立て、権限の法的根拠が明確化されてない状況での、「コミュニティ」構想は、それを主導した人の思想、意見に"追随"させられかねない危惧があると思っていたからである。

戦前の内務官僚であった井上友一に代表される国民風化行政や教化行政の歴史を踏まえるならば、住民の参加の権能に関わることは大変重要である。だからこそ、筆者は1970（昭和45）年頃から自らの実践も含めて単なる"住民参加"ではなく、住民参加の手立てを行政の要綱設置（稲城市等、p.22）で認めるだけではなく、地方自治体の条例による審議会の設置（狛江市、p.22。目黒区、p.22等）の必要性を提唱し、その審議会において行政政策や事業の評価を行うことの必要性を訴えてきたし、その実現を地方自治体に

おいて実現してきた。岡村重夫も住民参加や地域福祉計画について、マレー・G・ロスやJ・ロスマンの論説を引用し、その必要性を述べてはいるが、それを最も必要としている地方自治体論の記述がない。

　筆者が当時提唱した住民参加の方法は、多面的なもので、住民参加の制度を市町村レベルで審議会を一つ作ればいいというものではなく、住民の生活を守る社会福祉施設の運営においても（社会福祉法人全体の運営、経営に関わる理事会の在り方のみならず、各種社会福祉施設ごとの運営に関しても）住民参加が行われるべきであると考えていたし、社会福祉協議会は住民会費を納入してもらっているのだから、社会福祉協議会は住民会員の総会を開いて、意見を聞くべきだととも考え、多面的な住民参加の形態を実践的に追及していた。

　1970年代以降、「社会福祉の普遍化」が叫ばれ、「社会福祉ニーズの普遍化」、「社会福祉サービス利用の普遍化」、「社会福祉サービス供給組織の普遍化」が進み、いまや社会福祉は特定の人が利用するサービスではなく、すべての国民が必要としているサービスになっていること、さらには今日では厚生労働省が戦後「第3の節目」と位置づける地域共生社会政策が推進されており、その中で福祉サービスを必要とする人を地域から排除することなく、それらの人々を包含し、それらの人々も役割を担えるようにしようとしている状況の変化を踏まえると、岡村がいう一般コミュニティと福祉コミュニティとの使い分けは今日ではあまり意味をもたず、一般コミュニティ自体を、岡村のいう福祉コミュニティの視点において構築し直すことが必要である。

　そのためには、福祉サービスを必要としている人の生活問題がいかに一般住民の生活問題と連動しているかということ、すべての人がライフコースの過程で、福祉サービスを必要とする機会があることを認識できるような福祉教育の推進が重要になる。

　従来、わが国では、社会人類学者である中根千枝が指摘するところの「タテ社会」が強く、「コミュニティ」といえば、町内会や自治会に代表されるような、生活圏域を同じくし、かつ水稲農業という生産圏域を同じくして成立してきた“地縁”関係集団である地域コミュニティのもつ意味合いが強く、福祉コミュニティづくりも、この“地縁”を前提としての地域コミュニティ

という面が強かったといえる。

　しかしながら、都市化がますます進み、産業構造がかつての農業中心の構造から大きく変わってきている今日では、高度情報化や高学歴化とも相まって、必ずしも生活圏域と生産圏域を基盤としない、住民個々の共通関心事で集団をつくり、活動を展開するアソシエーション型の組織が増えてきている。NGO や NPO の活動はまさにその典型である。

　このような背景を考えると、これからの地域福祉の推進、とりわけ社会福祉法の第4条でいうところの"福祉サービスを必要としている人を地域社会を構成する一員として位置づけ、その人の社会、経済、文化活動への参加を促進する"ソーシャルインクルージョンの考え方を具現化させる福祉コミュニティづくりにおいては、従来の市区町村社会福祉協議会が自然につくられていると考えた生活圏域の地域コミュニティ型組織を基盤として行っていた方法論、地域組織化論では十分ではない。

　21世紀には、日本型「タテ社会」の社会構造を変え、一人ひとりの意思を尊重したネットワーキング型ヨコ社会をつくる必要があり、その一環として福祉コミュニティを具現化させるためには、町内会、自治会に代表される地域コミュニティ型組織と、ボランティア精神に基づいた共通関心事で結ばれ結成されたアソシエーション型組織とが、地理的生活圏域、中でも政治・行政組織の基盤である市区町村という地域を基盤にして、地域福祉のプラットホームをつくり、相互のよさを活かした活動を組織化しコーディネートして推進していくことが欠かせなくなる。それを実現していく地域福祉方法論や組織論、職員論が求められることになる。

第3章
戦後「第3の節目」としての
「地域共生社会実現政策」の位置づけ

　厚生労働省は、2015（平成27）年9月17日に公表した「誰もが支え合う地域の構築に向けた福祉サービスの実現——新たな時代に対応した福祉の提供ビジョン」を起点とする「地域共生社会実現政策」遂行している。その政策を具現化させる一つとして「地域力強化」の検討会を設置し、2017（平成29）年9月26日にその検討会の最終とりまとめとして「地域力強化最終とりまとめ——地域共生社会の実現に向けた新しいステージへ」と題する報告書を出した。

　その2015（平成27）年9月の報告書の概要を筆者なりにまとめると、以下のようになる。

①「8050問題」等の複合的問題に対応する全世代・全対象型地域包括支援。

②対象者を制度にあてはめるのではなく、本人のニーズを起点に支援を調整することである。制度ではなく、地域というフィールド上に展開する営みであり、個人のニーズに合わせて地域を変えていくという「地域づくり」にほかならない。個別の取り組みの積み重ねが大きな潮流になって地域を変えていく。

③複数分野の問題や複雑に絡む問題を抱える対象者や世帯に対し、相談支援を分野横断的かつ包括的に提供するためのワンストップサービス。

④新しい包括的な相談支援システムは「待ちの姿勢」ではなく、対象者を早期に、かつ積極的に把握すること、すなわち「アウトリーチ」という考え方に立って運営することが重要である。

⑤様々なニーズに対し、既存資源のネットワーク強化だけで不足する場合には、積極的に必要な社会資源を創造・開発していくことが求められる。

⑥福祉サービスを必要としている人は様々な生活課題を抱え、社会生活上の各種の脆弱性（Vulnerability；ヴァルネラビリティ）を抱えている人も多い

ので、単にサービスを提供するだけでは問題解決につながらないことが多いので「伴走型」の支援（ソーシャルワーク機能——筆者注記）が必要である。

⑦社会福祉法人が地域福祉の主要な担い手としての役割を果たすことができるよう、経営組織のガバナンスの強化、事業運営の透明性の向上、財務規律の強化等の改革を確実に実施するための支援が重要である＝社会福祉法人の地域貢献。

⑧地域によっては、その実情に応じ、高齢、障害、児童、生活困窮等の福祉サービスを総合的に提供できる仕組みを構築できるようにするとともに、これを地域づくりの拠点としても機能させることが重要である。対象者を問わず、誰もが通い、福祉サービスを受け、あるいは居場所ともなる取り組みの一つに「小さな拠点（多世代交流・多機能型の福祉拠点）」があり、そこを拠点として、誰もが何らかの役割を担い、人と人とが支え合うまちづくりの取り組みが広がることが期待される。

⑨「小さな拠点」の整備や、総合的な支援提供の仕組みの構築の阻害要因の改善。

⑩福祉機器、ICT を活用したサービス利用者の QOL の向上とサービスの効率化、生産性の向上を図ることが必要。

　その上で、2017（平成29）年の「地域力強化」の検討会最終報告書によれば、この「地域共生社会実現政策」は社会保障、社会福祉の戦後「第3の節目」に位置づけられるとしている。「第1の節目」は、1961（昭和36）年に制度化された「国民皆保険・皆年金」であり、「第2の節目」は2000（平成12）年の公的介護保険制度の実施であり、今回の「地域共生社会実現政策」はそれらに並び称される「第3の節目」であると位置づけている。このような位置づけを厚生労働省の文書で明言するほど「地域共生社会実現政策」は重視され、その政策の具現化が日本の社会福祉の大転換になると考えているのであろう。

　筆者は、社会保障と社会福祉を混在させて、その政策論議することにやや"抵抗"を感じるが、甘んじてその考え方を受け入れたとしても、今回の「地域共生社会実現政策」が「第3の節目」とする位置づけには疑義をもって

いる。筆者なりに社会保障・社会福祉の政策の流れを区分するとすれば、今回の「地域共生社会実現政策」は「第5の節目」と位置づけるべきだと考えている。

　筆者なりに考える「第1の節目」は厚生労働省の見解と同じで、1961（昭和36）年の「国民皆保険・皆年金」を位置づけたい。しかしながら、筆者は「第2の節目」は1970（昭和45）年前後において、戦後の社会福祉事業体制が様々な視点から論議された中で、結果として1971（昭和46）年から政策化された「社会福祉施設緊急整備5か年計画」を位置づけたい。

　戦後日本の社会福祉制度の見直しの動きは1970（昭和45）年前後に大きく問われる（『地域福祉の源流と創造』三浦文夫・右田紀久恵・大橋謙策編、中央法規出版、2003年参照）。

　それを詳述する紙幅の余裕はないが、主な事項だけを列挙しても、以下のような事項が指摘できる。

　1969（昭和44）年国民生活審議会小委員会報告「コミュニティ──生活の場における人間性の回復」、東京都社会福祉審議会答申「東京都におけるコミュニティケアの進展について」、1970（昭和45）年心身障害者のコロニー建設につながる「心身障害者福祉協会法」公布、中央社会福祉審議会答申「社会福祉施設の緊急整備について・老人問題に関する総合的諸施策について」、1971（昭和46）年、中央社会福祉審議会職員問題専門分科会「社会福祉専門職の充実強化方策として社会福祉士法制定試案」、中央社会福祉審議会答申「コミュニティ形成と社会福祉」、全国社会福祉協議会「福祉事務所の将来は如何にあるべきか──昭和60年を目標とする福祉センター構想」等が矢継ぎ早に発表される中で、1971（昭和46）年に「社会福祉施設緊急整備5か年計画」が実施された。

　この「社会福祉施設緊急整備5か年計画」が出されてくる背景には、1966（昭和41）年の行政管理庁勧告「社会福祉事業の運営改善」や1969（昭和44）年の行政管理庁勧告「特養ホームの不足等の指摘」があり、それらの勧告に応えなければならない事情があったものの、同時代に論議されていたイギリスのコミュニティケアに学んだ地域福祉の考え方（1971（昭和46）

年「コミュニティ形成と社会福祉」という中央社会福祉審議会の答申）とは"真逆の"政策となり、これ以降、日本の社会福祉政策は入所型施設を中心とした施設福祉時代に入る。

それが、2005（平成17）年の障害者自立支援法の改正に関わって、2005年以降、入所型施設に入所していた知的障害者や身体障害者、病院に入院していた精神障害者の方々の地域移行が声高に叫ばれ、推進されている。今叫ばれている障害者の"地域移行"のことを考えるならば、1970（昭和45）年前後にコミュニティケアが叫ばれていながら、それが政策にならず、入所型施設を中心とした施設福祉の起点になった1971（昭和46）年の「社会福祉施設緊急整備5か年計画」は政策上の大きな転換点として位置づけるべきであろう。

筆者が考える「第3の節目」は、1990（平成2）年の社会福祉関係八法改正に伴う"社会福祉行政の市町村分権化、市町村主権化"が始まった時である。他の行政の地方分権化の流れに乗って、社会福祉行政の分権化が進められたとはいうものの、国家責任論、行政責任論に裏打ちされた強固な中央集権的機関委任事務体制であったものが基本的に社会福祉行政は市町村が責任をもつという、社会福祉行政が厚生省（当時）から市町村へとコペルニクス的転回をしたことは大きな節目である。1969（昭和44）年の地方自治法の改正実施により、各地方自治体は基本構想、長期計画、実施計画という計画行政への転換が求められた時でも、社会福祉行政は事実上"治外法権"であったことを考えれば、これは大転換と言わざるを得ない。

今日言われている「地域共生社会実現政策」は基本的に市町村が推進・具現化の役割を担うのであって、厚生労働省は市町村の政策に対し、"政策誘導"と"技術的助言"しかできなくなっている状況の中で、2017（平成29）年に社会福祉法を改正し、市町村が1990（平成2）年代から策定することが求められてきた各種分野ごとの社会福祉計画について、福祉サービスを必要としている人の地域自立生活支援という視点に基づき、「地域共生社会」実現に向けて統合性をもたせた形態での、いわば"上位計画としての地域福祉計画"を位置づけたが、その道筋につながる起点は1990（平成2）年の

社会福祉関係八法改正である。

「第4の節目」は厚生労働省が言うように、「介護の社会化」の起点になった2000（平成12）年の公的介護保険制度の実施である。

したがって、筆者なりに考えれば、今日の「地域共生社会実現政策」は「第5の節目」と位置づけられるもので、この歴史的経緯を十分踏まえておかないと、市町村ごとに展開される「地域共生社会実現政策」の具現化は難しいと考えている。なぜなら、市町村ごとに策定する地域福祉計画策定にどれだけ住民が関心と理解を深め、参加してくるかが大きな課題である。かつまた、従来市町村の行政、政策と事実上関係が十分でなかった施設経営社会福祉法人がこの「地域共生社会実現政策」に関わって、どう「社会福祉法人としての地域貢献」（施設経営社会福祉法人は全国約1万8000か所存在する）を展開し、役割を担えるかにその実現の鍵が握られているといっても過言ではないからである。介護保険施設数を除く社会福祉施設は2019（令和元）年10月現在全国で約78700か所あり、介護保険施設では2019年10月現在介護老人福祉施設が約8200か所、介護老人保健施設が約4300か所、通所介護（デイサービス）が約24000か所、認知症対応型共同生活介護（認知症グループホーム）が約13700か所あるわけで、その位置、役割は大きい。

ところで、厚生労働省において「戦後第3の節目」と言われる「地域共生社会政策」はある日突然に出されてきたわけではない。

筆者も含めて、社会福祉学研究者は、既に1970（昭和45）年前後において、古典的な経済的給付で問題解決できる問題とは異なる「新たな貧困」の登場を指摘していた。東京都江戸川区の福祉事務所で働いていた白沢久一（後に北星学園大学教授）等の福祉事務所で働く現業員の方々は、生活保護という金銭給付だけでは解決できない生活問題があるとし、生活力の脆弱性や家庭管理能力の脆弱性を指摘していた。

また、筆者は、家族形態の変容に伴い家庭が有していた家族構成員同士の情緒的癒しや子育て機能の脆弱性について、あるいは人間関係能力・社会関係能力の脆弱化と地域におけるソーシャルサポートネットワークの希薄化を指摘していた（大橋謙策「高度成長と地域福祉問題──地域福祉の主体形成と住

民参加」参照『社会福祉の形成と課題』吉田久一編、1981 年、川島書店所収）。

　さらには、経済学者・中央大学教授江口英一は 1966（昭和 41）年の「日本における社会保障の課題」（小谷義次編『福祉国家論』別冊、筑摩書房、1966年）で、小家族労働者世帯の不安定さを指摘し、地方自治体レベルでの生活を守るための福祉サービスの整備の必要性も指摘していた（**図表 9**「生活困窮者問題の社会構造」参照）。

　一方、厚生労働省自体のこの問題への取り組みの歴史的経緯を考えてみても、「地域共生社会政策」が出されるまでに少なくとも 3 回同じような問題を指摘している。

　第 1 は、1990（平成 2）年の「生活支援地域福祉事業（仮称）の基本的考え方について（中間報告）」（座長：大橋謙策）で、潜在的ニーズ、多問題家族、社会的孤立、家政管理能力、外国人問題、入退院支援、家庭内暴力等の生活問題は、従来の社会福祉行政では対応が困難だと考え、アウトリーチによる問題発見、複雑、多様化している多問題家族へのチームアプローチの必要性、

図表 9　生活困窮者問題の社会構造

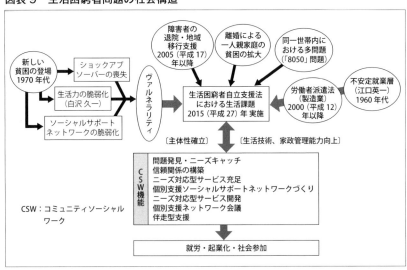

2016 年 6 月 7 日作成　2019 年 3 月修整　大橋謙策

制度的サービスと地域住民によるインフォーマルケアとを有機化して推進するコミュニティソーシャルワーク機能について指摘している。

　第2には、2000（平成12）年に出された「社会的援護を要する人々に対する社会福祉の在り方に関する検討会報告書」（座長：阿部志郎）である。

　この報告書では、「心身の障害・不安」、「社会的排除や摩擦」、「社会的孤立や孤独」等の問題が重複、複雑化している問題があり、"社会的援護を必要とする人々に社会福祉の手が届いていない"との認識の下に、問題発見・問題解決機能の向上、他行政との連携、社会福祉法人の地域貢献、住民のボランティア活動による地域づくりにおける社会的つながりの創出等の必要性を提言している。

　第3には、2008年の「地域における『新たな支え合い』を求めて──住民と行政による新たな福祉」（2008年3月、座長：大橋謙策）である。

　この報告書では、ⅰ「制度と制度の谷間の問題」、ⅱ「複合的問題を抱えている家族」、ⅲ「ひきこもりの問題」、ⅳ「生活技術能力がない世帯、人の問題」、ⅴ「孤独・孤立問題」を大きな生活問題だと取り上げ、それらを解決するために、住民と行政によるパートナーシップによる地域・社会づくりの必要性を提言した。行政の役割と住民のボランティア活動による地域づくりとを並立的に捉えるのではなく、住民と行政の協働という戦後の日本の社会福祉行政、実践、研究に十分位置づいていなかった考え方を強調した。

　少なくとも、今日の地域共生社会政策が出されてくるまでに、厚生労働省も従来の社会福祉行政で解決できていない問題や制度の不十分さには気が付いていた。しかしながら、このような問題を解決するには、戦後70年近く行われていた社会福祉の縦割り行政の仕組み、従事者の考え方、サービス提供の在り方等を全面的に改革する必要があり、よほどの"覚悟"がなければ取り組めない課題であり、政策である。その"困難さ"を考えると厚生労働省が「第3の節目」だと位置づける重みは十分理解できる。それほど、70年間の各種"しがらみ"を取り除き、払拭し、新たな体制、システム、従事者の社会福祉観を変える作業は困難を極めるということである。

第4章
地域共生社会実現には住民と行政の協働が不可欠——コミュニティソーシャルワーク機能と住民の主体形成の必要性

　筆者は、1966（昭和41）年に発表された前出（p.116）の江口英一論文「日本における社会保障の課題」（小谷義次編『福祉国家論』別冊、筑摩書房）を読んで触発され、これからは社会保険等の経済給付に関わる部分は国レベルの政策で行われなければならないが、対人援助の社会福祉は市町村レベルで展開すべきであると考え、1960年代末以降地域福祉が社会福祉の中核になるべきだと考えてきた。ちょうどその頃、岡村重夫が1974（昭和49）年に『地域福祉論』（光生館）を上梓し、"地域福祉は社会福祉の新しい考え方、接近法である"と指摘したことと軌を同じくしている。

　筆者は「地域福祉」を第1編第1部でも述べたように以下のような考えに基づき実践的研究を行ってきた。

　地域福祉とは、区市町村を基盤に在宅福祉サービスを整備し、地域での自立生活を支援するという目的を具現化することである。中でも、福祉サービスを利用することが今日のように一般化、普遍化しているにも関わらず、未だ福祉サービスの利用につながっていない福祉サービスを必要としているヴァルネラビリティのある人（社会生活上において傷つきやすく、各種の脆弱性を有している人）を発見し、それらの人々と信頼関係を築き、それらの人々を社会的に排除することなく、地域での自立生活を支援するという社会福祉の新しい考え方である。

　地域での自立生活支援においては、従来行ってきた低所得者への金銭給付や属性分野別単身者への入所型施設における集団的、画一的なサービス提供方法やADL（日常生活動作）を軸にしたアセスメント（生活の分析、診断、評価）の方法、支援では不十分で、新たな視点と枠組みに基づくアセスメントと支援の在り方が問われることになる。

地域福祉は、従来の「福祉六法」体制にみられる属性分野ごとに定められたサービスを縦割り的に提供するのではなく、福祉サービスを必要としている人、あるいはその家族が必要としている多様なサービスを有機化し、本人はもとより、家族への支援も含めて横断的、総合的にサービスを提供する新しい福祉サービス提供システムを創ることである。

　時には、必要に応じて地域でニーズに対応する新しい福祉サービスを開発することやそれを具現化する財源確保方策も企画する。

　地域福祉は上記のことを踏まえると必然的に区市町村社会福祉行政を再編成させざるを得ない。従来の「申請主義」を前提にした「待ちの姿勢」ではなく、「アウトリーチして問題を発見」し、ケアマネジメントの方法を活用して、それらの人々の問題を整理し、援助方針を「本人の求めと専門職の必要とする判断とその両者の合意」に基づき立案し、伴走的に、かつ継続的に関わるソーシャルワーク機能を展開できるシステムを区市町村に作ることである。

　したがって、地域福祉を推進するためには、市町村の地域属性に即した地域福祉計画を策定することが重要になる。

　さらには、地域での自立生活支援においては、地域住民のエネルギーがプラスにもマイナスにも働くので、地域のヴァルネラビリティのある人に対する差別、偏見、蔑視を取り除き、排除しがちになる地域住民の社会福祉意識改革への取り組み（福祉教育）とそれらヴァルネラビティの人々を包含し、支援するという個別支援を通して地域を変えていくという住民参画型の福祉コミュニティづくり、ケアリングコミュニティづくりが重要になる。

　つまり、地域福祉とは、①市町村を基盤に社会福祉を推進すること、②在宅福祉サービスを整備すること、③福祉サービスへのアクセシビリティをよくし、世帯全体に対応できる総合相談窓口システムをつくること、④相談に来られず、ニーズが潜在化している人を多様なチャンネルで発見し、信頼関係をつくり、伴走的支援を行うこと、⑤福祉サービスを必要としている人の"本人意思"を重視した地域での社会生活状況をアセスメントすること、⑥制度的サービス、インフォーマルケアとを問わず、必要な福祉サービスを総

合的、有機的に提供できるシステムをつくること、⑦必要な制度、サービスがない場合には、新しいサービスをプログラムとしても、資源としても、制度としても、財源としてもつくること、⑧地域住民の社会福祉意識を変え、主体的に地域づくりにかかれるよう、4つの主体形成（ⅰ地域福祉実践の主体、ⅱ地域福祉サービス利用主体、ⅲ地域福祉計画策定主体、ⅳ社会保険契約主体）のための福祉教育、ボランティア活動の推進を図ること、⑨これらの機能、システムを具現化できるように市町村社会福祉行政のアドミニストレーションを見直し、行政機構を再編成すること、⑩これらの機能、システム、アドミニストレーションが展開できるように住民参加で地域福祉計画を策定して地域福祉を推進することである。

　ところで、戦後日本では、憲法第25条、第89条に影響を受けて、社会福祉サービスはすべて行政の責任において行うべきだとする思潮が強く、今でも「地域共生社会実現政策」は行政責任を放棄して、住民に“丸投げ”しようとしている政策だと論陣を張っている人もいる。それは、かつて、1990（平成2）年の際に、在宅福祉サービスを市町村で整備していくことは間違いであると論調を張った人と同じ論調である。

　筆者は長らく、戦後日本の社会保障、社会福祉政策において、イギリスの考え方を間違って紹介、導入したのではないかと主張してきた。

　戦後日本の社会保障制度は、1942年のイギリスのベヴァリッジ報告「社会保険及び関連サービスについて」によるところが大きい。しかしながら、日本は1948（昭和23）年の通称ベヴァリッジ第3リポートと言われる「ボランタリーアクション」についてはほとんど言及する行政マン、研究者はいない。このリポートは、社会保険等は国家責任で行うべきであるが、それだけでは社会は良くならないとして、国民がボランティア活動を行う必要性を指摘したものであった。

　イギリスでは、大きな行政政策が展開される時には、それと連動したかたちで国民のボランティア活動の在り方についても論究されてきた。

　例えば、世界最初の行政による法定化された救貧制度としての「エリザベス救貧法」が1601年に制定されるが、同じ年に「慈善信託法」（「Statute of

Charitable Uses」）が制定されていることを指摘した社会福祉関係著書は皆無であった（筆者が1992（平成4）年に指摘・紹介）。この「慈善信託法」の考え方は、国民が慈善、博愛、教育、宗教、免囚保護、土木事業などに寄付をする場合、エリザベス一世（当時）はそれに税金をかけてはいけないという内容で、この法律がイギリスにおけるボランティア活動における寄付の文化を創り上げる基盤になった。この法律の考え方は360年後のイギリスの1960年チャリティ法やその大改正版である1990年の改正法でも基本的に変わらずに継承され続けている。

　また、日本に大きな影響を与えた1968（昭和43）年のシーボーム報告「地方自治体における対人社会サービスについて」でも、イギリスでは1969年に発表されたエイブス報告（Eves Report）「ボランタリーワーカー」と対になって検討され、報告書が出されたにも拘わらず、日本ではエイブス報告について論究した著書はほとんどない。

　その報告書は、対人援助サービスを地方自治体の責任において提供するが、それは専門職であるソーシャルワーカーだけでできるかというとそれはできないのであって、住民によるボランティア活動の必要性について言及している。また、ボランティア活動が活性化すれば専門職であるソーシャルワーカーはいらなくなるのかについても検討し、いらなくなることはないとしている。

　この考え方は、1982（昭和57）年に出された「バークレイ報告（Barclay Report）」において、行政職員であるソーシャルワーカーと住民との協働の必要性を多数派であれ、少数派であれ必要としたことにつながっている。

　地域での自立生活を送るためには、制度化されたサービスだけでは十分ではない。住民の孤立の問題、災害や緊急事態対応等様々な状態を想定しての見守りや対応・支援には近隣住民やボランティアによる新たなソーシャルサポートネットワークをつくらないと生きていくことが困難である。「限界集落」、「消滅市町村」等の問題の中で、買い物に不便を感じている住民、交通移動の手段がなく、困っている住民等の問題も含めて、民法上の親族がいるといないとにかかわらず、新たな地域での支え合いが求められている。地域

自立生活を支援する地域福祉においては、住民と行政の協働は不可欠であり、だからこそ、先に述べた4つの地域福祉の主体形成、ⅰ)地域福祉実践主体、ⅱ)地域福祉サービス利用主体、ⅲ)地域福祉計画策定主体、ⅳ)社会保険契約主体が重要になる。

　このように考えると、第1編第1部でも取り上げたが、筆者が1980（昭和55）年に全国社会福祉協議会のボランティア基本問題検討委員会で作成起草し、委員会の承認を頂いた「ボランティア活動の構造図」（**図表10**、再掲）という考え方が今改めて認識され、このような総合的なボランティア活動や地域づくりが推進されなければならない。住民の生活圏の基盤である地方自治体の在り方、その地域づくりに参加できる博愛の精神をもった「公民」の形成が重要である。

　イギリスは、住民と行政の協働を歴史的に推進してきた。しかしながら、地域での自立生活を支援するということになると、その"協働"は制度的サービスと近隣住民のボランティア活動とが並立的に存在するということでなく、福祉サービスを必要としている人を地域で支えていく役割を具体的に担えるかという課題になる。それは、個別支援を通した地域づくりであり、マレー・G・ロスの時代の"予定調和的"な地域づくりではない。具体的に個別課題を抱えている人を地域から排除しないだけではなく、地域住民自身がそれらの人々を支える活動を担えるかという問題である。

　前述したように、イギリスは、地域での自立生活を支援するために、1968年にシーボーム（Seebohm, F.）を委員長とする「地方自治体における対人社会サービス」と題する報告書を出す。この報告者は、日本の在宅福祉サービスを軸にした地域福祉の推進に大きな影響を与えた。しかしながら、日本ではほとんど紹介されていないが、エイブス（Eves）を委員長としてまとめた「ボランティアワーカー」という報告書もある。エイブス報告書は、地方自治体が社会サービスとしてのパーソナルサービスを整備し、それをソーシャルワーカーが担うとしても、それだけでは住民の地域生活は十分でないので、住民によるボランティア活動が必要であることを説く。逆に、住民のボランティア活動があれば、ソーシャルワーカー等の専門職は不要にな

図表10　ボランティア活動の性格と構造

ボランティアの構造図

① ボランティア活動の目的は、自立と連携の社会・地域づくりを実現することである
② ボランティア活動は、（イ）近隣における助け合い等ができる地域づくり、（ロ）地域に住んでいる生活のしづらさを抱えている人々を支援する個別対人サービス、（ハ）市町村レベルの社会福祉を豊かにする地域福祉計画づくりという3つの側面がある
③ ボランティア活動は、市民一人ひとりが上記のことを当たり前にできる市民活動を活性化させる触媒活動である、

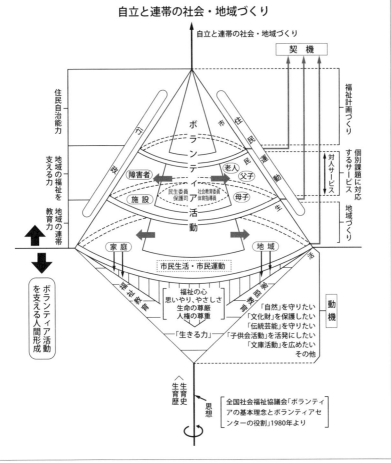

自立と連帯の社会・地域づくり

るかをということを論議し、専門職としてのソーシャルワーカーは不要には
ならず、かつ住民のボランティア活動も必要であると指摘する。

　この２つの報告書を踏まえて、イギリスでは 1970 年に「地方自治体社会
サービス法」が制定され、コミュニティケアが推進されていく。

註 1）イギリスのコミュニティケアの評価と在り方を巡っては、日本では必ずし
　　も意見の一致がみられなかった。
　　　　岡村重夫は『地域福祉論』（光生館、1974 年）において、コミュニティケア
　　と「在宅者サービス」、「居宅保護」とは異なるものであると述べつつ、コミュ
　　ニティケアを巡る論議があったことを指摘している（『地域福祉論』p.45、104
　　等参照）。それについては、本書の第 1 編第 1 部第 3 章（p.28 〜）を参照。

　「地方自治体社会サービス法」（1970（昭和 45）年）が施行されて 10 年、
改めて住民の地域自立生活を支えていくためのシステムの在り方が問われる
ことになる。それが、1982（昭和 57）年に出されたバークレイ報告（Barclay
Report）『ソーシャルワーカーの役割と課題』である。

　バークレイ報告は、地域住民の自立生活支援におけるソーシャルワーカー
の位置及び役割と地域住民の位置と役割についての論議であった。それは、
地域を基盤としたソーシャルワークによる個別支援と地域の生活問題を解決
するための計画づくりや問題解決の資源開発とを統合的に推進しようとする
考え方である。

　この考え方は、筆者が 1984（昭和 59）年に著した論文「公民館職員の原
点を問う」（『月刊社会教育』329 号所収、1984 年 8 月、国土社。その後『地域
福祉の展開と福祉教育』大橋謙策著、全国社会福祉協議会、1986 年に収録）にお
いて指摘した社協職員に求められる機能〔(4H ── Heart（情熱）、Head（頭脳）、
Hand（手段・技術）、Health（健康）、6P ── Plan（構想を立てる力）、Program
（実施計画を立てる力）、Promote（計画を具現化する力）、Produce（実施事業を
演出する力）、Play（実際に自らも活動する力）、Propagate（事実、実践を宣伝し、
拡げていく力）、6C ── Counsellor（相談相手）、Consultant（地域及び生活の
診断者）、Clarifier（問題を明確にする人）、Coordinator（連絡調整者）、Case

Worker（個別支援者）、Copartner（住民の協働者）〕と相通ずる考え方である。

　バークレイ報告は、「ソーシャルワーカーの役割と課題」と題する報告書であり、上記したように個別支援とそれを支える地域の開発を計画的に、かつ統合的にソーシャルワークが展開できるようにすることが理念として掲げられたが、その内容は多数派意見、少数派意見、個人意見とに分かれ、意見を一つにまとめることができなかった。

　多数派意見は、バークレイ（Barclay, P.）がリーダーで、コミュニティに焦点を当てて、地域を基盤とすることは少数派と同じであり、コミュニティソーシャルワーク機能の必要性を説く。つまり、住民と行政、専門職であるソーシャルワーカー等が地理的コミュニティである小地域（パッチ）を基盤として協働して問題を発見し、解決していこうとする方法を重視する立場である。しかしながら、地域によっては住民との協働が難しい地域もあるので、そこでは専門職のソーシャルワーカーが全面に立って対応していこうとするいわば、現実的対応を考えた意見である。

　少数派意見は、ハドレイ（Hadley, R.）がリーダーで、多数派に比して近隣基盤ソーシャルワークと呼ばれるように、小地域での住民の参加、協力を強力に推進して、地域で問題解決できるように地域を変えていくべきであるとする考え方である。

　個人意見はロンドン大学のピンカー（Pinker, R.）教授個人の意見で、住民の力に依拠すること以上に、専門職の配置、能力を質量ともに増やして対応するべきであるとの考え方である。

註2）バークレイ報告は1982（昭和57）年に公表されるが、ちょうど筆者は三浦文夫先生と一緒に、ヨーロッパ諸国の「行政とボランティア活動との関わりに関する調査」でヨーロッパに行っており、その調査の一環でイギリスのブライトンで行われた国際ソーシャルワーカー連盟の会議に出席することになった。その折に、バークレイ報告を入手し、自分がしようと考えていたことがイギリスで論議され、政策化されることに"ある種"の感動を覚えた。
　　ブライトンで、三浦文夫先生とドーバーソールを食べたが、炭火焼きでな

いのが残念で、これを炭火焼きして、醤油を垂らしたらおいしいのにと嘆き
ながらビールを飲んだ思い出が懐かしい。

註3）筆者は日本社会事業大学の在外研究として 1992（平成 4）年にイギリスに滞
　　在したが、その時の調査研究の目的の一つがバークレイ報告の多数派と少数派
　　の違いがどこにあるかを探ることであった。
　　　バークレイ報告の多数派の問題を調査するために、ロンドンのケンジント
　　ン・チェルシー区を選んだ。少数派は、少数派のリーダーであったハドレイ
　　が拠点としていたイズリントン区を選択した。
　　　ケンジントン・チェルシー区は区長が保守党政権で、保守党の牙城である。
　　この区は、高級住宅街であるが、区内にコミュニティケア政策によって病院
　　や社会福祉施設から退院、退所した福祉サービスを必要としている人々が住
　　める、イギリスには珍しい集合高層住宅があり、そこには精神障害者や HIV
　　感染者やエイズ患者がたくさん住んでいた。また、その集合高層住宅のそば
　　にはロンドンライトハウスという HIV 感染者等への支援をする拠点施設があ
　　る。ケンジントン・チェルシー区には、このようなスペシャルパッチが２つ
　　あり、その地域ではコミュニティ内の問題を住民の力だけで解決しようとし
　　ても無理で、多数のソーシャルワーカーが配置されていた。
　　　一方、イズリントン区は、労働党政権で、中産階級の労働者世帯が多く、
　　区内はかなり均質的な生活と思われた。当時、イズリントン区は人口 16 万人
　　であったが、24 の小地域に分けられており、その各々の地区で、直接民主主
　　義ともいえる住民参加による会議が３か月に１回開かれていた。その会議に
　　２度参加をしたが、地区内の問題を出し合い、住民が協議をし、解決する手法
　　がとられていた。その会議をみて、ハドレイが理念的に住民の直接民主主義
　　を実現しようと考え、そのコーディネーターにコミュニティソーシャルワー
　　カーを配置しようとしていることが実感できた。

　　イギリスのコミュニティソーシャルワークの考え方は必ずしも成功したと
は筆者は考えていない。それは、やはり、地理的コミュニティの力が脆弱化
していることと、それに代わる教会もスコットランドのような地域性が豊か

にあるわけでもなく、かつ必ずしも地域を基盤としたボランタリーセクターが力をもっていないことなどが要因にあると考えている。

　したがって、日本で、イギリスのコミュニティソーシャルワーク機能を学び、定着させるためには、このイギリスの問題点をどう解決するかということが求められる。筆者の考えでは、日本においてコミュニティソーシャルワーク機能が定着するためには市町村に設置されている地域を基盤とした市町村社会福祉協議会と全国の津々浦々に配置されている民生委員・児童委員協議会がどれだけ従来の活動から"脱皮"し、コミュニティソーシャルワーク機能を担ってくれるかであり、今日の地域共生社会政策の推進もその両者に負うところが大きいと考えている。

第5章
改正社会福祉法における「地域生活課題」
と「社会生活モデル」に基づく支援

　地域での自立生活支援には入所型施設でのADL（日常生活動作）を基底にしたアセスメントでは支援できない。新たな支援の考え方とそれを踏まえたアセスメントが必要である。

　戦後日本の社会保障制度の基盤となった1950（昭和25）年の社会保障制度に関する勧告で社会保障は社会保険、国家扶助（今日でいう公的扶助）、公衆衛生及び医療、社会福祉の4部門から成り立つとし、その中心は国民の拠出による社会保険制度だとして、その上で社会福祉は"国家扶助の適用を受けている者、身体障害者、児童その他援護育成を要する者が、自立してその能力を発揮できるよう、必要な生活指導、更生補導、その他の援護育成を行うこと"であると位置づけている。この、"援護育成"の対象に"国家扶助の適用を受けているもの"が入っているために、経済援助と対人援助とが混在して考えられ、かつ生活保護制度でいう最低生活の保障という考え方に引きずられていく。

　その考え方は、日本の社会政策は労働力政策であり、社会事業（今でいう社会福祉）はその労働力政策の"補充"、"代替"と位置づけた労働経済学・社会政策研究者である大河内一男等の社会政策理論とつながり、対人援助を独自の領域として、新たな哲学で考えるという思考方法をいわば"停止"させた。だからこそ、先に述べた"住民と行政の協働による地域福祉"は行政責任を"放棄"したものだという論調にもつながる。

　筆者は、対人援助としての社会福祉は憲法第25条もさることながら、憲法第13条が重要で、この世に生きとし生けるものの自己実現が何らかの事由によって停滞、欠損、不足している時にそれをカバーし、支援することが重要であることを言い続けてきた。社会福祉に潜んでいる"劣等処遇"的な生活観、人間観、貧困観を払拭しなければ、日本の対人援助としての社会福

祉はよくならないとしてきた。その一つのシンボルが、障害者や高齢者の学習・文化・スポーツ活動の推進で、生きる意欲、生きる希望につながり、自己実現を図る機会だと考え、その必要性を 1960 年代から説き、実践を行ってきた。

　このような社会保障制度審議会の社会福祉に関する"呪縛"が変わろうとしたのが、1995（平成 7）年の社会保障制度審議会の勧告「社会保障体制の再構築」と題する勧告である。

　その勧告では「初期の我が国社会保障制度は、国民を貧困から守り、心身に障害をもつ等生活に不利な事情にあった人々を救済することを主たる目的としてきた」が、「今日の社会保障体制は、すべての人々の生活に多面的に関わり、その給付はもはや生活の最低限度ではなく、その時々の文化的、社会的水準を基準とするものとなっている」とした上で、「広く国民に健やかで安心できる生活を保障すること」がこれからの理念であると述べている。

　この 1995（平成 7）年勧告がどれだけ普及、定着しているかは定かでないが、少なくとも最低生活の保障から自己実現を図る生活への転換が明言されたことは事実である。

　筆者は、対人援助としての社会福祉は自己実現を図ることに関わる支援と考え、自己実現を図るためには少なくとも 6 つの自立要件が満たされていることが必要であると考えてきた。その 6 つの自立要件については繰り返し述べている（p.84〜87）が、社会生活上必要な要件である（①労働的・経済的自立、②精神的・文化的自立、③健康的・身体的自立、④生活技術的・家政管理的自立、⑤社会関係的・人間関係的自立、⑥政治的・契約的自立）。そのアセスメントの項目、要件は少なくとも入所型施設でのアセスメントでは考えられてこなかった視点と項目である。地域生活支援においてはこの 6 つの自立生活要件が何らかの事由において停滞、欠損、不足している場合にはそれを補い、支援するサービス、対人援助が必要になる。

　「地域共生社会実現政策」の一環として、2018（平成 30）年に社会福祉法が改正された。その改正第 4 条第 2 項で「地域住民等は、地域福祉の推進にあたっては、福祉サービスを必要とする地域住民及びその世帯が抱える福

祉、介護、介護予防（要介護状態若しくは要支援状態となることの予防又は要介護状態若しくは要支援状態の軽減若しくは悪化の防止をいう。）、保健医療、住まい、就労及び教育に関する課題、福祉サービスを必要とする地域住民の地域社会からの孤立その他の福祉サービスを必要とする地域住民が日常生活を営み、あらゆる分野の活動に参加する機会が確保される上での各般の課題（以下「地域生活課題」という。）を把握し、地域生活課題の解決に資する支援を行う関係機関との連携等によりその解決を図るよう特に留意するものとする。」と明文化した意味は大きい。

　ところで、筆者は1970（昭和45）年頃から、頓（とみ）に社会福祉研究者、社会教育研究者は、"出されてきた政策には敏感であるが、その政策が出されてきた背景には鈍感である"と言い続けてきた。その点からすれば、「地域共生社会実現政策」が出されてきたからとか、2015（平成27）年に「生活困窮者自立支援法」が実施されてきたからという国の政策、制度を起点にして、あたかも自分の学説であるかのように論調を張る研究者は高く評価しない。そのような社会福祉研究者、地域福祉研究者の姿勢と発想は見直さなければならない。

　国民が求めるニーズ、国民が抱える課題と、国あるいは地方自治体が政策化し、制度化したものとの間には乖離がある。かつ、国民が求めていることがすぐに行政により政策化、制度化されるわけではない。とすれば、社会福祉研究者やソーシャルワーク機能を生業とする専門職は、その乖離や制度化されていない国民の生活課題にもっと敏感でなければならない。

　筆者たちは、既に1970（昭和45）年頃、「生活困窮者問題の社会構造」（**図表9**, p.116参照）のように、従来の金銭給付型の支援では問題解決につながらない問題を把握し、問題提起していた。**図表9**の中の"生活力の脆弱化"の問題を白沢久一が指摘したのは1968（昭和43）年の母子世帯等の生活保護世帯の実態調査を基に福祉事務所の生活保護担当の現業員である社会福祉主事たちからの問題提起である（『生活力の形成―社会福祉主事の新しい課題―』白沢久一、宮武正明共編著、1984年、勁草書房参照）。また、筆者は1970（昭和45）年に行った東京都三鷹市の青年実態調査（コミュニケーショ

ンが十分もてず、自己表明できない「まあね族」の登場を指摘した）等を踏まえ、子ども・青年の発達の歪みを当時から指摘していた。1960（昭和 35）年代末から 1970（昭和 45）年代にかけて行われた子ども・青年に関する各種調査も参照して、筆者は子ども・青年の発達の歪みとして、①社会的有用感の喪失、②集団への帰属意識、準拠意識の希薄化、③成就感、達成感の欠如、④対人関係能力、自己表現能力の不足、⑤生活技術能力の不足にまとめた（『青少年のボランティア活動』1984 年、全国社会福祉協議会等参照）。1970 年代には既に、無気力、無感動、無関心の子ども、共感する力が乏しい子ども、転びやすい子や骨折しやすい子、"集団的独白" ともいえる相互の交流にならない、一人勝手の独白といった現象が頻に当時指摘されていた。1978（昭和 53）年に久徳重盛が『人間形成障害病』（健友館）という本を上梓し、警告したのも同じ内容である。

　また、住民の生活を守る多様な社会サービスが欠如、未整備のままに、急激な都市化、工業化、核家族化が進み、住民の生活は生活基盤、生活環境的にも、精神的にも不安定になっていった。

　筆者は、1981（昭和 56）年に刊行された（「高度成長と地域福祉問題——地域福祉の主体形成と住民参加」、『社会福祉の形成と課題』吉田久一編、川島書店、1981 年）で、「地域社会が自然発生的にもっていた精神的、経済的互助作用が崩壊し、個々の家族（それも核家族）が、個別に生活上の諸問題に対応せざるを得ず、空間的、精神的、経済的に厳しい生活を強いられる家族のショックアブソーバー（緩衝装置）は全く皆無になった。……例えば、精神的孤立感に陥らないよう家族が交流し、ちょっとした生活相談事ができたりする交流空間（公園、公民館等）、あるいは核家族、とりわけ若き母親が安心して買い物や用足しにいける子どもの一時預かり機能、……人間がもっとも不安定な状況になる病気の際、体験に照らしてアドバイスしてくれた親、姑に代わる保健医療相談機関等はほとんど社会的、地域的に整備されているとはいいがたい」と指摘し、住民の生活を守る対人援助の社会サービスの整備とシステムづくりを住民参加で「地域社会福祉計画」（当時）を策定することによって解決すべきことを提言している。

先にも述べたが、1990（平成2）年、厚生省（当時）社会局保護課に設置された生活支援事業研究会（座長：大橋謙策）がまとめた「生活支援地域福祉事業（仮称）の基本的考え方（中間報告）」で、既に、潜在的ニーズの把握の必要性、多問題家族への対応、社会的孤立の問題、家政管理能力のない家庭への支援、外国人問題、家庭内暴力問題等に言及し、専門多職種連携とコミュニティソーシャルワーク機能による問題解決の必要性を指摘している。

　このような流れは、2000（平成12）年に「社会福祉基礎構造改革」の一環と位置づけられる「社会的な擁護を要する人々に対する社会福祉の在り方に関する検討会」報告書が出され、①社会的なつながりを創出することに関する提言、②福祉サービス提供主体に関する提言、③行政実施主体の取り組みに係る提言、④人材養成に関わる提言が行われている。そこでは、問題発見、問題解決機能の向上を図る必要性、地域の対象となる人々の中に「積極的」にアウトリーチする等の取り組み、ボランタリズムの醸成や福祉文化の創造等が提言され、新しい「社会福祉の在り方」を提起している。

　したがって、2018（平成30）年の社会福祉法の改正により「地域生活課題」が明言化され、それらの問題を解決するために、住民参加で"上位計画である地域福祉計画"を策定して解決しようという考え方は遅きに失したが大変重要である。

　その際に重要なことは、憲法第25条に基づき"健康で文化的な最低生活の保障"という理念だけでは、ややもすると"上から目線の最低生活を保障してあげる"という従来社会福祉行政、社会福祉関係者を"呪縛"していた社会福祉観に基づきやすいので、1995（平成7）年の社会保障制度審議会の勧告のように新たな視点に基づくことが重要で、それは憲法第13条に基づく"福祉サービスを必要としている人"の個人の尊厳、人間性を尊重した幸福追求、自己実現という視点からのアプローチでなければならない。

　その意味では、1971（昭和46）年以降日本の社会福祉行政は、入所型施設を軸とした施設福祉の時代を長く継続してきたために、アセスメントが医学モデルに引き付けられて、心身機能に障害があるかないか、ADL（日常生活動作）機能がどれだけあるかないかに注目しがちであった。

地域での自立生活支援は、1960年代末から70年代に指摘されてきた様々な自立に関わる生活課題を想定し、先に挙げた6つの自立要件（p.84〜87）をもとにアセスメントが行われ、支援が展開される必要がある。

　その際に重要なことは、福祉サービスを必要としている人、その本人の生活上の、人生上の願い、思い、希望がどういうものであるかを考えることである。本人の新たな"人生の物語"設計に寄り添い、支援するというナラティブアプローチが基本にならなければならない。

　戦前の日本において、社会事業（現在でいう社会福祉）には積極性と消極性の2側面があると考えられ、その両者の関係をどう考えるのかが問われていた。物資的・金銭的給付やサービス給付はいわば消極的社会事業で、その人の生きる意欲、生きる希望を引き出し・支え、それが実現できるように支援することが積極的社会事業であると考えられた。

　戦後の社会福祉はこの積極的社会事業の側面を忘れ、物資的・金銭的給付やサービス給付をすれば問題は解決すると考えがちであった。重要なことは生活者である福祉サービス利用者自身がどうしたいかを考えることで、その側面のアセスメントが重要になる。

　しかも、従来のアセスメントは世界保健機関（WHO）が1980（昭和55）年に定めたICIDH（国際障害分類）により、医学的にADLに影響を与える心身機能の障害の診断をもとに考えられがちであった。しかしながら、WHOは2001（平成13）年に心身に機能障害があっても環境因子を変えれば多くの能力を発揮でき、自立生活が可能になるというICF（国際生活機能分類）という考え方を打ち出した。人間の特性とは何か、と古来より論議されてきたが、その特性の一つに"道具を使うこと"がある。介護ロボット、福祉機器の開発、実用化は急速に進んできており、これら介護ロボット、福祉機器を活用することは、それを利用したいという福祉サービス利用者自身の意欲や主体性が問われるわけで、これからのアセスメントではそれらICFの視点に基づき福祉機器を活用して生活を向上させるということも重要な位置を占めてくる。介護ロボット、福祉機器の活用は、介護者の腰痛予防や省力化にも効果をもたらすが、それ以上にサービス利用者の生きる意欲とその

機器を使うという主体性が本人の回復、QOLを増大させることが期待される。

　と同時に、本人の意思、生活力だけではなく、本人が愚痴をこぼし、悩みを訴え、相談できる機能が身近にどれだけあるかが大きな問題になる。従来、その機能は家族、親族、生活共同体的な近隣住民によって行われてきたが、都市化、工業化、核家族化の中でそれらの機能は脆弱化、もしくは崩壊した。それは都市部だけの問題ではなく、2020（令和2）年現在では「限界集落」と呼ばれる中山間地でも同じ現象が起きている。それら家族、親族、生活共同体的近隣住民が有していた機能を地域において、必要な個別住民ごとに再構築していくことが今求められている。それは、地域ごとに、かつ個別支援者ごとに対応するソーシャルサポートネットワークを構築していくことである。

　ソーシャルサポートネットワークの機能には、J・S・ハウス（J・S・House）によれば4つの支援機能（①情緒的支援機能、②人間として認め、評価する支援機能、③手段的にお手伝いする支援機能、④必要な情報を教えてくれる支援機能）があると言われるが、それらの支援機能を一人の住民が担う場合もあれば、分担して担っている場合もある（『支えあう人と人──ソーシャル・サポートの社会心理学』浦光博著、サイエンス社、1992年参照）。

　このような個別支援のソーシャルリポートネットワークづくりは、従来の一般的、抽象的な意味合いでのボランティア活動の推進や見守り活動とは異なる。"総論賛成、各論反対"レベルになりがちな地域での支え合いの仕組み、文化を個別課題に"切り結び"、個別課題に即して、個別課題を通して地域住民の意識を変容、向上させることが重要である。そこにこそ新たな地域コミュニティが形成され、地域がケアリングコミュニティになる。

　このような本人のナラティブとソーシャルサポートネットワークをもとにアセスメントすることが重要になる。地域での社会生活を想定してのアセスメントの一つのモデルシートが**図表11**の「社会生活モデル」に基づくアセスメントシートである。

　なお、「社会生活モデルに基づくアセスメントシート」により、アセスメントをする際に大切なことは、ソーシャルサポートネットワークを含めたインフォーマルケアに関わるエコマップを描くことである。ソーシャルサポートネットワー

図表11 「社会生活モデル」に基づくアセスメントシート

世帯員	視点／項目	① 生育史 生活歴 希望	② 職歴 社会的 活動	③ 労働的 経済的 自立 (収入源)	④ 住宅 (住まい)	⑤ 身体的 自立・健康 的自立 (病歴・生活 リズム)	⑥ 生活技術 的・家政的自立 (買い物・料理・補修・家計など)	⑦ 生活移動 手段	⑧ 契約的自立意思表明能力	⑨ 精神的 文化的 自立 (趣味・特技など)	⑩ 社会関係 的人間関係的自立 (交友・近隣・当事者会など)	⑪ 家族の 人間 関係	⑫ 近隣の 人間 関係	⑬ 情緒的 ソーシャル サポート	⑭ 評価的 ソーシャル サポート	⑮ 手段的 ソーシャル サポート	⑯ 情報的 ソーシャル サポート
A	強み																
	課題																
	見立て→援助方針																
B	強み																
	課題																
	見立て→援助方針																
C	強み																
	課題																
	見立て→援助方針																
D	強み																
	課題																
	見立て→援助方針																
E	強み																
	課題																
	見立て→援助方針																
同居家族 全体	見立て→援助方針																

※⑪〜⑯は「ソーシャルサポートネットワーク」

第5章　改正社会福祉法における「地域生活課題」と「社会生活モデル」に基づく支援　135

この表は縦書きの様式（ワークシート）です。

基本属性及びジェノグラム

フォーマル・インフォーマルのエコマップ

（インフォーマル）（インフォーマルエコマップ）

（フォーマル）（フォーマルエコマップ）

相談経路及び経緯

（問題とつながるまでの経路と
その後の経緯）

クの4つの支援機能に関わる関係を図式化することにより、その人、その家族の地域社会における孤立度や"甘えられる関係"や"助け合いの関係"が「見える化」できることにより、新たな支援の在り方がイメージしやすくなる。

　なお、要介護高齢者の場合に、次章の「意思確認」の重要性とも関わるが、サービス利用者本人の自己実現を大切にする上からもアセスメントにおいて本人が満足しているかどうかを重視したアセスメント用紙を活用することで、社会福祉関係者のケア観、生活観、社会福祉観を憲法第13条にも基づくものに変えていかなければならない。その意味で、日本地域福祉研究所が1998年に作成した「要介護高齢者用自己実現アセスメントシート」（**図表12①②参照**）のような「満足、不満足」、「快、不快」といった視点を大切にしたアセスメントシートも重要である。

図表12　要介護高齢者用自己実現アセスメントシート①

要介護者の氏名住所	性別：男・女　年齢：　　歳（生年月日：　　　　　　） TEL		
主介護者の氏名 要介護者との続柄	性別：男・女　年齢：　　歳（生年月日：　　　　　　）		
要介護者の状況	虚弱、寝たきり、認知症、その他（　　　　　　）		
項目	**診断基準**		
病名・症状 医学的管理状況 服薬・医療状況	（　　　　　　　　　　　　　　　　　） 1. 通院　2. 入院と通院　3. 往診　4. かかってない 1. 服薬のみ　2. 医療継続中（　　　　　）　3. 何もしていない		
食事・栄養・嚥下 水分摂取等 排泄の状況 排泄の方法 睡眠 身体的問題, 兆候の 有無	1. 問題あり（　　　　　）　2. 問題なし 1. 問題あり（　　　　　）　2. 問題なし 1. 尿失禁の有、無（　　　　　）　2. 便失禁の有、無 1. トイレ　2. ポータブルトイレ 3. おむつ、その場合1日の交換回数（　　回） 1. 問題あり（　　　　　）　2. 問題なし 1. 褥瘡あり（　　　　　）　2. 痛みあり（　　　　） 3. 麻痺あり（右、左、その他）　4. 変形（　　　　） 5. 皮膚疾患あり（　　　　）　6. その他（　　　　）		
寝たきり度	C.1　　2B.1　　A.1　　2A.1　　2J.1　　2.		
行動の範囲	1. ベッド上　2.（車）椅子上　3. 室内　4. 庭先　5. 近隣		
食事 排泄	1. 全介助　2. 部分介助　3. 観察誘導　4. 自立 1. 全介助　2. 部分介助　3. 観察誘導　4. 自立	A. 満足　B. 不満 A. 満足　B. 不満	

（つづく）

項目	診断基準		
入浴	1. 全介助　2. 部分介助　3. 観察誘導　4. 自立	A. 満足	B. 不満
整容	1. 全介助　2. 部分介助　3. 観察誘導　4. 自立	A. 満足	B. 不満
衣服の着脱	1. 全介助　2. 部分介助　3. 観察誘導　4. 自立	A. 満足	B. 不満
移動	1. 全介助　2. 部分介助　3. 観察誘導　4. 自立	A. 満足	B. 不満
精神的安定性	1. 安定　2. 不安定		
認知症の状態	I.　　　III.　　　IV.　　　M.　　　（厚生労働省の基準）		
問題行動 精神症状	1. 徘徊　2. 暴言　3. 過食　4. 失見当　5. 失認　6. 幻覚　7. 幻聴 8. 妄想　9. 攻撃・暴力　10. 騒々しい・叫ぶ　11. 拒食　12. 弄便 13. 性的異常行動　14. 迷子　15. その他		
食事の用意	1. なし　2. 全面援助　3. 部分援助　4. 観察誘導　5. 自立	A. 満足	B. 不満
部屋の整頓	1. なし　2. 全面援助　3. 部分援助　4. 観察誘導　5. 自立	A. 満足	B. 不満
電話の利用	1. なし　2. 全面援助　3. 部分援助　4. 観察誘導　5. 自立	A. 満足	B. 不満
買い物	1. なし　2. 全面援助　3. 部分援助　4. 観察誘導　5. 自立	A. 満足	B. 不満
交通手段の利用	1. なし　2. 全面援助　3. 部分援助　4. 観察誘導　5. 自立	A. 満足	B. 不満
安全の管理	1. なし　2. 全面援助　3. 部分援助　4. 観察誘導　5. 自立	A. 満足	B. 不満
金銭管理	1. なし　2. 全面援助　3. 部分援助　4. 観察誘導　5. 自立	A. 満足	B. 不満
冷暖房の管理	1. なし　2. 全面援助　3. 部分援助　4. 観察誘導　5. 自立	A. 満足	B. 不満
薬の管理	1. なし　2. 全面援助　3. 部分援助　4. 観察誘導　5. 自立	A. 満足	B. 不満
車いすの使用	1. なし　2. 全面援助　3. 部分援助　4. 観察誘導　5. 自立	A. 満足	B. 不満
階段昇降	1. なし　2. 全面援助　3. 部分援助　4. 観察誘導　5. 自立	A. 満足	B. 不満
入浴の頻度	週　　回または月　　回（自宅、その他　　　　　　　　　）	A. 満足	B. 不満
外出の頻度	週　　回または月　　回（場所　　　　　　　　　　　　　）	A. 満足	B. 不満
聴力の程度	1. 普通　2. 大きな声でなら可能　3. 高度に障害し支障ある		
視力の程度	1. 普通　2. 日常生活に支障ない　3. 生活に支障　4. 見えない		

図表12　要介護高齢者用自己実現アセスメントシート②

項目	診断基準	満足度
コミュニケーション手段	1. 会話　2. 筆談・身振り　3. 文字版 4. 手話・点字　5. その他	
コミュニケーション意欲 電話での応答 電話をかけられる 日常の意思決定 日常生活意欲	1. ある　2. 必要時のみある　3. ない 4. 意思表示不能 1. できる　2. できない 1. できる　2. できない 1. 自立　2. 部分援助　3. 全面援助 1. 意欲あり自立 2. 意欲はあるが見守り誘導が必要（部分援助） 3. 意欲がなく代行が必要（全面援助）	
過去の職業・得意・誇り に思うこと		

（つづく）

項目	診断基準	満足度
趣味・嗜好・好む活動・生きがい・楽しみ		A. 満足　B. 不満
家庭内外の役割	家庭内での役割があるか？ ない、ある（　　　　　）	A. 満足　B. 不満
一日の過ごし方 （日課・習慣）		A. 満足　B. 不満
希望していること・生活目標・課題		
家族との関係（交流） 　その理由 虐待されているか 　あるなら	1. よい　2. 普通　3. 悪い　4. ほとんどない a. 家族に気がねがある　b. 甘えがある 1. 身体的虐待　2. 放任放置　3. 精神的心理的 4. 金銭的・物質的搾取　5. 性的虐待 6. その他	A. 満足　B. 不満
居住環境		A. 満足　B. 不満
居住環境の改善点 　（内容を記入）	1. 玄関（　　　　　　　） 2. 居室・療養室（　　　　　　） 3. 浴室（　　　　　）4. トイレ（　　　　　） 5. 廊下（　　　　　）6. その他（　　　　　）	
生活用具・介護用具利用状況と必要性	1. 就寝用具（　　　　　） 2. 移動用具（　　　　　） 3. 排泄用具（　　　　　） 4. 入浴用具（　　　　　） 5. 食事用具（　　　　　） 6. 生活・看護用具（　　　　　） 7. 緊急対応用具（　　　　　）	A. 満足　B. 不満
社会的サービスの利用状況	1. 訪問サービス（　　　　　） 2. 通所サービス（　　　　　）	A. 満足 B. 不満
一番信頼できる人		
親族関係 交友関係 近隣関係 社会的関係（患者会等）		A. 満足　B. 不満
要介護者自己実現の総括 自己実現ニーズ 自己実現プログラムの目 　的・目標・期待する効果 プログラム計画内容 実施方法 評価		

日本地域福祉研究所、1998 年作成、2022 年一部修正

第6章
高齢者、地域移行の障害者等の
単身生活者の増大と生活者の
主体性を守る意思確認、意思決定支援

前章で、家族機能の変容、地域力の脆弱化について述べてきたが、それでもわれわれの中に"最後は家族がいるから"という家族機能への"甘え""幻想"を抱いている節がある。

しかしながら、いまや単身者急増社会（『単身急増社会の衝撃』藤森克彦、日本経済新聞社、2010年；『単身急増社会の希望』藤森克彦、日本経済新聞社、2017年参照）であり、とりわけ高齢者と障害者の地域生活における単身生活問題が大きな問題になってきている。

高齢者の約13％が単身者であり、65歳以上の高齢者のいる世帯のうち、高齢者単独世帯は全体の27％であり、65歳以上の高齢者のみの世帯は約55％となっている（2016（平成28）年現在）。このような高齢単身生活者の地域自立生活支援は、従来の、どこかに家族がおり、それに期待できるということを前提とした在宅福祉サービスの提供では困難になってきている。

しかも、2005（平成17）年の障害者自立支援法以降、入所型施設に入所していた福祉サービスを必要としている人、あるいは長期入院していた精神障害者が厚生労働省の政策に基づき"地域移行"し、地域での自立生活支援を求めている。

障害者分野の福祉サービスと自立支援の状況は、高齢者分野のシステムに比して十分とは言えないものの、障害者分野の相談支援専門員制度もできたし、2018（平成30）年4月からは障害者自立支援拠点事業も始まり、本格的にケアマネジメントの方法を活用した支援と伴走的なソーシャルワーク支援が始まっている。

このように、単身高齢者や単身障害者が地域で暮らすことになると、従来とは異なる生活のあらゆる分野における日常的な生活支援と、その際の本人

の意思確認が必要になってくる。

　日本では、民法が2000（平成12）年に改正され、成年後見制度が創設されたが、それはもともと財産管理に関する規定を改正したものだけに、財産管理することに中心があり、それに付随して身上保護（当初の身上監護が変更された）が行われる構造である。

　他方、「障害者の権利に関する条約」の批准や「障害を理由とする差別の解消の推進に関する法律」の制定により、障害者支援の領域においても福祉サービス利用や地域生活支援において、個人の尊厳、人間性の尊重の象徴としての本人の意思確認の重要性が認識され始めている。

　しかしながら、単身高齢者や単身障害者が地域で日常生活を送っていく上ではもっと多様な場面における意思表明及び意思決定が求められるし、生活管理能力が求められる。1999（平成11）年より、社会福祉協議会が始めた「権利擁護事業」としての「日常生活自立支援事業」も、どちらかと言えば金銭管理に偏りがちで、日常の自立生活に必要な、多様な生活支援にはなりきれていない面がある。

　「生活者の主体性を守る意思確認、意思決定支援」の**図表13**は、入退院

図表13　生活者の主体性を守る意思確認、意思決定支援

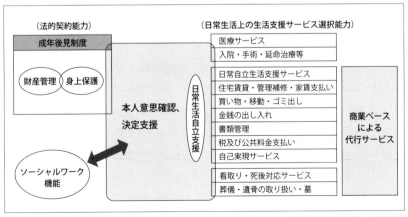

2018年10月作成　大橋謙策

の際に求められる医療受診の意思確認や延命治療に関わる意思確認だけでなく、日常的な生活において求められる事項を例示したものである。今日の求められているサービスはこの**図表 13**に提示されている日常的な生活支援とその際の意思確認である。

　行政は、住民に各種の通知、文書を郵送するが、その場合、行政は書類を受け取った住民がその内容を理解し、必要な事項を記載して書類を返送してくるであろうことを前提にして業務を行っている。しかしながら、住民の中には書類管理とその書類への対応が十分できない住民もいる。

　まして、単身者の看取りの在り方や死後対応の問題は深刻で、現在の成年後見制度や日常生活自立支援制度では対応できない。

　香川県琴平町社会福祉協議会の「地域生活総合支援サービス」や福岡市社会福祉協議会の「ずーっとあんしん安らか事業」のように、金銭管理、入退院支援、あるいは葬儀供養、死後事務等単身生活者が安心できる事業を展開してくれるところが出てきているし、民間の事業者でも行っているところもある。

　このような事業の展開が求められているが、そこで重要なことは、ややもすると認知機能が落ちてきた高齢者や判断能力が十分でない障害者の個人の尊厳を守り、人間性を尊重するための本人の意思確認がきちんと担保されるかが問題になる。

　筆者は、イギリスのJ・ブラッドショウが 1970 年代に整理した社会ニーズ論の 4 つの類型（①表明されたニーズ、②不満、不安として感得されているニーズ、③専門家が必要と判断したニーズ、④社会的に認証され、制度化されているニーズ）の中で、日本的な"もの言わぬ農民"体質、世間体文化等の生活文化の下では第 2 の不満、不安として感得されているニーズをどう理解するかが重要であり、かつその基底にある「快・不快」の感情をきちんとわきまえることが重要であると指摘してきた。

　さらには、日本の場合、家族の介護力が脆弱化しているにも関わらず、「家」意識が未だ残っており、本人の意思よりも家族の体面、家族の意見が強く働き、ややもすると本人の希望や願いは無視されがちである。

筆者はソーシャルワーク、ケアワークにおいては、サービスを必要としている本人がしたいと思うことと、専門職がサービス提供上必要と判断したことの両者を出し合い、検討する中で両者の合意を図ることが重要であると考え、「求めと必要と合意」に基づく支援の在り方を提唱してきた。

　そこでは、なぜ、専門職が必要とする判断が位置づけられたかと言えば、サービスを必要としている人はそもそも、どういう福祉サービスがあるかについての認識がない場合も多く、かつそれらのサービスを利活用したら自分の生活がどのように変容、向上するのかについてのイメージをもてない、いわゆる“食わず嫌い”の状況で自分の“思い”を述べていることが多いので、そこにおける専門職のパターナリズムやサービス利用者の自己決定の専門職への“丸投げ”状態を排した専門職のあるべき関与の在り方を示したかったからである。

　イギリスでは、2005 年に『意思決定能力法（Mental Capacity Act 2005）』を制定し、福祉サービスを必要としている人の個人の尊厳を守るために、“本人の意思確認”の重要性を明文化した。

　それによると、①知的障害者、精神障害者、認知症を有する高齢者、高次脳機能障害を負った人々を問わず、すべての人には判断能力があるとする、「判断能力存在の推定」原則を基点としている。日本の成年後見制度とは異なり、イギリスの「意思決定能力法」は、②他者の意思決定に関与する人々の権限について定める法律ではなく、意思決定に困難を有する人々の支援のされ方について定める法律である。③そこでいう「意思決定」とは、（イ）自分の置かれた状況を客観的に認識して意思決定を行う必要性を理解し、（ロ）そうした状況に関連する情報を理解、保持、比較、活用して、（ハ）何をどうしたいか、どうすべきかについて、自分の意思を決めることを意味する。したがって、結果としての「決定」ではなく、「決定するという行為」そのものが着目される。意思決定を他者の支援を借りながら「支援された意思決定」の概念である。④さらに、この法律は本人の「ベスト・インタレスト」原則に基づいており、その「ベスト・インタレスト」とは（イ）本人の年齢や外見、状態、ふるまいによって判断が左右されてはならない、（ニ）

本人が自ら意思決定に参加し主体的に関与することを許し、また、そうできるような環境をできる限り整えなければならない、（ヘ）本人の過去及び現在の希望、心情、信念や価値観、その他本人が大切にしている事柄を考慮に入れて判断しなければならない、（ト）本人が相談者として指名した者、本人の世話をしたり、本人の福祉に関心を持ってきた人々、任意後見人、法定後見人等の見解を考慮に入れて判断しなければならないと規定している（菅富美枝著「自己決定を支援する法制度支援者を支援する法制度——イギリス 2005 年意思決定能力法からの示唆」法政大学大原社会問題研究所雑誌 No.822、2010年 8 月所収）。

　日本でも、今後このような法律が制定され、障害者や高齢者が地域自立生活支援において、あるいは福祉サービス利用において、ケアの哲学・思想として、個別ケアの原点は本人の意思確認であり、その尊重であるということが明文化される必要があるだろう。

　また、そのことを前提にした多様な日常生活を支援できる伴走型のソーシャルワークを展開できるシステムの構築が求められている

第7章
社会生活上傷つきやすく、
脆弱性（ヴァルネラビリティ）の
ある人とアウトリーチの必要性

　1990（平成2）年の生活支援事業研究会の報告書「生活支援地域福祉事業（仮称）の基本的考え方について」（中間報告）や、2000（平成12）年の「社会的な擁護を要する人々に対する社会福祉の在り方に関する検討会」報告書でも、地域には潜在化しているニーズがあり、積極的にアウトリーチして問題発見に努めることの必要性を指摘している。

　しかしながら、戦後日本の社会福祉法制は生活保護法に代表されるように、国民の権利としての社会権的生存権は国民が申請できることが権利の基本と考えられたせいか、児童福祉法や、他の社会福祉法制でも、国民が申請することを前提に組み立てられていた。

　だからこそ、1990（平成2）年の社会福祉関係八法改正まで、社会福祉法制の規定には行政不服審査法に基づかないで、行政の決定に対する「不服申し立て制度」が位置づけられていた。

　このことは国民にとって、とても重要な制度であり、規定であったが、逆に行政にとっては国民が有している権利を行使して、必要な福祉サービスの利用を申請してこないのだから問題はないという「受け身の姿勢」、「待ちの姿勢」を創り出し、行政が積極的に問題発見・問題解決を図るという姿勢がもちづらくなった。

　と同時に、社会福祉実践も制度の枠の中で行えばいいという風潮になり、ソーシャルワーク機能の基本である地域の生活問題を発見し、その問題を抱えている人とつながり、問題解決に必要なサービスがなければ問題解決のプログラムを創り、必要な社会資源を開発したり、行政に働きかけて問題解決を図る制度を創るというソーシャルワーク機能が喪失していった。

　社会生活上、何らかの生活困難、生活のしづらさを抱えていて、自立生活

が阻害、もしくは停滞している人々が自分自身で"困っているから、何らかの助けが欲しい"と叫び、訴えてくれれば問題解決はしやすい。多くの場合、それら何らかの自立生活支援を必要としている人は、"世間を憚って発信しなかったり"、"自ら置かれている状況が社会的に見て「逸脱」した状態であるという認識を持てなかったり"という、いわゆる「ヴァルネラビリティ」といわれる社会生活上の傷つきやすさ、脆弱性を多かれ少なかれもっている。

したがって、戦後1990（平成2）年まで行われてきた中央集権的機関委任事務体制下で行われてきた「申請主義」に基づき、福祉サービス利用の申請を待って対応するという姿勢を変えられずに今日まで来ているというのが実態ではないか。

このようなことでは、今日大きな問題となっている生活困窮者問題や社会的孤立の問題等、地域で潜在化しやすい生活のしづらさを抱えている人の発見も、その人々の「ニーズ」も把握できなければ、問題解決にもつながらない。

自立生活上において何らかの対人援助を必要としている人（「ヴァルネラビリティ」を有している人）の概括的な特徴を述べるとすれば、以下のような概況を指摘できる（『ヴァルネラビリティへの支援―ソーシャルワークを問い直す―』玉木千賀子著、相川書房、2019年参照）。

①多くの場合、自らが置かれている状況や病識を客観化できる能力が脆弱であることである。収入と支出のバランス、欲望とその実現のバランス等がとれておらず、かつそれをどうすれば解決できるのか、自らの生活の律し方や展望を描けない場合が多い。

②多くの場合、自らの生活のリズムの保ち方、健康管理の仕方、限りある経費を有効に使う生活の知恵、工夫の仕方、家計管理能力等が脆弱であり、様々な規則や約束事を守ったりする社会生活上のスキルが十分開発されず、身に付けていない場合が多い。

③自らの要求や希望を整理し、それを言語化して表現することや、他人に伝える能力が十分備わっていない場合がある。挨拶の仕方、人間関係の持ち方、会話能力等が十分訓練されていない場合がある。また、自らの要求や希望を言えないのみならず、他人の言動に左右されやすく、他人への依存

傾向が強い。

④ 1970（昭和45）年前後に指摘された子ども・若者の成就感・達成感の希薄化、自己肯定感の低下がより深刻化し、ショックや気がかりなことの気分転換をすることできず、それをいつまでも引きずり、あるいは問題対応能力が脆弱化し、主体的に判断する力が弱い。

⑤社会的関係性の度合いが薄く、多様なショックを和らげるショックアブソーバーの機能を十分持てず、ショックを吸収、和らげ、支援してくれるソーシャルサポートネットワーク（情緒的支援、評価的支援、手段的支援、情報的支援）が脆弱である。

⑥しかも、前述したように行政による情報提供がなされており、マスコミが生活に関わる情報を提供しているにも関わらず、そのような情報から疎遠な生活をしており、活用できる社会資源の存在自体の認識が脆弱である。その背後には、基本的"読み書きそろばん"の能力の発達が十分でない人も多々いる。

したがって、これら「ヴァルネラビリティ」を有している人の援助は、従来の「申請主義」ではなかなか把握しづらく、いわばニーズが潜在化してしまう。しかも、これらの人々は、その脆弱性の故に、今まで幾度となく"挫折体験"や"嫌な思いにさせられた体験"を有している場合があり、"素直に他人の支援を受け入れること"に対するアレルギーをもっている場合が多い。

このような自立生活上において何らかの対人援助を必要としている人（「ヴァルネラビリティ」を有している人）には、2000（平成12）年の「社会的な擁護を要する人々に対する社会福祉の在り方に関する検討会」報告書が指摘しているように、そのような人々を社会的に排除しない福祉文化を創りあげる福祉教育が重要になる。

他方、直接にその人々とのコンタクトができるように、民生委員・児童委員や自治会関係者等と市町村社会福祉協議会が緻密な地域活動を展開する中で発見し、つながりがもてるように活動することが重要である。

その際、富山市民生委員児童委員協議会等が2018（平成30）年頃から活

動として展開しているような、災害対策基本法に基づく「避難行動要支援者の名簿」を作成する過程で様々な生活のしづらさを抱えている、避難行動要支援者問題を把握するための地域とのつながりを強める活動は問題発見の契機になることが大いに考えられ、活用できる方法である。

とりわけ、今日では、避難行動要支援者への個別支援計画を策定することが法定化されたことを踏まえると、この個別支援計画の策定は、関係機関が地域に入り、地域の世帯を個別訪問し、生活のしづらさ、生活の困難さを抱えている人・世帯を発見、把握し、信頼関係を築く際の大きな、重要なツール、システムになり得る。

さらには、このような自立生活上において何らかの対人援助を必要としている人（「ヴァルネラビリティ」を有している人）には、「福祉アクセシビリティ」の問題が重要である。

福祉サービスを必要としている人の、いわば"駆け込み寺"のように、身近なところで、交通の便もよく、時間的にも空間的にも気軽に入りやすく、かつ心理的に気安く、丁寧な総合的な相談ができる「福祉アクセシビリティ」の良いワンストップの相談体制のシステムが必要である。

地域福祉の推進において、この「福祉アクセシビリティ」をどうつくり、そのアドミニストレーションをどのようにするのかは、これからの大きな課題である。

筆者は、第1編第1部で述べたように（p.22〜25参照）、1990（平成2）年に法定化された老人保健福祉計画を単に高齢者分野に限定せず、地域福祉の視点を盛り込んだ計画を東京都目黒区、狛江市、岩手県遠野市等で策定してきたが、そのある意味での集大成が長野県茅野市の地域福祉計画としての「福祉21ビーナスプラン」である。

茅野市（1998（平成10）年、人口5万7000人）を4つの在宅福祉サービス地区（介護保険制度でいう日常生活圏）に分け、その各々の地区に保健福祉サービスセンターを設置し、行政のソーシャルワーカー、保健師、社会福祉協議会のソーシャルワーカーを配置し、チームで子ども・障害・高齢者の世代、属性を超えて相談を受けるワンストップの総合相談体制を構築した。そ

れが、2006（平成 18）年から介護保険制度に導入された地域包括支援セン
ターの原型である。
　このような「福祉アクセシビリティ」のいいシステムを市町村の実態に即
してどうつくるかも地域福祉、コミュニティソーシャルワークでは重要であ
る。

第8章
コミュニティソーシャルワークの
機能と展開システム

　地域福祉の理念、考え方を具現化する方法論について、筆者はコミュニティオーガニゼーション、コミュニティワーク、コミュニティソーシャルワークと使用する用語を変遷させて使ってきた。

　筆者は、1960（昭和35）年代半ばから公民館を軸とした社会教育の実践に多くを学び、住民の問題発見・問題解決型の共同学習の必要性を感じていたので、それを含めて地域福祉の理念を具現化させる方法として1960年代末から1970（昭和45）年代においてはアメリカのマレー・G・ロスに代表されるコミュニティオーガニゼーションという方法が有効であると考えていた。

　しかしながら、過疎化や都市部の生活問題に深く関わる中で、他方1969（昭和44）年以降地方自治体が計画行政化していく中で、コミュニティオーガニゼーションという方法だけでなく、地域の生活課題を計画的に解決を図る地方自治体レベルの在り方として“地域福祉計画”という考え方を導入することが進んでくる（例えば、1984（昭和59）年に『地域福祉計画——理論と方法』全国社会福祉協議会出版部から刊行、筆者も検討委員会に加わり執筆もしている）。イギリスや国連が提唱していた地域開発機能も含めたコミュニティワークの方が、自分が実践しようとしていることを表す用語としてふさわしいのではないかと考え始め、厳密な用語の定義を踏まえての転換ではないが、用語の使い方を変えてきた。

　コミュニティワークの考えを踏まえて構想したのが、**図表10**でも述べた「ボランティア活動の構造図」（p.123参照）である。この構造図で述べたかったことは、一般的に使われるボランティア活動の捉え方（自由な自発的、自主的活動）ではなく、地域に根差し、地域コミュニティづくりに関われる、主体的に、自発的に地域づくりをする「選択的土着民」（榛原純一が1970年代に提唱 元掛川市長。掛川市は明治時代から報徳活動が活発に行われていた地域

で、日本初の生涯学習宣言都市を宣言）の形成とその“公民”としての住民活動の在り方こそ、今求められているボランティア活動であると考えた。

この**図表10**では住民のボランティア活動を3層化して捉えた。第1層は、身近な生活圏域での、隣同士での支え合い、助け合い、付き合い、触れ合いの場を意図的に、主体的に創り出すボランティア活動である。第2層は、一般的触れ合い、助け合いではどうしても見落としがちになる、あるいは一般の“仲間”として受け入れて活動していく意識になりきれていない、福祉サービスを必要としている人々をきちんと受け止め、個別的に支えていける、いわば“福祉ボランティア“といえる活動、この活動は岡村重夫が言う“福祉コミュニティ”づくりである。第3層は、それらの課題、活動を市町村の社会福祉計画として作成し、進行管理していくボランティア活動である。

このような力量が住民に備わらなければ、地域福祉は推進できないし、実現できないと考えた。それは、1971（昭和46）年の中央社会福祉審議会の答申「コミュニティ形成と社会福祉」の中で、求められた地域コミュニティの住民像でもあった。

そのためには、住民の力量（筆者が考える既に述べた4つの地域福祉の主体形成（p.120、122参照））を高めるための意図的、意識的な福祉教育の展開が必要であると考えた。

筆者は、その実証的、実践的研究を1977（昭和52）年から始め、その当初から関わることになる山口県宇部市の「婦人ボランティアセミナー」や“出会い、触れ合い、支え合いのまちづくり”を標榜し、その理念を冠して作成された東京都狛江市の「あいとぴあ推進計画」に基づき、1991（平成3）年度より始めた「あいとぴあカレッジ」で展開した（p.51参照）。

そのような体系的福祉教育を展開し、地域住民の社会福祉への関心と理解を深め、住民の福祉サービスを必要としている人への認識を変容、向上させる活動を展開しても、学んだ人はグループを創り福祉ボランティア活動をしてくれるものの、その活動はややもするとイベント的活動や集団と集団との付き合いとしてのサークル活動の域を出ず、地域で暮らしている個別問題を抱えている人々との“切り結び”は十分でなく、福祉サービスを必要として

いる人は地域の中で"埋没"、あるいは"潜在化"してしまう。

　先に述べた 1990（平成 2）年の厚生省の「生活支援地域福祉事業研究会」はそれらの点を解決するためにはコミュニティソーシャルワークという考え方が必要でないかとして、それを「ふれあいのまちづくり事業」という大型補助金を制度化し全国展開することになった（p.116～117 参照）。筆者はその研究会の座長を務めたこともあって従来のコミュニティワークからコミュニティソーシャルワークへと切り替えていく。

　しかしながら、「ふれあいのまちづくり事業」は筆者が考えたコミュニティソーシャルワークという実践が展開されたかというと必ずしもそう評価はできない。このことは、日本におけるコミュニティソーシャルワークの展開過程として後述したい。

　ところで、筆者が地域福祉の展開にあたってこのようなこだわりをもった背景として 2 つの契機、背景がある。

　第 1 は、イギリスのミヒャエル・ベイリイ（Balley, M.『Mental Handicap and Community Care』）が 1973 年に提唱した考えを学んだことである。それをもとに地域福祉の考え方に関わる発展段階を整理すると、① Care Out The Community の時代、② Care In The Community の時代、③ Care By The Community の時代、という 3 つの発展の時期・時代がある。

　筆者は、日本では 1971（昭和 46）年〜 1990（平成 2）年が上記の①の時代で、1990（平成 2）年〜 2000（平成 12）年までが②の時代であり、2000（平成 12）年以降は③の時代に入り、社会福祉法制も社会福祉法への改称・改正で理念的にそれを求め、明確化したと述べてきた（地域におけるヴァルネラビリティを有する人々とその人々を排除しない地域の在り方を指摘した 2000（平成 12）年 12 月の「社会的な援護を要する人々に対する社会福祉の在り方に関する検討会」の報告書が出された意味は大きい）。この第 3 段階を具現化させていくことが今日の「地域共生社会実現政策」であり、そのためには個別課題に"切り結んで"、地域を変えていくことが重要でないかと考えてきたからである。

　第 2 は、コミュニティソーシャルワークという用語とその考え方が 1982

（昭和 57）年のイギリスの「バークレイ報告」で提唱されたことである。

　筆者は、全体としてイギリスではコミュニティソーシャルワークの考え方が実践的に必ずしも成功したとは言えないと思っている。日本にコミュニティソーシャルワークが定着できるとすれば、その要件として、⒤まがりなりにも日常生活圏域における自治会等の地域組織機能があること、⒥全国の市町村に、地域を基盤として活動している社会福祉法人社会福祉協議会が組織されていること、⒦全国の市町村に約 23 万 5000 人の民生・児童委員と約 5 万人の保護司が設置されていることが大きいと考えている。

　その上で、「地域共生社会実現政策」ではコミュニティソーシャルワークという考え方と機能が不可欠であり、それなくして上記の③の時代である「Care By The Community」というケアリングコミュニティは構築できないと考えている。

　地域での自立生活を支援していくためには行政の力だけでは遂行できず、地域住民の参加、協働が欠かせない。そのために先に述べた地域住民の 4 つの地域福祉の主体形成が求められる（p.120、122 参照）。行政と住民との協働を促進し、住民の主体性を高め、住民自身が地域の問題を発見し、その問題に対し差別・偏見をもたず、地域から排除することなく、地域で問題解決を図る活動を推進するためには、住民の活動を活性化、促進させる触媒機能が重要であり、かつ行政と住民との協働を安定的に媒介させる機能が重要になる。それこそコミュニティソーシャルワーク機能である。

　また、多様な福祉サービスを提供し、福祉専門職を数多く集積している施設福祉サービスを提供している社会福祉法人が地域に目を向け、施設は地域住民の生活を守る共同利用施設であるとの認識の下に「地域貢献」に取り組んでくれることが「地域共生社会」具現化の鍵を握っているとも考えている。

　ところで、地域自立生活を支援するコミュニティソーシャルワーク機能の日本的発展段階には 5 つの段階があったと筆者は考えている。

　第 1 の段階は、1979（昭和 54）年にいち早く高齢化が進展していた秋田県が県単独事業として政策化させた在宅相談員制度である。一人暮らし高齢者を孤立させず、地域で見守ろうという実践で、社会福祉協議会と民生委員

との協働の下に展開された。

　筆者は、その初年度の在宅相談員の研修に招聘、参加させて頂いた。秋田県男鹿観光ホテルで行われた研修会では、従来の血縁的、地縁的見守りを昇華・発展させ、社会化させたシステムとして展開しようとする試みに社会福祉の新たな息吹と地域福祉実践の必要性を改めて認識させられた機会であった。その最も優れた実践の一つは秋田県西仙北町社会福祉協議会の佐藤晴子氏（「地域福祉活動指導員養成課程」修了者）の取り組みで、「一人ぼっちの不幸も見逃さない」という映画になり、その後"黄色いハンカチ運動"等につながっていく。社会福祉協議会と小地域とが協働して住民の孤立やゴミ出し等のちょっとしたお手伝いを行う事業は現在でも全国で行われており、富山県のケアネット事業等も1990年代以降県単独事業として行われている。

　第2の段階は、1990（平成2）年に「生活支援地域福祉事業（仮称）の基本的考え方について」（1990年8月、生活支援事業研究会中間報告、厚生省社会局保護課所管）と題する報告書が出されてからである。日本におけるコミュニティソーシャルワーク機能が政策的に、実践的に意識された年である。

　この報告書に基づき、1990（平成2）年度にモデル事業として展開され、その成果を踏まえて政策化されたのが1991（平成3）年度より始まる「ふれあいのまちづくり事業」という大型補助金事業である。モデル事業は福祉事務所、保健所、市町村社会福祉協議会で展開されたが、最も報告書の考え方を踏まえ実践したのは富山県氷見市社会福祉協議会の中尾晶美氏を中心とした実践だったこともあり、「ふれあいのまちづくり事業」は市町村社会福祉協議会で実施されることになった（1991（平成2）年7月17日厚生省記念・援護局長『「ふれあいのまちづくり事業」実施について』。この通知で、「市区町村社協」が実施主体となって、①地域福祉活動コーディネーターを市町村社協に配置すること、②法律、保健、医療、教育等に関する専門相談員を配置すること、③地域生活支援事業を継続的に実施すること等を盛り込んでいる）。

　これが、実質的な意味での日本におけるコミュニティソーシャルワーク実践の始まりと言える。

　この事業では、今日大きな問題となっている潜在的福祉サービスを必要と

している人の発見、しっかりしたアセスメントによるケアマネジメントに基づく援助方針の立案、専門多職種によるチームアプローチ等が提唱された。また、制度の谷間の問題、多問題家族、多重債務者、在住外国人、核家族・単身者の入院時支援、家庭内暴力の問題等への対応の必要性と重要性を指摘している。

しかしながら、この「ふれあいのまちづくり事業」でコミュニティソーシャルワーク機能の具現化が図れたとはいい難いと筆者は考えている。この補助事業が多くの市町村社会福祉協議会を活性化させる契機にはなったと思うが、コミュニティソーシャルワーク実践の具現化と先に述べた「生活支援地域福祉事業（仮称）」（p.116）の具体化という点では筆者は必ずしも成功したとは考えていない。

第3の段階は、1993（平成5）年から日本社会事業大学の社会福祉学部福祉計画学科の地域福祉コースの所属教員が研究会（研究代表：大橋謙策）を立ち上げ、厚生省（当時）の老人保健健康増進等事業の助成を受けて全国のいくつかの市町村をフィールドにして「在宅福祉サービスにおける自己実現サービスの位置とコミュニティソーシャルワークに関する実践的研究」を始めてからである（その研究成果は毎年報告書として出されているが、それをもとに2000（平成12）年8月に『コミュニティソーシャルワークと自己実現サービス』（大橋謙策他編、万葉舎）が上梓されているので参照されたい）。

そのフィールド市町村の一つである岩手県湯田町（当時。現在の西和賀町）社会福祉協議会において、主任ホームヘルパーの菊池多美子氏を中心とした実践こそがコミュニティソーシャルワーク機能を具現化させている実践であり、コミュニティソーシャルワーク機能の具現化を全国的に展開できると勇気づけられた実践であった。

その実践には、①アウトリーチも含めた問題発見、②フォーマルサービスとインフォーマルケアとを有機化させての提供、③個別対応型支援ネットワーク会議の開催、④伴走型のソーシャルワーク、⑤ニーズ対応型サービス開発、⑥社会福祉協議会独自の新しい財源創出等の機能を濃淡含めて実践していた。その考え方に学び、実践を体系化すると同時に、新たな理論仮説を

提起し、実践もして頂いた。この実践に関わることにより、筆者はコミュニティソーシャルワーク機能の実践ができると確信がもてた。

　ただ、その実践は必ずしも意図的な、自らの仮説をもって実践し、その実践を検証し、見直すという PDCA（plan・do・check・action）サイクルの実践でなかったこと、社会福祉協議会の中では組織的には容認され、実践されていたが、行政も含めて、必ずしも町を挙げて計画的、組織的位置づけの下に行われていなかったこと、かつその実践は優れて個人の力量によるところが大きく、その実践が体系化され、システムとして構築されていたわけでなかったこと等の課題があった。

　その後、これら湯田町の実践における課題を解決するためにはコミュニティソーシャルワークを展開できるシステムづくりが必要であると考え、それには市町村地域福祉計画の策定との関わりが不可欠との認識をより強めさせることになった。

　それが上述した長野県茅野市での「福祉 21 ビーナスプラン」に基づき、システムとしてコミュニティソーシャルワーク機能を位置づけ、茅野市社会福祉協議会がその取り組みを担うことになった（p.26 参照）。

　ところで、「地域共生社会実現政策」には、コミュニティソーシャルワーク機能が重要であると、その歴史的実践の変遷も踏まえて述べてきたが、実際問題としてコミュニティソーシャルワーク機能を実践できる人材の養成・研修はどうあるべきかが問われる。

　筆者は、ここ数年（2015 年度以降）、大学教員としての業務が大幅に軽減されたこともあり、富山県社会福祉協議会、千葉県社会福祉協議会、香川県社会福祉協議会、佐賀県社会福祉協議会、岩手県社会福祉協議会、大阪府社会福祉協議会等において、精力的にコミュニティソーシャルワーク研修の在り方について実践的研究を行ってきた。その構成要件、方法の一端を整理しておきたい。そのコミュニティソーシャルワーク研修としての要件としては少なくとも以下のような研修課題を設定し、履修者に学ばせる必要があることを実感している。

註1）富山県社会福祉協議会では魚住浩二氏、千葉県社会福祉協議会では山宮みずき氏、香川県社会福祉協議会では日下直和・十河真子氏、佐賀県社会福祉協議会では内田圭二・小松美佳氏、岩手県社会福祉協議会では川崎舞美氏、大阪府社会福祉協議会では土生祥代氏の諸氏が、大きな役割を果たしてくれた。もちろん、コミュニティソーシャルワーク研修は府県の委託を受ける等して、府県社会福祉協議会の組織としての取り組みである以上、ここに記した方々の個人プレイではありえないし、その業務は組織の上司、同僚が大きな役割を担ってくれたからであるが、あえて個人名を出してその功績を称えたい。

コミュニティソーシャルワークに関する研修の要素・要件と方法

Ⅰ．研修参加者が提出する個別事例についてのカンファレンス能力に関する研修

 ①個別事例の問題発見・支援につながるまでの経緯の確認

 ②取り上げた個別事例と同じような事例が地域にある可能性を既存の資料などから推定できる力

 ③取り上げた事例に係るソーシャルサポートネットワークのエコマップづくりと専門職の協働状況の確認

 ④参加者が報告する個別事例に関してのグループコンサルテーション

Ⅱ．個別事例に即した「社会生活モデル」に基づくアセスメント能力に関する研修

 ①6つの自立要件及び住環境等に関するアセスメント

 ②本人のナラティブに係るアセスメント

 ③ソーシャルサポートネットワーク、とりわけ家族関係も含めたインフォーマルのソーシャルサポートネットワークのエコマップ作成

 ④複合問題に即した要因間の構造的アセスメント

 ⑤上記①〜④の課題に即し、取り上げる個別事例に即して、まず個々人

がアセスメント作業を行う。その上で、グループで論議し、アセスメントを行う。その後、全体会でアセスメントの仕方、方法、視点について学ぶ。個別事例は、最初に事例のすべてを参加者に明らかにするのではなく、まず概要を説明し、それに対し、参加者はイマジネーションを働かして、必要なアセスメント項目を抽出する。それを上述の手段で行った上で、改めて実際の個別事例の全体の経緯と実際を明らかにする。その上で、実際の事例への支援の展開とあるべきアセスメントと支援方針の在り方を全体で考える。講師はそれをコンサルテーションする。

Ⅲ.「ヴァルネラブルな人」への支援に係るアウトリーチ型のロールプレイに関する研修

　①発見に係るスキル及び信頼関係を構築するコミュニケーションスキル

　②アウトリーチを可能ならしめるシステム及びツールについて考える

　③「ヴァルネラブルな人」の属性理解とナラティブ理解

　④ロールプレイに参与観察する立場の人を作る。

　⑤参加者にロールプレイとして「ヴァルネラブルな人」、ソーシャルワーカーの役割を演じての感想、参与観察者としての問題発見課題を報告してもらう。その感想、報告をチャート化し、支援の際の留意点を確認する。

Ⅳ. コミュニティソーシャルワーク機能の展開とそのシステムづくりに関する研修

　①フォーマルサービスへのつなぎとコーディネート能力及びそれらを展開できるシステムづくり

　②関係する専門多職種の連携及びチームアプローチとそれを展開できるシステムづくり

　③インフォーマルケアの開発、つなぎとそれを展開できるシステムづくり

Ⅴ. 個別困難事例に即した問題解決プログラム開発能力に関する研修

　①個別事例に即して、必要な地域資源の書き出しと地域での利用可能な

資源の存在把握

　②地域に必要な地域資源がないとすれば、その資源の開発に関するプログラム開発の企画書づくり

　③プログラムを具現化させる事業の積算方法、その財源の捻出方法、多様な機関との関係づくり、制度化へのプロセスに関する企画書づくり

Ⅵ. 孤立しがちな「ヴァルネラブルな人」の社会参加・社会的役割の機会の提供とその人のソーシャルサポートネットワークづくりに関する研修

　①問題解決プログラムに即したソーシャルサポートネットワークづくり

　②その人のナラティブを尊重した社会参加、社会的役割遂行機会の提供プログラムづくり

　③そのプログラムを遂行するシステムづくり

　従来のソーシャルワーク教育では、クライエントと呼ばれる相談・来談者に対し、インテークと称して、その相談をその機関・システムが受け入れ可能かどうかを出発点として考えてきた。しかも、その面接は多くの場合、相談機関の面接室が想定されている。それこそ「待ちの姿勢」である。それでは、地域に潜在化している問題を発見し、その人々と信頼関係を築き、問題の相談・支援に関わることはできない。地域に出かけ、関係機関、関係者が協働して問題発見を積極的に行うことができる人材を養成、訓練する教育が大切になる。

　2015（平成27）年に実施された「生活困窮者自立支援法」に基づく生活支援コーディネーター研修の内容、プログラムをみても、多様な生活困窮の状態を理解できるように、多様な困難事例が取り上げられているが、残念ながら積極的に困難事例のケースを訪問して、信頼関係を築き、支援活動を展開できるような教材、研修体系になっていない。

　以下に述べる「アウトリーチ型ロールプレイの課題」は、上記のことを考えて始めた取り組みである。そこでは、事前に事例内容を詳細に説明することなく、概要にとどめ、その事例がどういう生活状況であるかをロールプレイする演者に想像させて行うことが重要である。筆者が現在実践的に取り組

んでいる「アウトリーチ型ロールプレイの課題」は以下の通りである。

アウトリーチ型ロールプレイの課題

①虐待の通告のあった家庭への子ども家庭支援センターのソーシャルワーカーである職員の訪問場面

②「ひきこもり」の男性がいると連絡を受けたソーシャルワーカーとしての社会福祉協議会の職員が自宅訪問

③依存症の男性の対応をしてほしいとの家族からの連絡でソーシャルワーカーとしての社会福祉協議会の職員が自宅訪問

④外国人の家族が近隣住民とトラブルを起こしているとの連絡でソーシャルワーカーとしての社会福祉協議会の職員が自宅訪問

⑤「8050問題」を抱えた家庭で、ゴミの問題、男性の怒声が聞こえると通告を受けた地域包括支援センターがソーシャルワーカーである社会福祉士を家庭訪問させる。

⑥刑余者が金銭がなく、住むところもないと生活困窮者自立支援センターに相談に来られた。

これらの「アウトリーチ型ロールプレイの課題」の研修方法は、3人一組でチームを組み、ソーシャルワーカーの役割、福祉サービスを必要としていると想定されるソーシャルワーカーからの訪問を受ける人の役割、その2人の"訪問・出会いの場面、面接場面、会話のやり取り"を参与観察者として評価する三人三様の役割、立場を演ずることを通して、コミュニティソーシャルワークの基本となるアウトリーチの方法、課題を習得させる演習である。

この演習は、コミュニティソーシャルワーク機能を体得させる訓練のほんの一部であるが、未だコミュニティソーシャルワーク機能を体得できる教育方法が十分体系化されているとは言い難く、今後実践的に検証を繰り返しながら体系化することが喫緊の課題である。今後、各地での実践的研修を通し

て、研修プログラムの改善、活用するシート等教材の改善が行われることを期待したい。

　また、ソーシャルワークに関わる従事者は、目の前の生活のしづらさを抱えた人、家族への関心が強く、同じような生活問題を抱える人がその地域にどれだけ存在するのかという、統計的な数値（推計値も含めて）に関心を寄せていない人が多い。しかしながら、個別支援を通じて地域を変えるという「地域共生社会政策」やコミュニティソーシャルワークの考え方を取り入れるならば、同じような生活課題を抱えている人等に関する地域における統計、数値をきちんと押さえておくことが、地域福祉計画策定上でも、問題解決のシステムづくりにおいても重要なことになる。**図表14**の「市町村及び日常生活圏域における地域福祉・地域包括ケアに関わる基本的情報」は、これらの課題を解決する上で、コミュニティソーシャルワーク研修において常に必要だと考えている。

　また、上記したコミュニティソーシャルワーク研修の要件の課題である「問題解決プログラム開発企画書」や「ソーシャルサポートネットワークづくりのプログラム開発企画書」も、研修の中で、個人としても、グループとしても考え、協議し、常に新しい問題解決プログラムを創るという志向性とその実際を企画するということで研修に取り入れている（**図表15、16**参照）。

　今後のソーシャルワーク教育は、その養成課程自体において、このようなコミュニティソーシャルワーク研修の要件を組み入れた教育体系に切り替えていかなければならない。このような研修を通して、地域共生社会の推進、地域包括ケアが展開できることになる。

　図表17の「地域包括ケアとコミュニティソーシャルワーク」は、コミュニティソーシャルワークの機能を大きく3つに類型化させて図式化したものである。

　第1の部門は、制度化された多様なサービスを、福祉サービスを必要としている人や家族にフィッティングさせたケアマネジメント機能であり、それらのサービスを担う専門多職種連携のコーディネート機能である。

　第2部門は、脆弱化した家族や近隣住民の介護力、養育力に代わり、福

図表 14　市町村及び日常生活圏域における地域福祉・地域包括ケアに関わる基本的情報

項目			内容						基準日	出処
地域概要	人口構造		人							
	年齢別人口		年少人口	生産年齢人口	老年人口					
			人　%	人　%	人　%					
	就業状況・産業別人口（産業別の16歳以上就業者数）		製造業　人	卸売業・小売業　人						
			医療・福祉　人							
	行政区数		地区	最大　○○地区　○人	最小　○○地区　○人					
	世帯数		世帯							
属性・状態別人数（世帯数）	高齢者									
	一人暮らし高齢者数（地区別）		○○地区○人、△△地区△人、…							
	介護保険・要介護認定者数		人	認定率	%					
		65歳～74歳	人		%					
		75歳以上	人		%					
		5歳年齢区分毎の要介護認定者出現率	65～69	70～74	75～79	80～84	85～89	90以上		
			%	%	%	%	%	%		
		地区毎（10地区）の要介護認定率	○○地区○人、△△地区△人、…							
	障害者数及び関連して問題を抱えている可能性のある人（世帯）									
	障害者手帳所持者数		人							
		精神障害者保健福祉手帳	人	1級　人	2級　人	3級　人				
		療育手帳（知的障害）	人	A区分　人	B区分　人					
	在宅一人暮らし障害者数		身体障害（1～2級）　人 /　人							
			知的障害　人 /　人							
			精神疾患　人 /　人							
	「8050問題」世帯数（推定）		世帯							
	「ひきこもり者」数（推定）		人	15～39歳　人	40～64歳　人					
	児童・生徒									
	児童・生徒数		保育所	小学校　人	中学校　人					
	要保護児童・生徒数		小学校　人	中学校　人						
	就学援助児童・生徒の比率		%（要保護児童・生徒数/公立小中学校児童生徒総数）							

（つづく）

	項目	内容			基準日	出処
属性・状態別人数（世帯数）	低所得者層					
	生活保護世帯数	世帯　　　　　　　　人				
		生活扶助　　　人	医療扶助　　　人	教育扶助　　　人		
	生活福祉資金貸付数	世帯				
	在住外国人	人				
	主な国籍別人数	ブラジル：○人、フィリピン：△人、□□：□人…				
	判断能力に不安のある人					
	日常生活自立支援事業利用者数	人	高齢　　　人	知的障害　人	精神障害　人	
	成年後見制度利用者数	人				
社会資源利用状況等	福祉施設					
	保育所	町立○園（在籍数○人）、私立△園（△人）				
	入所型福祉施設	特養○か所、老健△か所、有料老人ホーム□か所、… 障害者生活介護・日中一時支援・相談支援○か所 （従来の入所施設）				
	医療機関	○○総合病院				
		診療科別診療状況（透析科）　XXXX 年　　　人	XXXX 年　　　人			
	教育関連機関 （学校数及び学級数）	小学校○校（学級数○クラス）、中学校△校（△クラス）				
財政・公費負担状況	財政力指数					
	拠出年金受給額	老齢基礎年金　　　○億○万円	障害基礎年金　　　○億○万円			
	医療・介護に対する公費負担の状況					
	医療費	XXXX 年　　　　万円	XXXX 年度比較　　　　万円			
	うち人工透折	XXXX 年　　件　　　万円	XXXX 年　　件　　　万円			
	年代別レセプトに占める生活習慣病者比率（国保分）	50 歳代　　　％	60 〜 64 歳代　　　％	65 〜 69 歳代　　　％		
		70 〜 74 歳代　　　％	後期高齢者医療分 65 〜 74 歳　　　％			
	介護給付費	XXXX 年　　　　万円	XXXX 年度比較　　　　万円			
		[付記] （例）施設利用者の割合が減少し、地域密着型サービス利用者が増加				

図表15 コミュニティソーシャルワークにおける問題解決プログラム開発・企画立案書

実践テーマ (プログラム名)	
生活問題・解決したいニーズ (箇条書き)	
問題の分析・背景	
ニーズの多さ・共通性・社会 性・将来予測など必要性を示 すデータ	
目的・目標	
解決するための方策 ・具体的な内容 ・担い手(運営主体、連携す 　る団体や人) ・実施体制等	
実現するための手順 ・ニーズ調査や協議の場等、 　関係者との合意形成や準備 　のために、いつまでに何を 　行うか ・その際に配慮が必要な点等	
予算・財源 ・事業規模 ・事業内訳 ・事業の積算根拠 ・財源の確保方法	
本事業の特色	
参考となる実践例	
法的根拠	

図表 16　日常生活圏域における支援システムの構築とソーシャルサポートネットワーク形成の企画立案書

想定される生活のしづらさを抱えている人	①認知症高齢者　②刑余者　③ひきこもり ④近隣との関係が悪い 8050 世帯 ⑤子育て不安を抱えている母子家庭 ⑥精神障害者　のうちから１つ選択
想定きれる事例の概要	
本人が持っている思い・悩み、葛藤など	
本人が自分のサポーターになってもらいたい人、どういう人のどんな支援であれば受容するか	
その情報を把握する方法 ・聞き出し方等	
サポーターとなり得る人を地域で把握・発見する方法	
その人に対して、どのようにして理解してもらうか	
本人が「その人に頼んでみよう」、「もう一度やってみよう」という気持ちになるために必要な働きかけ	
どのようなソーシャルサポートネットワーク （情緒的・評価的・手段的・情報的サポートの４つの機能）をつくるか、その具体的な内容	

図表 17 地域包括ケアとコミュニティソーシャルワーク

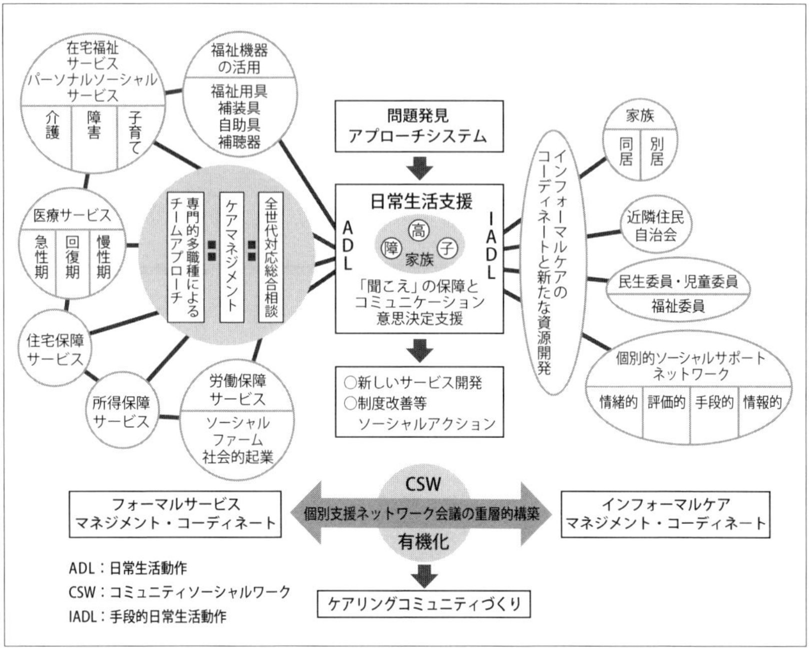

2014 年 10 月 8 日 大橋謙策作成

祉サービスを必要としている人や家族を地域から孤立させないためのソーシャルサポートネットワークづくりの機能である。そのソーシャルサポートネットワークも、今まで述べてきたように、喜びを分かち合い、悩みを受け止める情緒的サポート、生活支援の手段的サポート、人としての人格を認め、役割を担ってもらい、その人の評価を高める支援、ヴァルネラビリティの状態にある人に的確な情報を提供する情報的サポートを個別に考え、個別にネットワークをつくる活動である。

　第 3 の部門は、潜在化しているヴァルネラビリティの人々を発見し、つながり、その人々のニーズを把握し、問題解決の糸口を創ることと、そのアウトリーチが可能になるようなシステムづくり、アウトリーチする際のツール・システムの開発を行う機能である。

このような３部門に分けられる機能を一人の人間が担うことは容易ではない。その機能を担う人々を多くの人は気軽に“コミュニティソーシャルワーカー”と呼称しているが、筆者は首肯しない。その機能は“個人芸”ではなく、組織のシステムとして確立していることが重要であり、それらの機能を担うすべての従事者を“コミュニティソーシャルワーカー”と呼ぶならまだしも、１人か２人の担当者を“コミュニティソーシャルワーカー”と呼ぶことには危惧を抱いている。

　そこで、改めて、コミュニティソーシャルワークの機能を整理すると、次のようになる。

①地域にある潜在化しているニーズ（生活のしづらさ、生活問題を抱えている福祉サービスを必要としている人々）を発見し、その人や家族とつながる。

②それらサービスを必要としている人々の問題を解決するために、問題の調査・分析・診断（アセスメント）を行い、その人々の思い、願い、意見を尊重して、“求めと必要と合意”に基づき、問題解決方策を立案する。

③その解決方策に基づき、活用できる福祉サービスを結びつけ、利用・実施するケアプラン(サービス利用計画)をつくるケアマネジメントを行う。

④もし、問題解決に必要なサービスが不足している場合、あるいはサービスがない場合には新しいサービスを開発するプログラムをつくる。

⑤その上で、制度的サービス（フォーマルサービス）と近隣住民が有している非制度的助け合い・支え合い活動（インフォーマルケアが十分でない時にはその活動の活性化を図ることも含める）とを有機的に結びつけ、両者の協働によって福祉サービスを必要としている人々の地域での自立生活支援を支えるための継続的対人援助活動を展開することと考えている。

「地域共生社会実現政策」や地域福祉の理念の具現化のためには、これら３つの部門、ラインが有機化し、コミュニティソーシャルワークという方法を活用して展開できるシステム及びアドミニストレーションが市町村を基盤に展開されることが肝要である。

おわりに──
残された検討課題と地域福祉の新たな地平

　雑誌『コミュニティソーシャルワーク』の田中英樹編集長からは、これま
で論述してきた項目、内容以外にもいくつか求められている。私なりに整理
するとそれは大きく分けて3点ある。

　第1点目は、地域福祉実践において、社会福祉協議会は今後どのような
位置と役割を担えるかとういう課題である。

　第2点目は、地域福祉は「限界集落」、「消滅市町村」、「人口減社会」に
おいて、それらの地域づくりとどう関われるのかという課題である。

　第3点目は、"地域"を基盤とする地域福祉という考え方は、広がるのか、
拡散するのか、グローバルで普遍的なものに統合されていくのかという社会
システム、社会哲学に関わる点である。

　これらの課題はいずれも大きな課題であり、丁寧に論述する必要があるが、
既に与えられた紙幅は大幅に超えている。ここでは、その課題に関しての、
筆者なりに取り組んできた実践的研究を踏まえ、課題検討の視点、方向を示
すにとどめさせて頂きたい。

第1節　地域福祉推進組織としての社会福祉協議会、民生委員・児童委員及び共同募金会

　地域福祉実践を展開する場合には、その推進組織に関する課題もある。筆
者が放送大学の地域福祉論の科目の教科書「地域福祉論」を単著として
1995（平成7）年に出版した際には、地域福祉推進体制として、社会福祉協
議会、民生委員・児童委員制度、共同募金会の活動を取り上げている。

　地域福祉実践において、かつては、市町村社会福祉協議会がいわば"独占
的"にともいえる役割を担ってきたが、1998（平成10）年以降はNPOが

特定非営利活動法人として法定化されてきていることもあり、地域福祉実践推進の組織体は多様化している。企業や社会福祉施設を経営する社会福祉法人等の地域貢献の考え方、在り方も含めて地域福祉実践の推進組織、推進体に関する研究が必要である。

　しかしながら、NPO法人はいわば、問題関心を共有化して組織されているところに特色があり、かつ社会福祉施設を経営している社会福祉法人も社会福祉施設で提供するサービス利用者が限定されている組織で、必ずしも地域を基盤としている組織ではない。その点、市町村社会福祉協議会は地域を基盤として成立している社会福祉法人であることが社会福祉法で明らかであり、かつ社会福祉法で“地域福祉を推進する中核的組織”として位置づけられていることを考えると地域福祉推進には市町村社会福祉協議会が大きな役割を担うべきである。とはいうものの、市町村社会福祉協議会は“行政から運営の補助金が出て当たり前”という意識があり、かつ多くの場合、その組織の会長、常務理事、事務局長に市町村行政職員の“天下り”が横行していることもあり、「第2の行政」的意識から脱却できておらず、地域福祉推進、今日的に進められている「地域共生社会政策」の担い手という意識に欠けている。「地域共生社会政策」時代に“社会福祉協議会は生き残れるか”という課題が突き付けられているにも関わらず、その改革の動きは鈍い。そのような切歯扼腕せざるを得ない状況があるとはいえ、地域を基盤とした市町村社会福祉協議会の位置と役割は大きく、その組織の改革と職員の資質向上をどう高めるのかが、ある意味「地域共生社会政策」の具現化の成否を握っているといっても過言ではない。

註1）筆者は、第1部でも述べてきたが、全国の市町村社会福祉協議会の関係者に育てられ、かつ「バッテリー型研究」のフィールドをたくさん提供して頂いた。
　　1979（昭和54）年から始まった「地域福祉活動指導員」の養成課程、1984（昭和59）年に刊行された「地域福祉計画」の検討委員会、市町村社会福祉協議会の事務局体制の在り方検討委員会、ボランティア活動基本問題検討委員会、福祉教育研究委員会等筆者に与えられた機会は数えきれないものである。

その社会福祉協議会との関わりの一端は、2018（平成 30）年に刊行された『地域福祉の遍路道——四国・こんぴら地域福祉セミナーに学ぶ』に大橋謙策「地域福祉実践の真髄——福祉教育・ニーズ対応型福祉サービスの開発・コミュニティソーシャルワーク」として掲載されているので参照してほしい。

　とりわけ、全国社会福祉協議会の事務局長を務められた和田敏明先生には、学部卒業直後から導いて頂いた。心より感謝とお礼を申し上げたい。

　その他、山形県社会福祉協議会の渡部剛士先生、永田幹夫先生等、本当に多くの社会福祉協議会の先輩、同輩諸氏に支えられて筆者の実践的地域福祉研究は構築されている。一人ひとりお名前を明記できず申し訳ない思いであるが、改めて心より厚く感謝とお礼を申し上げる次第である。

　同じように、日本の社会福祉、とりわけ地域福祉実践においては 100 年余の歴史をもっている民生委員・児童委員（1928（昭和 3）年時代は方面委員）も地域福祉推進組織としては欠かせない存在である。全国の市町村にあまねく配置されている民生委員・児童委員の存在があるからこそ日本の社会は、社会福祉は安定しているといっても過言でなかった。また、筆者はコミュニティソーシャルワーク機能が日本で定着できるかどうかは民生委員・児童委員活動によるところが大きいと指摘してきた。逆に、コミュニティソーシャルワークがイギリスでうまく展開できなかったのは、日本の民生委員・児童委員制度のような、地域に根差して、地域のために活動を行う制度、組織がなかったからだとも指摘してきた。

註 2）筆者が放送大学の教科書「地域福祉論」を単著として 1995（平成 7）年に出版した際、永田幹夫先生が民生委員・児童委員制度を地域福祉論で正面きって取り上げたのは初めてではないかと評価してくれた記憶がある。

　　　1987（昭和 62）年に「社会福祉士及び介護福祉士法」が制定され、そのテキストが作成された際には、「地域福祉論」の科目の中に民生委員・児童委員制度は取り上げられていたように記憶しているが、それは制度の解説という領域で書かれているという認識を永田幹夫先生はもっていたのであろうか。

註 3）筆者は民生委員制度 70 周年を契機に全国民生委員・児童委員協議会の活動に本格的に関わる。中でも、「地域福祉推進と民生委員・児童委員の役割と在り方委員会」が 1990（平成 2）年に発足し、その委員長として 1991（平成 3）年に「地域福祉の推進と民生委員・児童委員活動」を報告書としてまとめた。その報告書で児童問題専管の委員が必要なのではないかと提言したが、それが 1994（平成 6）年の主任児童委員制度の創設につながった。

　さらに、共同募金活動についていえば、共同募金制度創設 50 周年にあたって、『21 世紀に向けて新しい「寄付の文化」の創造をめざして──共同募金の 50 年と改革の課題』（1996（平成 8）年）を委員長としてまとめた。その報告書で、日本における「寄付の文化」の醸成の必要性や共同募金がもっと地域福祉に関わる問題解決プログラムを支援するコミュニティファンド的機能をもたなければならないことを提起した。と同時に、歳末助け合い運動等に代表される生活保護世帯、施設入所者への金銭給付を廃止し、地域自立生活を支援する在宅福祉サービスへの助成を考えるべき等の提言も行った。

　日本の共同募金はその成立からアメリカの影響を受けているが、今後の地域福祉の推進にあたってはイギリスのボランティア活動の中で最も多い金銭ボランティア活動（寄付、遺産の遺贈等）に学ぶべきで、共同募金の在り方を見直すべきとして、日本、アメリカ、イギリスの 3 か国比較研究の必要性を訴え、認められて、財団法人車両競技公益資金記念財団の委託事業として 2 回にわたり海外調査研究を行った。

　その成果として、1997（平成 9）年 3 月に『日米英民間財源比較調査研究』第 1 次調査報告書を、2003（平成 15）年度に第 2 次報告書を刊行した。その中で、クラウドファンディングや助成事業の評価方法等、民間財源の活用方法について、イギリスの CAF（Charities Aid Foundation）に多くを学んだ。筆者としては、この調査研究は、当時の NPO の法定化の運動とも相まって大きな影響を与えたと自負している。しかしながら、地域福祉研究者や社会福祉研究者は相変わらず“行政依存”意識が強く、必ずしもこの分野への関心は高まっていかなかった。

第2節 「福祉でまちづくり」を包含する 地域福祉実践

　筆者は、もともと島木健作の『生活の探求』（河出書房、1937年）を高校生時代に読んで、社会事業への道、とりわけ地域福祉実践を志そうと考えた。したがって、東京大学大学院で社会教育を専攻したのも、地域づくりに関わる社会教育実践に魅力を感じたからである。

　そのような経緯もあり、筆者にとっての地域福祉は、在宅福祉サービスの整備とイコールでなかった。一種の"理想郷"、"ユートピア"としての地域を住民の直接的参加で作り上げたいという"若気の至り"を具現化できる大きなフィールドであり、ツールであった。全国各地をただひたすら這いまわるように"行脚"したのも、そんな内なる思いがあったからである。

　したがって、筆者にとって地域福祉は地域づくりでもあった。"社会福祉は救貧的対応なので、できれば行政の財源をつぎ込まなくてもいいのなら、つぎ込みたくない"という言説に対し、筆者の地域福祉は地域づくりであるというメッセージを強調したいがために、"地域福祉は「福祉で街づくり」を推進する"という表現をとった。それが、1990（平成2）年の岩手県遠野市での地域福祉計画（老人保健福祉計画）を策定する時（p.34）で、計画策定の必要性等を市議会議員と懇談する中で、より鮮明に打ち出す機会となった。

　岩手県遠野市の「遠野ハートフルプラン」では、定住人口の増大が見込めない状況の下、遠野市の自然や民俗文化を活かして、交流人口を増やすということを考えた。そこでは、狭い社会福祉行政の枠だけではなく、社会教育等との連携も含めて「福祉で街づくり」を考えた。

　今日（2021年現在）では、全国に10万か所ある社会福祉施設の食材を地元商店街や地元農家をも巻き込んで、社会福祉施設における「地産地消」が叫ばれてくるようになってきている。また、障害者の雇用創出、高齢化した農業従事者に替わる労働力確保として、農業におけるICT（情報通信技術）の活用などとも相まって進み、いまや農林水産省と厚生労働省とが協働する「農福連携」も進んできている。

さらには、社会福祉法人がその地域には欠かせないほどの地域づくりを展開している事例もある。石川県での実践として雄谷良成の『ソーシャルイノベーション——社会福祉法人佛子園が「ごちゃまぜ」で臨む地方創生』（雄谷良成監修、ダイヤモンド社、2018年）や広島県三次市を基盤とする実践『里山人間主義の出番です——福祉施設がポンプ役のまちづくり』（指田志恵子著、あけび書房、2015年）がその最たる実践例であろう。

　この2つの実践事例は、社会福祉法人の単なる“地域貢献”ではなく、地域にとって、いまや社会福祉法人は欠かせない存在であり、地域づくりの核となっている。このような、地域づくりの核となる社会福祉法人の経営の在り方が大いに今後論議されるべきである。

第3節　21世紀「ゆとり型社会」の創造と国際的　　「人間の安全保障」につながる地域福祉実践　　——地域福祉の新たな地平

　604年に制定されたという、いわゆる聖徳太子の『第十七条憲法』は、第一条の「一に曰く、和をもって貴しとなし、忤（さか）うことなきを宗（むね）とせよ」が有名であるが、筆者はそれ以上に注目しているのが、第十条である。第十条は、「十に曰く、こころの忿（いか）りを絶ち、おもての瞋（いかり）を棄てて、人の違うことを怒らざれ　人みな心あり、こころおのおの執るところあり　かれ是とすれば、われは非とする　われ是とすれば、かれは非とする（以下略）」と述べて、今でいうダイバシティの考えを示している。

　しかしながら、明治以降の政府がとった“富国強兵政策”で、国民の均質化が求められ、“一糸乱れぬ集団行動がとれる国民像”が軍隊でも、重工業産業の工場でも求められるようになると、いつの間にか、日本は“単一民族、単一国家、単一宗教”であると、かつてときの総理大臣がいうようになるまで、国民の価値観は単一化され、異なる価値観を許容しない、排除の論理がはびこりやすい社会につくり替えられていく。そこに果たした戦前の学校教育、風化行政（p.186）には大きな課題がある。

筆者は、1994（平成6）年に「高齢者の健康・生きがいづくりと地方自治体の役割」という論文を東京都議会議会事務局の求めで、『調査資料77（高齢化特集）』を編集する際に執筆した。その論文では、高齢化社会の進展は、個々の高齢者の "第3の人生" を大幅に増大させることでもあり、単に高齢化の進展に伴う要介護高齢者への対策を考えればいいというものではないことを提唱した。そのためには、日本人の "エコノミックアニマル" と呼ばれるような働き方や生活の仕方を変え、「ゆとり型」社会の創造が、社会的にも、個人のライフスタイルとしても必要であることを提言した（筆者は、1998（平成10）年に「21世紀ゆとり型社会システムと社会サービス」（月刊「都政研究」収録、1998年6月号）も著している）。さらには、編著で『高齢化社会と教育』（中央法規出版）を1985（昭和60）年に刊行し、定年後の "第3の人生" の過ごし方を支援する必要性を説いた。

　他方、筆者は、2002（平成14）年の「週刊　福祉新聞」の年頭巻頭論文として「21世紀を博愛の世紀に——ヒューマン・セキュリティと地域福祉」と題する論文を寄稿した。国際的には、食料、医療、清潔（安全）な飲み水、清潔な住まい、さらには学ぶ機会に恵まれず、人間の尊厳を守ることさえできずに暮らす世界の困窮者を救済することが国際的安全保障の要であると、「人間の安全保障」の必要性を提起した。

　日本には、農業を基盤とした地理的コミュニティにおいて地縁、血縁による冠婚葬祭の「互助」機能が自然発生的に成立し、親密圏でのケアは豊かにあったが、見ず知らずの社会における公共圏域でのケアの成立は必ずしも豊かにあったとは言えない。日本には、神社仏閣に対する「寄付の文化」はあったが、公共圏域におけるケアを豊かにするための「寄付の文化」が豊かにあったとは言えないと考えてきた。

　地域福祉は、地理的コミュニティにおいて、自然発生的に作られてきた親密的ケアが、都市化、工業化の中で衰退、脆弱化していく中で、新たな公共圏域でのケアを再構築する営みである。ならば、地理的コミュニティには、今日在住外国人も増えてきていることも考えて、公共圏域におけるケアの範域を国際的にも拡げる努力が必要ではないか。かつて、一橋大学教授の上原

専禄氏が"地域から世界を串刺しにする"という考え方を提起したが、まさに地域という地理的コミュニティから世界に開かれた"博愛の精神"、「寄付の文化」を発信したいという思いを込めて、この2002（平成14）年の論稿は書かれた。

このような考え方は、1983（昭和58）年に設置された全国社会福祉協議会の「福祉教育研究委員会」においても、福祉教育が求められる5つの背景・要因の一つに"国際化時代における飢えと貧困"を掲げ、日本国憲法の前文の理念に基づき、博愛の精神に基づき、"自分の住んでいる街から世界を見通す判断力と行動力"（大橋謙策『地域福祉の展開と福祉教育』1986年）を身に着けることも福祉教育として重要なことであることを指摘した。

地域福祉は、閉ざされた地理的コミュニティにおける実践哲学ではなく、自分が住む地理的コミュニティを住民自身が選択し、「福祉コミュニティ」につくり替えていく拠点であり、世界に開かれた「福祉コミュニティ」の連帯と連鎖の拠点にしなければ、と考えている。「ボランティア活動の構想図」（p.123参照）で示した"自立と連帯の社会・地域づくり"という目的はまさにそこにある。

第 2 編　補　論

第1部
戦前社会事業における「教育」の位置

はじめに——
戦前の歴史的経緯を学ぶ意義

　日本の社会福祉の歴史的発達形態の特色の一つとして、社会福祉における精神性と物質性の混在を挙げることができる。

　1970年代に入り、日本の社会福祉は大きく変容してきている。社会福祉問題が特定の人の問題ではなく、すべての国民の生活課題となり、地域で地域住民の参加を得て解決することが求められるようになった。まさに、地域福祉の実体化であり、地域福祉の時代といえる。

　その地域福祉は「在宅福祉サービスの組織化」と「共に生きる街づくり」とが"車の両輪"として発展しなければならない。それに伴って、全国各地で様々な「共に生きる街づくり」の実践が取り組まれている。神奈川県の"ともしび運動"、静岡県の"福祉を育てる県民運動"、京都市の"福祉の風土づくり推進協議会"等、多様な活動が展開されている。それらはいずれも社会福祉関係者のみならず、教育、医療関係団体、経済界、労働組合など幅広い層を結集している。このような活動は、多くの国民が社会福祉に関心を寄せ、理解を深めるという点で有意義なことである。また、地域福祉の展開上、多くの住民がボランティア活動等を通して問題解決活動に参加することが望まれている以上、欠かせない活動である。

　しかしながら、これらの活動は十分歴史的事実をも踏まえながら展開されなければならない。それは、かつて大河内一男が指摘した事柄（物質的援助を十分行わず、精神主義的に社会福祉問題に対応しようとした日本の社会福祉の歴史的経緯）[1] の"轍"を踏むかどうかの問題でもある。

　社会福祉は、往々にして情感に流されやすい。困った人がいたならば助け

てあげたい、いろんな人と手を取りあって共に生きたいという人間の善意に訴え、善意に頼り、それで解決しようとする動きがある。人間の善意は最大限に信頼し、最大限に活用されなければならない。しかし、ことは善意だけで解決できるのであろうか。人間の善意と社会福祉問題解決の制度とが有機的に結びついて展開してこそ、社会福祉問題は解決されていく。その社会福祉制度の創出・確立には、より深い科学的な洞察が必要であり、それに必要な行動が要求される。これらは、人間の情感としての善意というよりも、誠意であろう。社会福祉には善意も誠意も必要である。「共に生きる街づくり」の運動は、住民にこの誠意をもってもらうことも内在させているのであろうか。それはややもすれば精神高揚運動ではないかという批判もある。

　一方、日本の戦前の社会教育の特色として碓井正久は、①官府的民衆教化性、②非施設団体中心性、③農村中心性、④青年中心性を挙げている[2]。この官府的民衆教化性と非施設団体中心性とが、今回の「共に生きる街づくり」運動の性格とよく似ているのではないかという見方もある。本来ならば、在宅福祉サービスも「共に生きる街づくり」活動も、ある拠点施設を中心に、老若男女相集い、障害者も健常者も相集い、共に楽しく活動できるノーマライゼーションの拠点施設と制度があってしかるべきなのに、それがほとんどない。その状況で団体をつくり、「共に生きる街づくり」とは、思想善導（国家の行う思想統制政策）ではないのかという指摘もある。

　果たして、現在の地域福祉活動の中で提唱されている「共に生きる街づくり」が、社会事業における精神性と物質性の混同であるのか、あるいは官府的民衆教化性や非施設団体中心性といわれるものと同じなのかどうか、戦前の日本の社会事業と社会教育の歴史的展開過程を学んでおく必要があろう。

　戦前の社会事業と社会教育との関係についての歴史的展開を学ぶ意義は2つある。第1は、「共に生きる街づくり」の進め方、考え方に関することである。

　戦前の社会事業の方向づけをしたのは井上友一の『救済制度要義』（1909（明治42）年）である。『救済制度要義』がどのような歴史的背景のもとで書かれたのか、またそれはどのような特色をもっていたのであるのかを明らかにしたい。また、それと対比させる意味で小河滋次郎とその系譜の社会事業

理論と実践を取り上げてみたい。

　井上と小河は共に、社会事業における精神性を重視したが、その位置づけは異なっている。やや大胆にその対比をするならば、井上は団体の組織化とその活動を中心に"社会事業における精神性"の定着を図ることを意図するのに対し、小河は地域福祉施設(隣保館)を拠点に"社会事業における精神性"の活動を提供しようとした。前者が"教化"（井上は「風化」と呼ぶ）であるとすれば、後者は"教育"である。

　今日の「共に生きる街づくり」運動が、この"教化"もしくは"風化"にとどまるのか、住民の地域福祉の主体形成を試みる"教育"をも内在させているのか検討されなければならない。筆者は神奈川県で提唱され、推進されている「ともしび運動」について総括的な研究をする機会を与えられた。それは、「ともしび運動をすすめる県民会議」（神奈川県社会福祉会館内）が『ともしび運動の発展をめざして――ともしび運動促進研究会中間報告』として1982（昭和57）年3月に刊行している。そのともしび運動の総括の視点として次のようなものを挙げた。それは、①ノーマライゼーションへの関心と理解の促進、②コミュニティづくりと地域福祉施設、③在宅福祉サービス施策の促進とインテグレーション、④障害者の組織化と住民参加による街づくり、⑤ともしび運動の民間化と地域化の5項目である。

　これらの検討項目は、長洲知事による「ともしび運動」提唱（1975（昭和50）年）の思想と課題によるものもあるが、それは一方で戦前の井上と小河の思想と実践との対比の中から出されてきたものでもある。今日、各地で進められている「共に生きる街づくり」運動がこのような項目に即して検討され、その運動が単なる精神高揚運動になっていないことをチェックする機能になれば、と思う。そのためにも戦前の歴史的展開過程を学ぶ必要があろう。

　第2には、今日、高齢者、障害者の社会教育の在り方をめぐって、あるいは公民館事業と地域福祉（施設）との関係をめぐって、社会教育行政と社会福祉行政との連携が問われている。その関係は、過去にも事務分掌をめぐって、文部省と内務省（当時厚生行政担当）との間に権限論争さえあった（p.217～219）。1925（大正14）年に「地方社会事業職員制度」と「地方社会

教育職員制度」が勅令で発布されるまでは、この社会事業と社会教育は全国各地でかなり混同され、混在して実践されていたという歴史がある。そのような歴史の中で、社会事業と社会教育が行政組織上では整備され、分離していくことになるが、その活動内容に照らした時には、その両者の関係はどのようになるのであろうか。行政的には分離したものの、社会事業（社会福祉）実践の中には、それが住民の自立更生、自立援助という機能を本質的に内在させている以上、その社会事業における"教育的機能"は重要な営みである。

　また、社会教育がその理念として低所得者や障害者、高齢者をも含めてあらゆる国民のあらゆる機会での学習、文化・スポーツ活動を保障している。しかしながら、その学習という営みを主体的に行使できる階層は、どちらかといえば、経済的に恵まれた階層である。経済的に恵まれた階層とは、文化的水準においても高いし、時間的余裕をも有している階層ともいえる。では、そのような生活条件をもてない住民の学習の条件整備の在り方はどうなるのであろうか。一般的に、そのような生活条件をもてない住民とは、低所得者であり、障害者であったりするわけで、多くの場合、社会福祉サービス受給者ならびにその境界にある住民ということができる。

　社会教育は、そのような住民にどのようにアウトリーチ（out-reach）し、教育を保障し、学習の条件整備をするべきなのであろうか。それは、すぐれて公民館の機能の再検討の中で地域福祉とのかかわりあいが論議されるべきであろう。

　社会福祉における"教育的機能"及び社会福祉サービス受給者の学習、文化・スポーツ活動の保障の在り方の問題は、戦前の小河滋次郎やその系譜の思想と実践から学ぶものが多いし、当時の文部行政担当者がどのような思想で捉えていたかを知ることからも学ぶことがある。

　以上２つの点から、戦前における社会事業と社会教育との連関の歴史的展開を考察してみたい。

参考文献

1) 大河内一男『社会政策の基本問題』昭和15年　日本評論社
2) 長田新監修『社会教育』昭和36年　御茶の水書房

第1章
明治期富国強兵政策と風化行政

第1節　社会問題発生と細民対策

　日本資本主義は地租改正を梃子とした原蓄過程を経て、1889〜1890（明治22〜23）年には最初の資本主義恐慌を迎えた。原蓄期の下層社会は、封建的諸制度や諸階層の解体に伴うものであったが、1890（明治23）年の第1次恐慌に伴う下層社会は、原蓄期に都市に流入した人々を中心とした、都市の貧困の集団地（スラム）に現れる賃労働の端緒形態として登場してくる。

　ところで、封建的諸制度に伴う従来の貧困は、「人民相互の情誼」や「人倫」観に裏づけられた慈善、慈恵によって対処されてきた。しかし、社会体制そのものの構造的必然としての資本主義恐慌による貧困の創出は、「済貧恤窮ハ、人民相互ノ情誼ニ因テ、其方法ヲ設ヘキ筈ニ侯」（1874（明治7）年「恤救規則」）とする慈善的救済では対処しきれなくなった。そこで政府は、近代社会事業対象の創出に対処すべく「窮民救助法案」（1890（明治23）年第1回帝国議会提出）を帝国議会へ提出する。その法案は、従来の「人民相互ノ情誼」による「隣保相扶」「無告ノ窮民」「労働不能窮民」政策を改め、「災害のため自活できず、飢えかかっているという限定つきではあるがともかくも労働能力のある者を加え、市町村に救助義務を負わせるという公的救護義務主義にたつ」[1] ことになった。この法案は“貧民は自己の怠惰に帰因する”との惰民論の前に否決されるが、その背景には、後進資本主義国日本の「富国強兵」政策があったことは否めない。しかも法案は否決はされたものの、国家自体が近代社会事業対象の創出、社会問題の発生に対処せざるを得なくなってきたことと、その社会事業対象が、西洋諸国以上に、後進資本主義の特殊性として、賃労働との関係が無視し得ないことを明らかにした。

　「細民の増加、貧富の懸隔は我国に於ても文明進歩の結果として今后益々烈しければ」と予測した山名次郎は、1892（明治25）年『社会教育論』を著し、細民対策を提案する。

西洋諸国での「人民の貧困なるもの」が社会主義、共産主義を信奉している
のをみて、「勢斯る急激の説の起るも止を得さる」ことと山名はみる。し
かし、その説に「道理あることなれども……今日直に其純理を行はんとする」
ところに問題がある。したがって「能く其の説を折衷し時世相に実行の方法」
を求めるべきであり、そうすれば、その「ソシャリズム」は社会主義として
ではなく、社会政策として「寧ろ国安を維持し文明を進歩させる」ものとな
る。そこで山名は、社会政策としての社会教育を進める。すなわち「細民の
増加、貧富の懸隔は我国に於ても文明進歩の結果として今后益々烈しければ
良民に対しては社会教育を行ふと共に、博愛慈善の心に富み国家の消長を以
て念と為すの人は自己の為め社会の為めに適当の方法を案出し細民の体力を
強健にし徳操を高め智識を得せしむるの方法を講ずるは日本の現時に於ける
焦眉の急務と云ふべきなり」として、教育の目的が「社会の風紀を維持し以
て国家富強の基を開く」ことにあるとする[2]。

　ところで、山名のいう細民は、必ずしも社会事業対象と同一ではない。山
名は「諸会社の社長或は工場長資本主は……其使役する所の人夫職工」とい
うように、賃労働と資本との関係で「ソシャリズム」を考えている。しかし、
このころスラムに住んでいた者は、横山源之助の『日本之下層社会』（1898
（明治31）年）によれば、日雇、土方職人等の不熟練労働者である「貧民」、
ブリキ屋、塗師屋、鋳掛屋、蝙蝠傘直し、その他の手工人である「細民」、
乞食その他極貧層である「窮民」の3種類であり、これらが社会事業対象
であった。

　しかしながら、社会問題の発生と細民対策の問題は、その対象が、賃労働
者であるか否かの二者択一的な問題としては捉えられない。それは後進資本
主義国日本に現れた特殊な問題であり、常に“賃労働対象と慈善事業、社会
事業対象の接点につながる問題”として現れてくるからである。その特殊性
は「富国強兵」政策がもたらすものであり、その特殊性は、一貫して戦前社
会事業の中に流れているものであった。

　大河内一男は、1943（昭和18）年の『社会政策の基本問題』で、社会政
策は、その対象を何よりも生産者として取り上げ、社会事業対象は生産者た

る資格との関連以外の資格において捉えようとして、社会政策の独自性を打ち出そうとするが、戦前においてはその対象分類はうまくいかない。なぜなら、賃労働が「出稼ぎ型」「家計補助的」であり、「家」を中心とする「隣保相扶」が常に拡大再編成されてきたからであり、それらと対応する「富国強兵」は、国家社会を全面に出すことにより、社会政策、社会事業の分類を必要としなかったからでもある。

　その代表は、1897（明治30）年4月24日に発足した「社会政策学会」といえる。その趣意書によれば「貧富ノ差ハ排除ス可カラズ、然レドモ之ヲ減少スル事ハ必ズシモ為ス可カラザル事ニ非ズ」「個々人ノ営利ヲ後ニシ国民全体ノ幸福ヲ先ニスル者ナリ」と国家社会が前面に出て、個々人の幸福追求、貧富の排除も直視されないことになる。

　しかし、それらの中で、佐藤善次郎は「貧民救助と貧民教育は貧民の利益を図る趣旨よりも、寧ろ社会国家の安寧を保つ為めに必要にして」としながらも、「社会は一種の有機体」であり「貧民労働者の保護」は人類相互の義務、とりわけ上・中流社会の人々の義務であることを説いた。この佐藤の考え方は、大正期を風靡した社会連帯思想の萌芽とみなすことができる。佐藤によれば、救貧の方法は、まず職業を与えることであり、次いで教育を与えることであった。とりわけ、貧児においては、第一に救助であり、第二に教育であるとした。しかも「貧民は全く必然の結果に出でたりと認め」、従来の慈善事業の惰民観と相反していた。したがって、貧民に与える教育、とりわけ職工教育、徒弟学校の費用はすべて雇主において負担すべきだとする[3]。

　佐藤善次郎や片山潜による「トインビーホール」の実践（「市民ノ幸福進歩発達ヲ図ルノ目的ヲ以テ尽力」）のような、大正デモクラシーの萌芽がみられはするが、その主流は、貧民相互の「隣保相扶」であり、貧民は社会構造の必然ではなく、惰民から生まれたものであるとして、貧民そのものの幸福追求ではなく、社会の安寧秩序の上からのみ教育を施すとするものであった。その代表は、明治30年代に現れる内務官僚の井上友一であり、彼の風化行政であるといえる。

第2節 井上友一と風化行政

　日本資本主義は、日露戦争を契機に重工業を発展させ帝国主義段階に入る。上からの急速な重工業化は、「富国強兵」のよりいっそうの推進であり、ブルジョア的性格が十分に醸成されていない段階での帝国主義確立は、その後の社会事業に非常に特殊な性格を付与させたということができる[補注]。

補注）　先進資本主義国であり、産業革命と慈善事業の関係が最も典型的であったイギリスと、後進資本主義国日本とを対比してみると、日本の社会事業のその後進んだ道がわかる。

　①日本では賃労働と慈善事業ないしは社会改良との関係が曖昧である。そしてまだ階級分化が未成熟のうちに治安警察法の発布をみて労働運動の芽をつみとってしまったので、両者の正しい関係がつくれなかった。

　②イギリスのようにブルジョワジーや知識階級が成長していないから、市民ヒューマニズムが発達していない。日本慈善事業家には志士仁人意識の払拭が十分でなかった。

　③イギリス慈善事業はキリスト教的慈善と啓蒙的博愛の止揚の上に成立したが、日本慈善事業はこれらの輸入概念のような形態をとり、したがって国家権力から打ち出される公的扶助に対しても批判的立場をとれなかった。

　④地域組織における共同体性、あるいは近代的自我の挫折等から、日本では慈善事業技術の発芽母胎としての慈善組織化が期待できなかった。

　⑤ブルジョワジーの未発達のため、イギリスのように慈善事業ないし社会改良から直ちに専門的社会事業のコースがとれず、1907（明治40）年代から大正初頭にかけてみられるような救済事業というワン・クッションが必要となった。

　　以上のことがらも、封建時代から商業の盛んであった大阪には必ずしもあてはまらない。日本の社会事業の歴史の中では、商工業地大阪での動向はユニークであり、どちらかといえばイギリスに似ており、中央行政とは異なる。それはより以上に社会問題が多発していたことや、スラムなどの貧困層が多いこと、そして貧困層により密接した社会事業家がいたからである[4]。

1890（明治23）年の資本主義恐慌以来、社会問題としての貧困は無視し得なくなり、30年代は“社会立法の整備期”となった。すなわち1899（明治32）年「北海道旧土人保護法」、「行旅病人及び行旅死亡人取扱法」、1907（明治40）年「下士兵卒家族扶助令」等の公的扶助法を制定した。ところが、1904（明治37）年から始まった日露戦争は、日本経済を極度に逼迫させた[5]。政府は1904（明治37）年に「非常時特別税法」で増税したり、塩を専売にしたりする。その一連の流れの中で、内務省は1908（明治41）年“恤救規則国庫支出打切に等しい通牒”を出し、救護費の削減をはかる。その結果、1909（明治42）年の救護費は、1908年の約4分の1に激減した。

　この「済貧恤窮ハ隣保相扶ノ情誼ニ依リ互ニ協救セシメテ国費救助ノ濫給矯正方ノ件」と題する通牒は、「官僚の好典型」[6]井上友一によったものだとされている。それは、国庫救助費支出額が府県によって差があるのは、「隣佑ノ情誼」に差があるからであり、しかも宮城県では「承継的貧民」が2割4分をも占めながら、恤救規則適用者は30人程度[7]ですむという状況把握に基づいたものであった。

　井上のねらいは、日本帝国主義形成のためには「富国強兵」政策が必要であり、そのための安あがり行政をいかにするかであった。「隣保相扶」の名のもとに、貧民の保護請求権や公的扶助義務を否定することであった。したがって、1890（明治23）年の窮民救助法案、1897（明治30）年の恤救法及び救貧税法案などの「義務救助主義」をうたった法案の流産を喜んでいる。

　井上は1909（明治42）年、救済事業理論の集大成として『救済制度要義』を著す。それは、「わが国における社会事業の体系的研究における最初の遺産」[8]であり、戦前社会事業の「一貫の大方針」[9]となったのである。そしてまた、その理論が日本資本主義の帝国主義確立期に出されたことも注視しなければならない点である。

　井上友一は1900（明治33）年パリで開かれた「万国公私救済事業会議」に出席し、その際海外の救済制度、自治制度、とりわけフランスの救済行政、ドイツの自治行政を視察し、翌年に帰国する。

　井上は、西洋諸国の救済制度に比し、日本には「継承的救恤制度」がない

のを誇りとするものの、日本資本主義が帝国主義になる段階での「総資本」と「総労働」との矛盾を無視し得ない、と考えた。そこで井上は「国家全般の利害より察し之を公益公安に鑑み依て以て救済制度の理想如何を究めん」とする。

　そこで彼は、救済事業を「国家及社会の発達の為に精神的関係及経済的関係に於て、総ての階級を通じ其地位を高からしむるに在り」と定義しつつ、その精神的関係を強調して風化行政を提唱する。すなわち、「救貧は末にして防貧は本なり、防貧は委にして風化は源なり。詳言せば救貧なり防貧なり苟しくも其本旨を達せんと欲せば必らずや先づ其力を社会的風気の善導に効さざるべからず」[10] と、したがって救済行政は「風気善導の事、之が骨髄」となり、物質的救済＝経恤的行政は二の次となる。

　ところで井上の風化救済行政は、西洋諸国とりわけドイツから取り入れたものとみなすことができる。中央報徳会の機関紙『斯民』第2編第6号（明治40年9月）で「斯民叢話」と題してプロシアの国民訓育事業（フォルクスビルド・ワングス・フェゼン）を紹介し、斯民の訓育養成に必要なるものとしている。同じことは『救済制度要義』にもある。つまり、社会問題に対処する救済制度は経済的と精神的との2種類ある。その第2類は「社会の智力品性に関する一切の訓育問題」を含んでおり、「所謂、社会教育の問題、社会風教の問題皆之に属」す。そしてこの第2類の風化的救済制度は「英仏二国に於ては未だ是類の事業に関し適切なる学術上の用語あるを発見すること能はずと雖も世人が『社会教育』(social education)、『庶民教育』(popular education) と称するもの」であり、ドイツでは『社会的風気問題』(Gesellshaftliche Gesittungspolitik) と呼称しているものがそれにあたると述べている[11]。

　井上のこの「風化行政及び法制」には、「児童救済制度」「勤倹勧奨制度」「庶民教化制度」「庶民娯楽制度」「客居整善制度」「節酒普及制度」などが含められており、その「風化事業中最緊切なる」[12] ものは「勤倹奨励」に関するものであった。井上が強調する「勤倹奨励」は「善美健全なる協同生活」の基礎をなすものであり、報徳（二宮尊徳）のお教えとも一致する。1905（明治38）年、井上らの提唱により組織された報徳会の「教」の一つに「推譲」

論がある。その「貯蓄といふことと、公益、慈善といふことをば二宮翁の教では合せて推譲といふ一つの言葉で現はして居ります」[13] とする考えと同じである。

　風化的救済制度は、社会事業分野だけではなく、報徳会などと結びつきながら、社会教化の役割を担っており、戦前社会教育の理論的支柱でもあった。すなわち「精神的要素の救済を以て、寧ろ時弊根治の上策と為す」ばかりでなく、「階級競走及社会運動に於ても……永遠の利害」にも関わることであるとし、その後の社会事業の精神性、物質性あるいは社会事業と社会教育における相違分類などに多大な影響を与えた。

第3節　「半官半民」団体と感化救済事業

　日本資本主義は明治末期から大正初頭にかけ帝国主義段階に入る。その時期は慈善事業とも大正中期以後の近代社会事業とも異なり、日本独自の救済事業時代である。とりわけ、それは"感化救済事業"と呼ばれ、国家権力の一翼として、その「飴」の側面を担う。しかも、それは「飴」としての社会行政[14] 及び法制を推進させる際、「半官半民団体」をつくり、安あがり行政、行政の下請化、住民の監視等の役割を担わせた。この「半官半民」団体には、報徳、中央慈善協会、済生会などがあり、いろいろな意味で日本の社会事業、社会教育の発展に影響を与えることになる。

　報徳会は「推譲」「分度」「至誠」を会の「教」として、1905（明治38）年に発足し、機関紙『斯民』を発行した。

　報徳会は「教育勅語ノ御趣旨ヲ遵奉シテ精神訓育ヲ奨メ広ク道徳ト経済トノ調和及教育産業ノ発達地方自治ノ作興ヲ期スル」を目的とし、その事業の一つとして「公益慈善ノ事業ヲ援助スルコト」を掲げている。

　ところで報徳会の発足する時期は、日露戦争直後であり、資本主義的矛盾の激化した時期であった。平民新聞を中心とした非戦、社会主義運動も盛んになり、また兵士の傷病死なども激増したりして、国家はその対応を迫られていた。1900（明治33）年の治安警察法などの国家からの絶対権力による

支配の行き詰まりは、他方でそれらを支える「半官半民」団体を必要とした。そのような背景の中で、階級調和、家－村落、つまり風化と自治の一致という「家」共同体思想の普及などをねらいとして報徳会が発足している。

"社会事業の専門化の父"とも呼ばれる留岡幸助は、ジョン・ラスキン、二宮尊徳に私淑していた。彼は、報徳会の中心人物でもあり救済方法としての教育を強調し、「家庭学校」（1899（明治32）年）を創設する。

留岡によれば、彼が「報徳の教を研究するに至りし動機」は、「明治34年、時の井上内務書記官が海外漫遊を終えて帰朝せられて大に社会改善の事業に着眼せられた結果、予に報徳社の事績の研究を慫慂せられた」からのことであると述べているのをみれば、それが、井上の風化行政の一翼を担うものであることは明らかである。

日本帝国主義形成期に改めて、「家」共同体が強調され、そのための思想的支柱としての二宮尊徳がかつぎ出されたわけである。社会問題の発生は、国家をして"公的扶助義務法案"の提出に踏み切らせてきたが、この時期になってそれは否決され、「自治民育」と「隣保相扶」に肩代わりさせられていく。

「下層社会のため大に推譲して努力せられんことは、……実に我邦を富強にする所以」[15]であるとし、しかも「斯の心を以て町村に盡さ」ねばならないとする報徳会の活動も、1908（明治41）年の戊申詔書の発布により、より強化される。

井上哲次郎は「日露戦争の後、日本の社会が経済上非常に困難を致すことになりました。……莫大な外債を背負っているのみならず、内には国民の疲弊が掩ふ可からさるの事実」[16]があったと指摘しているが、そのような中で戊申詔書は出されるが、その目的は2つあった。一つは「急激ナル論説」である社会主義、自然主義の防止であり、他の一つは救済費の削減であった。戊申詔書発布の翌日の地方長官会議で平田東助内務大臣は、民力涵養、人心の陶冶、民風の薫化を説き、とりわけ、相互救済、教化について詳しく演説している。そのような状況では、1907（明治40）年の下士兵卒家族扶助令などの"戦争の賜"でさえも隣保相扶に代替させられる。鳥取県婦人報徳

社では「報徳道しるべ」を売り、恤兵及び軍人家族扶助費に充当させているが[17]、それはあくまでも慈善であって「窮民に於て救助を求むるの権利を認める」方向ではなかった。

　その点について、中川望内務書記官は「外国人は日本に孤児院其他慈善団体の進歩しないのを怪むで居るが、外国の如く幾多の私生児養成場を作り孤児院を作るのは、決して国家の誇りではない。我邦は古より隣保相扶の美風があるから慈善施設の空騒ぎを見ないのは寧ろ喜ぶき事である」[18]と自慢さえする。しかし、実際には、その隣保相扶の効果はさほど上がらずというよりも、貧困層の創出量が多く対処し得ない現状であった。内務省の1911（明治44）年前後の一連の調査でも、下級労働者を含みつつ貧困層は拡大増加している。それはとりわけ大阪などの都市部で顕著であった。

　"国本は田舎なり"として、より農村での自治民育、隣保相扶を唱導した報徳会を補佐すべく、1908（明治41）年には中央慈善協会が設立された。それは「慈恵救済事業ヲ指導奨励シ之ニ関スル行政ヲ翼賛スルコト」（会則第4条）と、その国家行政の代替的性格を明確に打ち出している。この会のメンバーは留岡幸助、窪田静太郎、井上友一、渋沢栄一らが中心であり、報徳会とほとんど重複している。

　中央慈善協会はその創立趣意書で、慈善家の将来の方針についての指導をうたい、会則で慈善救済事業の統一整善を期し、団体相互の連絡を図るとしているが、「一般を見渡しますれば、慈善に心を傾け、同情を寄するといふ人が真に少い」[19]状況で、それ自体では社会問題に対処しきれないことを露呈する。中央慈善協会の顧問であり、のちに枢密院議長、首相になった清浦圭吾は、慈善協会の限界をつき、社会行政として発展させるべきだ、とする。彼は、中央慈善協会第3回大会（1911（明治44）年）において「慈善事業を以て行政事務として或は中央政府なり或は市町村の役場なりが、慈善事業の為に一つの課とか、係とかを設けて慈善事業を発達せしめて行くことが、大に必要」[20]と講演せざるをえないほど"問題としての事実"は逼迫していたといえる。

　それは大逆事件（1910（明治43）年）に促されたものとみることができる。

なぜなら、同じように大逆事件を契機として、施薬救療の資として150万円（1911（明治44年））が下賜され、済生会設立の運びとなる。それは「経済の状況漸ニ革マリ人身動モスレバ其ノ帰向ヲ謬ラント」（下賜の時の勅語）している現実を、一方で施薬救療による物質的対策を行い、他方で社会主義防止のための風気善導を行う「飴」と「鞭」の一環であった。しかし、その2つの流れとも家－村落－天皇に収斂し、「聖恩ヘノ感泣」「赤子」観の一つであった。

大逆事件を契機に、風気善導のため、小松原英太郎文相により通俗教育調査委員会（1911（明治44）年）が設置される。それは「従来、兎角調和を欠ける、内務文部の両省が、今や大臣次官の、互に同主義の人なるにより」[21]といわれるように、社会主義防止に厳しかった山縣有朋門下の、小松原英太郎や一木喜徳郎、岡田良平等が、内務・文部の大臣・次官になったわけで、当然その主張は、報徳思想に基づいた思想善導にあったことはいうまでもない。小松原は、社会教育の事業として、①積極的方面―通俗講談会、通俗図書館、通俗博物館の設置、劇場、寄席の改良等、②消極的方面―未成年者の飲酒喫煙の禁止、各種の矯風会等の2つの事業に分類している[22]。ところで、この消極的方面である矯風事業は、内務省の感化救済事業の重要な一部であり、社会事業との接点ともいえるものであった。だからこそ湯原元一は「内務省の民育と云ひ、文部省の通俗教育というものは、其実同一目的を有するものであるからして、通俗教育即ち民育は今日の所、何れにおいて管掌せられるものか分明では無い様になった」[23]といわざるを得なかった。

「半官半民」団体である報徳会、中央慈善協会、済生会、あるいは通俗教育調査委員会などは国民の「健全育成」や、「勤労良善の国民」を得ることを目的としていたが、その精髄は感化救済事業であり、上記の団体の活動を包含する総称でもあった。それだけに、感化救済事業は国家権力機構の一翼として「飴」の役割を担うが、感化救済事業こそ帝国主義形成と対応する用語でもあった。

内務省は1908（明治41）年第1回感化救済事業講習会を主催する。内務大臣の平田東助は「感化救済の極致」として講演する。それは「凡そ感化事

業なり、救済事業なりは常に仁徳で以て、一個人を救い又は恤むといふの目的に止まるものではありませぬ。……不良の少年や無職の人々や、頼りなき児童などを能く訓へ能く導き又之に職を與へ業を授くるのは何の爲めであるかといふに、一人でも多く有用の人間を造り、一人でも多く自営の良民となして社会の利益、国民の経済を進めんとするのであります。……是れが感化救済事業の極致である。されば此事業は単に一人一区の救済事業ではなくて寧ろ世の公利公益を理想とすべき重大な事業であると信じます。……即ち一人にても多く善良有力の国民を作るといふことは、其国の誇りとする所であります」[24]と述べているが、「感化救済の極致」こそは「富国強兵」の極致であることを物語っている。

参考文献

1) 小川政亮『社会事業法制概説』昭和39年　p.14　誠信書房
2) 山名次郎『社会教育論』明治25年　p.24
3) 佐藤善次郎『最近社会教育法』明治32年　p.53、p.85、p.122
4) 吉田久一『日本社会事業の歴史』昭和35年　p.216
5) 『斯民』第4編第10号　明治42年11月号参照
6) 『井上明府遺稿』　p.50
7) 井上友一『救済制度要義』明治42年　p.193-194
8) 孝橋正一『社会事業の基本問題』　p.123
9) 中川望『救済制度要義』あとがき昭和11年
10) 井上友一『救済制度要義』　p.2
11) 井上友一『救済制度要義』　p.9
12) 井上友一『救済制度要義』　p.536
13) 『斯民』第2編第4号　明治40年7月　p.10
14) 藤野恵『社会行政』（昭和12年）によれば「社会行政は、一般行政の一分化として、産業革命以後、階級の対立、各種社会問題の発生に伴ひ、社会法制の設けらるるものの、次第に多きを加ふるに到って、其の範囲は著しく拡大せられ、今や行政上の重要なる一分野を形成するに到った。即ち社会行政の展開は、これを国家の目的から見れば、法的目的及び自存目的を主とした警察国より文化目的を主とする文化国への転向とみるべきであらう。
　　社会行政は常に社会的弱者の存在を予見し、これが利益の保護増進を終局の目的とする国家又は公共団体の作用である」(p.5)
15) 『斯民』第3編第7号　明治41年10月　p.77
16) 『斯民』第4編第10号　明治42年11月　p.11
17) 『斯民』第1編第5号　明治39年8月　p.70
18) 『斯民』第3編第7号　明治41年10月　p.69
19) 『斯民』第5編第11号　明治43年12月　p.32

20)『斯民』第 5 編第 11 号　明治 43 年 12 月　p.35
21）倉内史郎『明治末期社会教育観の研究』　p.10
22）倉内史郎『明治末期社会教育観の研究』　p.12
23）倉内史郎『明治末期社会教育観の研究』　p.48
24）『斯民』第 3 編第 8 号　明治 41 年 11 月　p.1

第2章
社会事業の科学化と小河滋次郎

第1節　『救済研究』における社会事業の科学的究明

　中央慈善協会や済生会が、隣保相扶を基軸として、行政の翼賛や天皇の赤子観に基づく済生救療をねらいとしていたのに対し、小河滋次郎を中心とする大阪慈善協会、大阪救済事業研究会は、社会事業の科学的究明を行おうとしていた。

　井上友一が隣保相扶による救済を説くのに対し、小河滋次郎は慈善の重要性を指摘しながらも、窮民救済の国家責任を回避することについて批判した。それは、小河が大阪という都市問題、社会問題の多い地域で、より社会事業対象に密着した方法、手段を追求していたからであろう。

　吉田久一によれば、日本社会事業は大正中期から後期にかけて成立したといわれる。そして成立の基礎には社会事業対象の変質、大正デモクラシーに基づく社会連帯観、これに対応する社会事業法制の整備、施設における新傾向などがあると説明されている[1]。確かに政策レベルで考えれば、井上友一の救貧事業から社会事業への移行は、1918（大正7）年の米騒動、1923（大正12）年の関東大震災がそのエポックになるであろう。しかし、社会事業理論の系譜からみた場合には。小河滋次郎らの社会事業対象の科学的究明と、社会事業方法論の確立は無視し得ない。そのうえ、それらは社会事業の精神性、物質性を政策主体の立場から志向するのではなく、社会事業対象の立場をも含みつつ、社会事業の独自性と教育との関連をより研究した。

　小河滋次郎（内務省で主に監獄制度、矯正教育分野を担当、大阪府林市蔵知事と民生委員制度の前身である方面委員制度を1918年大阪府で創設）は『社会問題救恤十訓』（1912（明治45）年）を著す。それは、イギリスの Sidney Webb が来日して、日本の救済施設には外国模倣の弊があることを指摘したことから、日本独自の救済制度を考察しようとしたものであった。その中で、小河

はのちの方面委員制度につながるエルバーフェルト・システムを紹介したり、救済は目的であって手段ではないから政治的救済は否定されるべきであるとしたり、救済事業従事者の姿勢と対象者の独立自営等について触れている。井上友一が内務官僚としての政治的救済＝風化行政と説くのに対して、小河は国家責任としての窮民救済を明確にし、私的事業における従事者の方法論を重視した。

　その『社会問題救恤十訓』（1912（明治45）年）と同じ意図をもって、大阪で「救済事業研究会」がつくられ、機関誌『救済研究』が発刊された。これは中央慈善協会の『慈善』や報徳会の『斯民』が隣保相扶や公利公益、良善の国民、貧富両存等を精神的に説いたのに比し、救済対象に密着したきめの細かい救済理論を探究した^{補注)}。

補注）「発刊の辞」（『救済研究』第1巻第1号　大正2年8月）“救済の事業たる言ふは易くして行ふは即ち難し。其効果たる飽くまでも徹底的ならざるべからず。其効果をして、徹底的ならしめんとせば、其種類に於て其形式に於て其内容に於てよく文明の進歩に従ひ、時代の推移と伴はざるべからず。
　　　而してよく此目的を成就する所以のもの、蓋し之を泰西の先例に稽へ、之を各自の実験に照し以て研鑽考究するの外あるべからず。我が「救済事業研究会」は此必要にて生れたり。我が「救済研究」の生れたるも亦此理に外ならず”。

　この『救済研究』は、商工業都市・大阪に生まれるべくして生まれたといえる。なぜなら「競争激烈となり、優勝劣敗の結果、貧民孤児等の数は益々其多きを加へ」ており、「人道問題の上のみならず、亦実に社会政策として此問題を閑却すべきにあらず」²⁾（大阪府知事の大久保利武）とする資本主義的矛盾の結果であったからといえる。

　小河滋次郎を大阪に迎えて「救済事業研究会」をもったからでもあるが、『救済研究』の理論的中心は小河であった。

　小河は公設事業は「法律を以て若しくは金銭を以て、或は其他の方法を以て直接、間接に私設事業の及ばざる所を助け、若しくは其欠陥を補ふに努む

る」[3] のが本旨であるとし、救済と慈善、公私の区別分離を説いた。これは、井上友一らの内務官僚、あるいはその意向を受けた中央慈善協会の、安あがり行政と風気善導のための風化行政とは違っていた。しかも、社会事業の精神性を説きながら、一方は責任回避のための教化であるのに対し、小河らは「自立自動」のための精神性を説く。それは、現在のソーシャルワーク理論の重要な一方法である「自立助長」として位置づけられてくる。つまり、広池千九郎によれば「救済の方法には、大略二種あるので、第一は物質の救済、第二は人心の救済である。……人心の救済は物質の救済に比すれば、更に高尚複雑困難にして而して根本的である。それ故に救済の本義は人心救済にある事は勿論である」[4] と位置づけられる。

　ところで、社会事業の精神性の問題は、その社会事業従事者の専門性の確立と、社会事業対象の科学的把握を抜きにして考えられないばかりか、考えてはならない問題である。小河は『社会問題救恤十訓』にて、エルバーフェルト・システムを紹介しているが、それを発展させた方面委員制度は小河の救済理念の真髄でもあった。だからこそ「済貧事業に就ても方法よりは人」であって「アルメンプレーゲル（救貧委員）といふような救貧直接の当事者たるべき職務に其の人を得ることは斯業経営の最も重要なる一事項に属する」[5] と述べている。しかし、小河は究極においては対象者の保護請求権を否定しており、その限りでは、同じ研究会の医師、医学教育史の研究者である富士川游、京都帝国大学教授を務めた教育学者の谷本富などとは違っていた。それは、小河滋次郎が官僚であったという限界であったのかもしれない。

　富士川游は「感化救済事業の攻究の範囲に於て、根本的の要件とすべきは感化救済事業の対要たるべき現象（疾苦災厄等）の原因を調査攻究するを以て随一とすべきこと」[6] と、その対象に関する社会調査の必要性を説く。同じように、谷本富は救済の範囲、救済の目的、救済の動機がまずもって根本的に成立した上でのみ、救済の方法、施設を考えることができるとしている。この谷本は、「教育は社会の改良進歩を目的」とするから、救済事業とは大いに関係ありとし、救済方法として教育は重要なる一手段であるとする。しかし、その場合にも、教化が先ではなく、生存が基本であると位置づける。

つまり「被救済権とでも云はうか、一歩進んで云へば彼等は生存権を有って
ゐると云っていいので、人間として此の世の中に生れた以上はあくまでも生
きて行かなければならぬ」（傍点筆者）と。ただその場合にも、「生存の出来
得る程度に止めて物を与へる」というのでなく、「完全に生存させねばなら
ない。」そのためには、労働と教育を与えなければならないし、それが救済
の根本であるとする[7]。

　この考え方は、イギリス救貧法の強制労働（work house system）とは異
なり、人間が生存していくため、発達していくためには労働が権利として位
置づけられねばならないとする重要な指摘である。それは、対象者を社会的
に隔離し、劣等処遇で対処することへの批判であり、今日でも十分通用する
先駆的な指摘である。報徳会でも「勤労の国民」「勤倹貯蓄」等を主張するが、
労働を個人的に捉え、貧困を社会的必然とみなさないことに対し、この谷本
は貧困者の生存から発展させ、完全なる救済は労働であると労働を社会的に
捉える。労働を社会的に捉えることは、賃労働と資本との関係で捉えなけれ
ばならなくなる。その開花は大正末期から昭和初頭であるが、谷本にその萌
芽をみることができる。

　そのような中で、社会事業の科学的究明のための統一機関が求められる。
谷川義男は、西洋の COS（charity organization society）のような近代社会
事業処遇論の先駆的役割を果たす統一機関が必要であるとして「吾が大阪に
慈善協会の設立を望む」[8] という論文を発表する。同じように、大阪府知事、
大久保利武も「救済事業調査研究機関設置の急務」[9]を説く。大久保はそれに、
調査と救済事業の指導奨励を求めた。小河滋次郎が、それらの集大成として
方面委員制度を設立した。

第2節　救済の精神としての精神の救済

　小河滋次郎は、対象の科学的究明と処遇の重要性を説き、その一環として
方面委員制度を 1918（大正 7）年に創立する。
　小河は「社会事業は徹底的合理的ならざるべからず」とし、「社会事業の

前提は社会診断である」と対象把握の厳密性を要求する。そして。処遇はエルバーフェルト・システムにならい個別的救護、とりわけ対象者と方面委員との愛と至誠による人間関係を重視した。彼はそこに「社会問題解決の開鍵」があると考えていた。

　イギリスのエリザベス・フライの述べている「精神の救済は、救済の精神であらねばならぬ」というところを引用して、彼もまた救済活動において精神方面をより重要とみなす。彼によれば「救済事業は広き意味における教育事業である」[10]と位置づけられる。しかし、その場合でも、対象の厳密な把握がなければならず、井上友一らの教化のみとは違っていたと言わなければならない。

　方面委員は自己の関係区域内の状況を詳しく調査し、行動しなければならなかった。小河によればその任務は次のようであった。

① 　関係区域内の一般的生活状態を調査し之が改善向上の方法を考究すること。

② 　要救護者各個の状況を調査して之に対する救済方法の適否を考究し其徹底に努むること。

③ 　現存救済機関の適否を調査し其の区域に新設を要すべき救済機関を考究すること。

④ 　日用品の需給状態を調査し生活安定の方法を考究すること。

　内務省においても時勢に押されて、1917（大正6）年に救護課が設置されるが、1913〜1925（大正2〜14）年までの間に、わずか2000人しか対象が増加しておらず、できるだけ「窮民」を少なく把握し、隣保相扶、教化等でまかなおうとする姿勢は変わっていない。それに対し、大阪では対象にできるだけ密着し、積極的に救済していこうとしており、そこがまた戦前の社会事業においてもユニークな地位が与えられる所以でもあった。大阪府知事である林市蔵は、地域福祉的に方面委員制度を位置づけている[補注]。

補注）「方面委員の設置に就て」（『救済研究』第6巻第10号）"我大阪府下に於きましては救済を受くべき人でありながら救済を受けずに居る人があるや否やと

云ふことさへも中々要領を得ない。これは誠に遺憾な事柄であります。それで各方面に於きましては市町村の小学校の通学区域と云ふものを先づ一区域と致しまして其の地方に於ける関係市区町村吏員、警察官吏、或は学校の関係者、即ち学務委員であるとか、小学校の教師のやうな人達、並に有志家、其他救済事業に関係をしておいでになる方々に方面委員と云ふものを嘱託致しまして、其の方面に於る救済を受くべき人、若しくは救済を受くべからざる階級を徹底的に調査致しまして、これに依って真に救済を受くべき要求を有って居る人には遺憾なく救済の目的を達したい"。この林の主張は、受けるべき資格調査（means test）の徹底を要求しており、これは今日の福祉行政と変わらない。しかし、社会事業の制度化、市区町村ごとの方面委員など、従来の内務省流とは違っている。

　小河滋次郎は、方面委員制度により、従事者の問題、対象把握の問題を確立し、その上に立って、社会事業の処遇論を展開する。小河によれば"救済の主体たる弱者"には物質的側面と精神的側面とがあり、"実際の事実"として救済としての教育は無視し得ない。しかも、"吾々が人間として世に生まれ来った意義又は価値を発揮するに至らしむると云ふことが教育本来の任務なり"とすれば、"社会其れ自身が学校であり""教育は人間の一生を通じて"行うべきであって、"救済事業は一の精神的、教育的働き"であるとする^{補注)}。この小河には、官僚として隣保相扶、風気善導をいう側面と、一方で大阪の現実を踏まえた社会事業家としての側面もあって、必ずしも一つにまとまっていない。小河の「救済の精神は精神の救済」を、教化でなく教育として位置づけ発展させるのは、やはり大阪の社会事業家たちであるが、時代的にはもう少し後になる。その意味では、小河は過渡期にあって、橋渡し、あるいは先駆的役割を果たしたといえる。

補注)「教育の使命」（『救済研究』第5巻第5号　大正6年5月）"吾々が人間として世に生まれ来った意義又は価値を発揮するに至らしむると云ふことが教育本来の任務なり。……この教育の任務は各個人の素質（先天的稟性）と境遇（現

象）と及び啓発（狭義の教育）との三つの要件を按排し、調節し取捨斟酌することに由って始めて能く之を遂行し得る訳のものである。……啓発即ち人を教導訓練する所の狭義の教育に他動的と自動的との二種がある。学校教育なるものは即ちこの他動的啓発に属するものであるが、我国に於ては是れが殆んど教育の全体であるかの如くに社会一般から取扱はれておるやうに見へる。……教育は学校と終始すべきものと做し、社会其れ自身が一つの活きたる大学校であり、また教育は人間の一生を通じて一日も之を廃することの能きぬものであると云ふことを全く閑却して居る"。

「救済の要義」（『救済研究』第1巻第5号　大正2年12月）"救済の主体たる弱者なるものは、昔にあっては専ら物質上若しくは肉体上の意義に解せられて居ったやうであるが、今日に於ては物質と精神との両方面を包括するの意義に解釈せねばならぬのであって、従って所謂救済事業なるものの範囲も昔に比して非常に拡大せられて来たと言ふことが出来る。精神上の弱者を保護するの結果は一国風紀の振粛となる訳であるから、風紀の改善も亦た救済事業の領分に属するものである。

婦人、幼者、労働者等の保護問題も亦た救済事業の範囲に属すべきものである。教育の如きも其の特殊教育、補習教育、社会教育等の大部分は主として救済事業の領域内に於て経営せられつつある実際の事実である"。

参考文献

1）吉田久一『日本社会事業の歴史』　p.241
2）『救済研究』第1巻第1号　大正2年8月　p.1
3）『救済研究』第1巻第1号　大正2年8月　p.52
4）『救済研究』第2巻第4号　大正3年　p.57
5）『救済研究』第2巻第7号　大正3年　p.3
6）『救済研究』第2巻第6号　大正3年7月　p.37
7）『救済研究』第3巻第6号　大正4年　p.35
8）『救済研究』第2巻第3号　大正3年　p.76
9）『救済研究』第5巻第1号　大正6年　p.7
10）『救済研究』第6巻第12号　大正7年12月　p.18

第3章
「社会問題の教育的考察」と救済

第1節　社会連帯観の2つの系譜

　欧米諸国、とりわけイギリスが、隣友運動（neighbourhood movement）から COS（charity organization society）などの組織的・専門的社会事業のコースを歩んだのに対し、日本ではブルジョワジー（中産階級、市民階級）の未成熟や後進資本主義国としての強力な「富国強兵」政策のもとで、慈善から組織的社会事業へと進化せず、政治的救済である救貧事業の時期を経る。それは、社会事業に社会事業としての独自性をもたせるのでなく、防貧事業としての失業問題や労働問題とを一緒に対処しようとする姿勢であった[補注]。逆にいえば、「家」と密接不可分にあった賃労働が、社会事業と分離できない日本的特殊性でもあった。いずれにせよ、1914（大正3）年に始まる第1次世界大戦は、資本主義の矛盾の激化であり、社会問題は激増する。それに対応して出てくるのが、社会問題は社会全体の問題であり、社会全体で治療・解決すべきだとする社会連帯思想である。

補注）1918（大正7）年、内務省は「救済事業調査会」を設置し、「失業者保護の施策」「資本と労働との関係を円満ならしむる施設」を諮問する。それに対し森戸辰男は、防貧である社会政策と救貧である感化救済とを一括しており、それは「社会改良は労働者のためになさるべきもので労働者によってなさるべきではない。労働者は自分で自分のことを考え、自分達の運命の決定に関してかれこれいう必要はない。唯資本家の命のままに孜々として日々の労働を励めばよいというやうな旧式の恩恵が政府者の指南軍となっている」と批判している。（「救済事業調査会の設置と我が社会政策」『国家学会雑誌』第32巻第8号　p.136〜p.137）同じように櫛田民蔵も「思恵的にあらざる労働保護問題の如きを一括して救済問題となし、而して本調査会に冠するに救済の二字を

以てするは名実相副はざるもの」と批判している。(「救済調査会について」『経
　　済論叢』第 7 巻第 2 号　p.127)

　社会連帯思想の内容は必ずしも明確でなく、人様々な使い方をしている。
明治末期においては社会政策、社会改良などの"社会"が喜ばれずして、地
方改良などと称していたのに比し、この時代には"社会"は解禁どころか流
行語にさえなった[1]。『慈善』は『社会と救済』に、それも 1921(大正 10)
年には『社会事業』となり、『救済研究』も『社会事業研究』(1922(大正
11)年)に、『救済事業調査会』も 1921(大正 10)年に『社会事業調査会』
と改名するほどであった。それは、吉野作造の『現代の政治』(1915(大正 4)
年)が刊行され、民本主義思想の普及に促されたものとみることはできる。
しかし、それ自体は、国民主権を排し、逆に絶対権力の行使もチェックする
という社会協働論であった。それは、明治絶対権力には有効性をもち得るが、
それが折からの労働運動、社会運動の高まりの中では階級対立の緩和的役割
を果たしたこと、とりわけ官僚に使われた時はその色彩が強かったといわざ
るを得ない。
　ところで、この社会連帯思想に基づく社会事業観の先駆は、生江孝之の
『欧米視察細民と救済』(1912(明治 45)年)にみられる。しかし、主流は、
矢吹慶輝が 1918(大正 7)年に「開戦前后における欧米社会事業の状況」(『社
会と救済』大正 7 年 1 月)の中で提起してからではないだろうか。矢吹慶輝
によれば、日本の従来の社会事業は「足駄主義」であった。しかし、これか
らは"社会問題の時代"(シュタイン)であるから、慈善事業家ではなく、
社会事業家であり、社会事業は社会全般の事業であるという意味が徹底され
て、足駄主義を廃止して道を良くするということが、近代社会事業の根本精
神にならねばならない。したがって、社会問題は国民全体の負担とすべきも
ので、社会事業は社会建策学ともいえると述べている。
　矢吹慶輝の考えは、日本が 1914(大正 3)年第 1 次世界大戦に参加し、
資本主義の全般的危機を深めていく中で、"社会問題の社会化"として一般
化されていった。その直接的契機は 1918(大正 7)年 7 月 23 日、富山で起

こった米騒動であり、1923（大正12）年の関東大震災であった。それらは、社会事業対象の量的増大と、貧困層の一般化という質的変化をもたらし、従来の恩恵的、政治救済的な慈善事業では対処し得ず、必然的に社会連帯観に立つ社会事業を招来した。

1919（大正8）年、長谷川良信は『社会事業とは何ぞや』で「社会事業とは社会の進歩、人類の福祉の爲めに社会的疾病を治療し、社会の精神的関係及経済的関係を調節する機能をいふ」と定義し、その一方策として、教育を位置づける。長谷川は仏教徒であることから、社会事業は衆生報恩、共済互恵の精神で行い、救済者、被救済者などと差別すべきでないとする。慈善的な主観的主義によるのではなく、科学的進歩主義に立脚して社会共済を目的とする。そのためには、方法としての「自助的方針（教育義）」を考えるべきだとする。

慈善と救済は違い、救済の国家責任は果たさねばとしていた小河滋次郎は、社会事業の公営化に反対してくる。小河によれば、公営にすると物質や権力、形式にのみ頼って救済を行いやすく、救済の精神は精神の救済であり、救貧それ自身が既に一つの教育的行為でなければならない。したがって、社会事業は社会それ自身の当然担当すべき任務であり、社会的共同生活の上に必生する欠陥や障害物に対し、社会的にこれを事前に予防し、事後に匡救し、さらに進んで健全なる社会組織の発達を助長しなければならないと、社会事業の社会化、民衆化[2]を説く。

明治末期に社会連帯思想の先鞭をつけた生江孝之も、社会事業とは「社会連帯責任の観念を以て社会的弱者を保護向上せしめ、又は之を未発に防止するの事業」[3]と定義している。

これら社会事業家、社会事業教育家の父祖的地位にあるものと同じように、内務官僚においても社会連帯思想を説く者が出てくる。

内務省社会局長であった田子一民は『社会事業』（大正11年）の中で、社会事業とは"現代及び将来の社会を土台として社会生活に於ける自由を与え、不自由を除く社会的経済的の努力を総称する"と述べている。彼は社会事業を狭義にではなく"社会生活に於ける自由"というように広義に捉えて

いる。したがって、社会事業というよりも国民の生活保障であり、それには、①政治及び生活の自由、②出生保護の道、③教育の社会的保護、④職業選択の保護、⑤生活保護の重要性、⑥精神的社会施設を含めている[4]。教育、労働、生存が保障されなければ、生活の自由はないのであって、それを保障するのが社会事業といわれる。

　東京市（現東京都）社会教育課長・大迫元繁は、日本には社会というものはない。あるのは縦の文明である命令・服従関係である。金同士の交際、着物同士の交際でなく、平等観に基づいた人格中心の交際、横の文明をつくりあげなければならない[5]として、社会教育を奨励し、その社会教育は社会事業の積極的方面であるとする[補注]。

補注）"吾等は社会の幸福を目標として進むのである。されば先づ社会奉仕の一の大なる仕事として、総て世の中から無智と云ふもの、蒙昧と云ふものを取去るが為に、社会教育に力を注がなければならない。是は社会事業の積極的方面であると考へても差支ない。"（「新時代の社会事業」『社会事業』大正12年5月）

　ところで社会連帯思想に基づく社会事業は、その「社会」をどう把握するかによって2つの流れに分化する。その一つは、教化（教化という場合には、教化せんとする外部的主体の存在を認め、それの影響感化をとくに重視する。社会の成員を教化するゆえんの目的は究極においては社会集団そのものの向上と発展にある[6]）であり、他の一つは、より社会事業対象に密着して、社会事業処遇論の一つとして「教育」を位置づける。この2つは、分化したというよりも、従来の中央行政と大阪の社会事業の流れを汲んでいるもので、たまたま社会連帯という同じ外被をまとったといった方が正しいのかもしれない。

　前者は、社会の変革ではなく、それに「生きた人間」をあてはめようとする。社会事業はまさに起こらんとする、もしくは既に起こりつつある社会階級闘争に対しての最も有力なる一大緩衝地帯であり[7]、中産階級が貧困に陥らない[8]ように、あるいは労働者階級が貧困にならない[9]ように、社会全体の見地から修身道徳を拡大して考えねばならない[10]とする。その方法として杵淵義房は2通りあるとする。一つは暗示、模倣の1次的方法であり、他

の一つは流行、感化、催眠的暗示、社会的模倣などの２次的方法である[11]と。

　後者の場合には、教化のように、主体が外部にあるのではなく、対象者自身の自立、自助が問題であり、そのために社会事業はどのような助成ができるかであった。

　小河滋次郎は、救貧は教育であり、対象者の自信、自助、自尊の精神を傷つけざると共に彼の市民として、公民として、国民の一人としての人格を尊重保全し、救済の必要なからしむべく、１日も早く自らその運命を回転向上するに至らしめんことを努むるのが、救貧事業の使命であり、本領である[12]とする。その小河の説を発展させ、住民、あるいは対象者の要求を明確化し、叫ばせることが必要と説くのが、志賀支那人や高田慎吾である。志賀は「多くの民衆は彼等自身何を求むべきかを知らない場合が多いのである。即ち彼等に要求を教へなくてはならないやうな場合がある。即ち彼等の自覚を促さなくてはならないやうな事がある」と。それを相手の社会的環境を十分に研究して、相手を向上せしむるのが社会事業なのだ[13]と。同じように高田は「所謂貧民其者より其の要求を叫ばしむる方が、社会事業を発達させる。社会事業家は貧民の自覚を促し、社会的理想を抱かしむるのが本領である。それは社会教育事業ともいえる。この意味において、社会事業即社会教育である。世の所謂教化事業とは其の趣を異にしている」[14]と。しかし、今日においてもこの考え方は十分に開花しておらず、まだまだ劣等処遇の域を出ない。したがって、これらの考え方を進めようと思えば思うほど、資本主義体制の変革を迫ることになり、教条的に社会事業から社会教育への転換を叫ぶことになる。それが後でみる大林宗嗣、川上貫一論争であった。

第２節　隣保事業における教育

　社会連帯観が、米騒動を契機に風靡したとすれば、隣保事業は関東大震災を契機に勃興したといえる。この隣保事業は、社会事業施設論、処遇論に大きな影響を与えたばかりでなく、公民館の原型ともいえる、社会事業と社会教育の接点にあるものであった。

日本の隣保事業がいつから始まったかは、人によって説が違う。生江孝之によれば「斯業の濫觴は、1891（明治24）年米人アダムス女史によって設立された岡山博愛会に溯るべきである」とし、これに次いで1897（明治30）年に片山潜の神田三崎町のキングスレー館になる。あるいは、大林宗嗣によれば「我国のセツルメント事業で最も早く設立されたものは東京府豊多摩郡淀橋村柏木にある有隣園」（1911（明治44）年）になる。各人によって隣保事業（セツルメント）の起源が違うことは、セツルメントの定義が明確でなく、各人の捉え方に相違があるからである。しかし、少なくとも隣保事業の発生は、資本主義的矛盾である社会問題の一般化、社会化の過程で、従来の慈善では対処し得ず、社会事業の組織化、科学化が叫ばれる中で登場してくる。イギリスにおけるセツルメント運動が、隣友運動を源としつつも、チャーチスト運動の中で発展してくるように、社会問題や社会運動と切り離しては考えられない。

　一般にイギリスのセツルメントは社会教育的であり、アメリカのセツルメントは社会事業的であるといわれる。それはイギリスのセツルメント活動が、大学拡張運動と結びつき、労働者の組織化を主目的としていたからであり、一方で労働者の組織化がかなり進んでいたからでもある。それに比し、アメリカは労働運動の弱さとアメリカへの移民が多く、それらがスラムを形成していたこともあって、直接的・物理的な社会事業とアメリカナイゼイション（Americanization）である社会同化事業が中心となっていた。それらからいえることは、セツルメントの形式、変化せしめる要因として、①セツルメントの対象となる地域の住民の性格、②セツルメントの方向を規制する労働運動の傾向、③社会思想的背景の違いが考えられる[15]。だとすれば、日本のセツルメントは、日本の社会事業そのものが賃労働との不分離ゆえの「混濁」をもっていたのと同じように、日本的「混濁」をもたざるを得なかった。それは、アメリカ型でもなく、イギリス型でもない。「社会事業と賃労働を結ぶ環」の役割を果たさねばならなかったことであり、さらには、セツルメント自体、隣友あるいは殖民運動が中心であるべきなのに、日本の社会事業が救済事業というワンクッションを置いたのと同じで、「上から」の官民一体

となった形式が中心になったことであった。

　ところで、日本のセツルメントには３つの流れがある。第１は宗教的慈善に基づくものであり、第２にはイギリス的な、大学拡張の理念に立つ大学セツルメントであり、第３は関東大震災を契機としてつくられた日本的特殊性をもった公立セツルメントであり、この第３の流れが最も多く、ある意味では戦後の公民館構想の原型とでもいってよいのではないか。第１の流れは、宗教の布教を目的とし、第２の流れは最もセツルメントらしいものであるにもかかわらず、労働運動や社会運動の弱さから治安立法の前に衰退し、いずれも大きな流れにならなかった。第２の流れの代表的存在であった東京帝国大学セツルメントは、発達の可能性をもちながら、早くから労働者として働いている人々に知識を与えることを目的にしていた[補注]。

補注）「東京帝国大学セツルメントの設立に就いて　末弘厳太郎」"智識と労働とが全く別れ別れになって了ったことは現代社会の最も悲む可き欠点である。……教育を受け文化を享楽し得るものは全国民中の富有なる一少部分のもののみに限るのであって、多数の無産者は天生の才能を抱きつつも尚到底不完全なる小学教育以上のものを受けることは出来ない。彼らの多数は貧弱なる智識を与へられたままで労働の世界に送り込まれその一生を報ひられざる勤労と憐むべき無智との間に過して仕舞ふ。……

　元来セツルメントの何たるかは正確に之を定義し難いのである。……大学セツルメントは我々学徒自らの地位と能力とに鑑み現在我国に於ける、如上の知所を補正することを以て、其の最少限度の任務とすべきものである。即其の一つは智識の分与であって其中には自ら社会教育と人事相談と医療とが含まれねばならぬ（『東京帝国大学セツルメント十二年史』大正13年6月、p.31）。

　第３の道であり、日本的セツルメントである公立隣保館は、まず大阪で始まった。

　大阪府知事・林市蔵は、1921（大正10）年「社会政策上の施設として是が立脚点を労働問題に置かざるべからざるは自ら当然のことなりと謂ふべく、如何にして労働階級を其の位置に安定せしむべきや如何にして不幸堕落

の境地より渠等を救極すべきや、又如何にして彼等を精神的並に物質的に向上進歩せしむべきや等は、速に解決すべき当面の問題」[16]であるとして、そのために大阪市立市民館をつくり、私設隣保館の建設を奨励した。それは主に労働問題対策であり、教化、娯楽が中心であったが、それも大正末期には、貧困者が増大し、具体的・直接的要求に応える経済的保護が中心になっていった。そして、それは内職授産場にもならざるを得なかった。従来、一般的なセツルメントは定住形式であったが、この大阪市立市民館は「教育的会館式社会中心運動とでも称すべきもので、全く定住者によらず、主として社会教化と娯楽と個別指導とを目的とし」[17]、地域福祉の拠点、自治体の拠点としての役割を担った[補注]。

補注）大阪市立市民館の事業
　　（1）教化及び娯楽
　　①託児部、②日曜学園、③補習教育、④講習会、⑤講演会、⑥娯楽（（ⅰ）隣人共楽会、（ⅱ）活動写真会、（ⅲ）講談会、（ⅳ）音楽会）、⑦図書室利用
　　（2）個別指導
　　①身上相談、②法律相談、③健康相談、④児童歯科診療、⑤倶楽部
　　（3）調査
　　　このころのセツルメント事業は大阪市立市民館の事業内容とだいたい同じである。東京帝国大学セツルメントはこのほかに、労働者教育、消費組合を入れている。ところで、この教育的会館式社会中心運動をもっと積極的に位置づけ、地域社会、とりわけ都市でのソーシャルセンターにすべきだとする論がある。磯村英一は「ソーシャルセンターとしての社会事業」（『東京府社会事業協会報』第37号　昭和3年5月）という論文の中で、隣保事業と区役所を一緒にしてソーシャルセンターとすることが、都市社会事業の今後の道であるとしている。その際磯村は、アメリカ教育局がコミュニティセンターの仕事として示しているものを紹介している。それによれば、そのセンターは、①執行委員会、②休養娯楽青年委員会、③職業紹介委員会、④保健衛生委員会……、⑦児童保護委員会の機関をもっている。このような形態は、1969（昭和44）年現在、大田区が総合センター、地域センターの名称で社会教育と社

会福祉施設の併設を行っており、今日的課題としても重要である（『東京の社
会教育』第17巻第1号　昭和44年8月を参照）。

　大阪市立市民館のように公立隣保館としての先駆的な例もあるが、大方は
関東大震災（1923（大正12）年）以後である。
　関東大震災直後、王子第一小学校に託児所を開いたのをきっかけに、東京
府の援助で王子隣保館ができ、次いで1924（大正13）年大井隣保館、1925
（大正14）年大島隣保館、和田堀内隣保館、尾久隣保館等が設置されていっ
た。その事業内容は、1923（大正12）年に開館した南千住隣保館では「文
化的施設の恩恵に浴せぬ人の為め特に設けられたもので、幼児の保育から小
学校に入るまでの子供の教育、其他男女幼年労働者を各職業に従って補習教
育を施し、尚婦人には調理裁縫等家政婦に必要なるものを教へ、青少年の為
めには図書館を設け、自由閲覧を許す等、専ら彼等の地位向上を目的とした」[18]
といわれるように、ほとんどその内容は変わらなかった。
　これらの隣保館は、米騒動（1918（大正7）年）、大震災の後、"人心が動
もすれば軽佻浮華に陥り、階級乖離に走らんとするの傾向"を是正せんがた
めであり、とりわけ東京においてはその意識が強く、"光輝ある帝都の自治
発展"のために、1930（昭和5）年には隣保館を市民館に改称し、増設して
いる。
　この時期に隣保事業が「目醒しい発達を遂げた」のは、それが「震災直後
の社会事業の中で最も当時の要求に適しておるから」であり、「1種の社会
事業のディパートメント」[19]であったからである。それは内務省社会局が目
的とした「穏健中正の美風を養い、国力の振興を図らんとするには、まず教
化の力によって我が国体を徴明し国民精神を涵養する」[20]ことには必ずしも
ならず、それは特に大阪においてはマルクス主義的社会事業観の温床にも
なった。
　隣保事業という語句は、早崎春香によれば小河滋次郎がつけたという。そ
れは「御互に人格を認めつつ隣り同士助け合ふ」意味からつけた[21]という。
大阪社会事業界は以前から被救済者の"人権"を容認していただけに、隣保

事業が発展したことは首肯できる。その中で大林宗嗣はセツルメントの研究、紹介としては第一人者といえる。大林宗嗣によれば、セツルメントに必要な条件は、「①斯業者が全き一個の友人として其の隣保に対して人格的接触をなし、②絶えず其の隣人の福利の為めに物質的並に精神的欠乏を補給し、③其のコミュニティーに定住又は仮住することである。したがって、文化を注入するのではなく開発してあげるべきであり、与えるべきものは"機会"であって支配階級の既成文化そのものではない」とする。

それは市民教育においても貫かれるべきで、一定の型の人間をつくりあげるのではなく、人間生活に必要な科学的知識を獲得する機会を与えることなのだ[22]と。ウイリアム・ゴドウィン（William Godwin）が「貧の真の害悪は肉体的艱難でなくて、精神を開発すべき余裕の欠如である」[23]と指摘しているが、まさに貧困者にこそ、教化ではなく、文化を生産できる余裕と機会を与えねばならないのである。その意味からすれば、志賀支那人が民衆の一人ひとりの要求を掘り起こし、自覚させるべきだし、たとえそれが1人であっても、統計的には意味をもたなくとも、その1人が大事なのだとする主張や、高田慎吾が貧民の自覚を促し社会的理想を抱かしめ、貧民その者より要求を叫ばしめるべきだとする主張、あるいは社会事業は社会主義の理解をもって進むべきだとする賀川豊彦らの主張[24]が理論的、実践的にも重要な意味をもってくる。

大林宗嗣が、「セツルメントと云ふ言葉を直訳すると細民と云ふ言葉はセツルメントの中に入って居らないが、然し直訳でなく事業の性質から考へて細民同化事業と訳されたものであろう」[25]と述べているように、日本では賃労働と社会事業対象との分離が不明確であり、したがって「救済思想の徹底はどうしても労働問題の根底に突き衝る」[26]ことになり、それが昭和初頭に社会主義と結びついて弾圧されていくことにもなる。

第3節　教育の社会化と「教育的救済」

米騒動、関東大震災は「社会事業の社会化」をもたらした。それと同じよ

うに、教育、とりわけ社会教育も、資本主義矛盾の激化と共に「教育の社会化」の傾向を示す。その一つは、教育は個人の社会的存在とは切り離しては考えられず、しかも人間は教育を一生受け、幸福追求の手段とするべきものであるとする流れであり、他の一つは、社会問題の社会化に対処するために教育の社会化を説き、社会政策的見地から、社会主義防止のための国家主義的な教化を主張する流れといえる。いずれにせよ、社会問題の教育的考察が叫ばれた時代である。

　「教育の社会化」について森戸辰男は「社会と教育——社会的教育学並に社会教育に対する一批評」の中で次のように述べている。

　"世界戦争とそれにつづく社会的変動が教育界にもたらした顕著なる影響の一つは、教育と社会との交渉の強調である。すなわち、理論の方面において、教育事象を社会的に把握していこうとする社会的教育学が漸次斯学の主潮となりつつあると同じく、実践の方面においては教育活動と社会生活との結びつきを緊密ならしめようとの意図を以て学校改良に関するいろいろな考察が提唱、実施されると共に、学園の彼方では諸々の形態におけるいわゆる、社会教育が熱心に努力されつつある。"（『社会問題講座』第13巻所収　昭和2年）

　このような現象になりつつも「多くの市民的教育者並に教育学者は、社会的見地のお題目を声高に誦するばかりで、彼等の見地を現実の考察において徹底させようとしない」ことを森戸は批判する。森戸によれば「教育の理念、目標は自然的存在としての個々の人間の考察からは到底、発見され得ない」のであり、「現に生活しつつある社会」＝「階級社会」を正視し、「個々人の物質的、精神的相互関係の世界」の中で、「個々人の生活と意識の改革」を問題にしなければならないとする。そこで森戸は教育と階級闘争との必然性を説く。森戸のように階級闘争を意識しないまでも、教育による社会変革を志向する者があらわれる。

　田制佐重は『教育社会学の思潮』（昭和3年）の中で、「社会問題の教育的考察」と題し、"社会事業と教育との関係""隣保事業の教育的考察"等について言及している。彼によれば、教育は「民主的・共同的・相互的」なものであり、「或る階級が他の階級を敵または劣等者として、その立場から種々

な主義や意見を吹きこむのは、宣伝であって教育ではない」のである。したがって、「教育、即ち全き人間の教育に依れる新社会の創造」を目指す隣保事業は、「各人の創造的興味を教養し、且つ自由にそれを社会的意識にまで寄与し、発揮させる」ものでなくてはならないとする。

　森戸にしても、田制にしても、教育と生活とは結びついたものであり、生活の向上発展を抜きにした教育は支配階級の思想の宣伝の道具でしかないとする。２人の間には、社会主義か民主主義かの違いはある。しかし、全体が国家主義に流れていこうとする時、その違いはあっても共にそれへの批判になる。

　ところで、教育の社会化について述べる際、２人ともジョン・デューイ（アメリカの哲学者）の説を引用してきているが、デューイは1927（昭和２）年、ワシントンで開催された社会事業会議で、教師こそが最たる社会事業家である、と次のように主張する。

　「吾々はすべて社会的責任を持つものだが教育者こそは他の何人にもまさって、此の社会的責任を持ってゐることを、むしろ誇りとすべきである。……教育者こそは、吾れこそその社会事業家だと言ふべきだ。……社会の人たちの健康と文化とを進善させるといふ、真に根本的な事業、また社会のすべての人々に自由と正義と幸福とを行きわたらせる事業、若しこれが社会事業家の仕事ならば、教育者こそは正に社会事業に於ける指導者たるべし」（『社会事業』昭和２年１月『教育社会学の思潮』所収）と。

　社会事業の社会化、教育の社会化を考察する際、社会連帯観が２つに分かれたように、これも２つに分かれることは前述した。森戸辰男、田制佐重らはその一つの流れであるが、他の一つは社会教化的社会教育であり、井上友一（内務官僚）らの風化行政の系譜とみなしてよいであろう。

　吉田熊次は社会事業を社会的教育と社会教育に分け、後者は、社会そのものであって、個人ではなく、「社会の改善の為に、社会の教育の為になさるるもの」であり、「社会政策或は社会改良に関係する一種の社会問題に属する」[27]と規定する。また下村寿一は「社会問題の根本的救治策」として社会教育を位置づける。彼によれば「社会政策は社会問題の解決上必ず実行すべきで

あるが、より深き考慮を廻らせば、社会政策なるものは恰も疾病に於ける救急療法の如きものに過ぎざるの感がある。……然らば其根本的解決方法如何、之極めて周知の事で、而も往々閑却されたる問題であると思ふ。大人教育問題即ち之である」[28]と。社会政策的見地から社会教育を捉えた吉田熊次は『社会教化論』（1937（昭和12）年）を書き、下村寿一も『社会教化運動』を出して、教化運動へと進む。それは、日本の賃労働の未成熟さと、実際の民衆の生活を認識していなかったからではないだろうか。

　井上友一が明治末期に風化行政を提唱し、国民の教化をその中心として以来、内務官僚は社会問題に対応する諸方策の中で最も重要で最も難しいものとして社会教化を位置づけてきた。それは社会事業7体系の一つであった[補注]。その流れに沿って、文部省も社会教化として通俗教育委員会行政を進めてきた。その中で、「教育の社会化」の風潮とも相まって、社会教育の国民教育の一環として、内務行政から独立すべきだとする論が展開されてくる。そこには生きた人間を捉え直そうとする姿勢がみられる。しかし、それさえも一時的なもので、1924（大正13）年には、関東大震災後の「国民精神の作興に関する詔勅」を受けて教化団体連合会を結成、従来の内務官僚の発想と変わらなくなっていく。

補注）1918（大正7）年に設置された「救済事業調査会」は1921（大正10）年「社会事業調査会」と改名した。その時の内務大臣の社会事業体系に関する諮問に対して、①社会事業機関ならびに経費に関する体系、②一般救護に関する体系、③経済保護施設に関する体系、④失業者保護施設に関する体系、⑤医療保護施設に関する体系、⑥児童保護施設に関する体系、⑦社会教化事業に関する体系の7つを答申した。この体系は以後の日本の社会事業体系の基準となった。

　1927（昭和2）年、「6大都市の社会事業体系及び経営に附ての総合的調査」を議題として、6大都市の各関係者が集まった会議がもたれ、その席上、"社会教育事業は社会事業体系に属せしめるか、教育事業体系に属せしめるか"が討論され、協議事項になった（『社会事業研究』第15巻第8号　昭和2年8月）。

1919（大正 8）年、文部省学務局に設置された「第 4 課」を中心とした文部省内社会教育研究会同人は、『社会と教化』（1921（大正 10）年 1 月）を発刊する。その“発刊の辞”によれば、“教育の相手は生きた人間である。教師が教壇上に如何に獅子吼しても、それが実社会と没交渉のものであるならば、其教育は無価値である。……今や社会の実情はあらゆる方面に向って改造すべきを要求して居る。……斯る重大時機に際し、之が啓発指導を独り学校教育にのみ委ねるといふ事は、其負担の余りに重過ぎる感がある。……民衆をして其嚮ふ所を知らしめ、之を啓発誘導して社会を教化せば、人類の現実は茲に完全に進展し、遂に理想の境地に到達するであらう。此の重大任務を高調し、社会帰趨の目標たらしむ可く、其の機関として生れたのが即ち本誌である”と。

　この『社会と教化』の基調となるものは、一方的な文化の注入や教化ではなく、社会的弱者が自立していくための救済的手段としての教育であり、だからこそ教育の社会化、社会の教育化が必要であるとされる。

　川本宇之介は“社会の教育化といふのは、教育の社会化と相並んで、その効果を大ならしむる為に、社会そのものを教育的に組織構成し、活動せしめんとするもの”であり、その善なるものは、ますますこれを発達せしめ、その悪なるものはこれを除くようにすることである[29]と説く。したがって、それには消極的、積極的の両側面があり、社会教育はその積極的な面、つまり“国民に対して一人たりとも多く進んだ文化を味はせ、以って其の生の充実感を味はせる”ことであり、「人類は無限の被教育性を有すると云ふ根柢の下に人間の一生を通じて継続的に施す自己教育のことである」と定義される。しかも、教育の社会化、社会の教育化のもとでは「社会教育者も、社会事業家も、この両事業の変遷発展を考え、両者の意義を明かに知悉して、相倶に提携してその事業を図る」[30]ことが望ましいとし、実際社会の要求からみればそうならざるを得ないだろうと位置づける。

　社会教育、社会事業の積極的側面、消極的側面とする区分は、この期の文部官僚とりわけ社会教育研究会同人のほとんどが志向したものであり、その背景には「生きた人間の生活」と、その発達の可能性を追求する理念がよこ

たわっていたとみなすことができる。文部次官の南弘は「社会の進運、国家の発展は、教育上より見て決して単に学校教育だけで満足されうべきものではない。どうしても学校教育に協力し、その効果を保持し且つ発展せしめる所の社会教育の機関がなければならない」と社会教育の効用を説く。しかも「斯の如き積極的方面だけでなく、消極的方面の教育、たとへば国民全体より見れば比較的少数者である所の貧困児童、不具、病弱児、不良少年、低能白痴児等に対して適当の教育を施し、必要なる保護を与へると否とは、実に全国民の教育上、思想上、将又福祉増進の上に大なる影響があり」、それは病膏肓に徹した後の感化救済より、その効果の大なるものであるから、彼等に「教育的保護」を与えることにした[31]と。

　この南論文は、矛盾としての社会問題に、教育や行政を社会化することによってでしか対処し得ないことを明らかにしたもので、それ自体も矛盾を含まざるを得ない。しかし同じ文部官僚であり、社会教育課（1924（大正13）年設置）の初代課長であった乗杉嘉寿は、南のように社会的予防策として社会教育を位置づけるのでなく、個人の資質向上により重点を置いた。乗杉によれば「各個人に適切なる資質能力を付与するためにする一切の教化作業が社会教育の任務」であり、そして「社会教育では……公衆衛生を発達せしめて以て社会の健康を増進したり……等の如きはその主要な任務である。加え、社会や家庭の欠陥から生じて来た不幸なものに対して特に教育的救済或は矯正の手段を講ずることも亦社会教育の施設の中の重要なる部分を形づくるものといはねばならぬ。茲に教育的救済といふのは、社会に於ける弱者を救済するに、物質的に之を行ふに対し、精神的に行ふ意味である」[32]として、職業指導、生活改善の運動と共に、社会組織からみても特殊教育は重要であるとしている。同じように江幡亀寿も社会事業は消極的、直接的、実際的であるのに比し、社会教育は動的、積極的であると共にまた、普汎的、永久的の方法で[33]、いまやこの積極的方法でなければだめだとする。それらの主張は、結果的には社会教育行政の確立をもたらす[補注]ものの、しかもそれは全体的には社会教化事業、思想善導事業の集中、強化になるが、一方では教育権、生存権に支えられた主張でもあった。例えば、友枝高彦は『生存権と教育』

の中で、社会問題の解決は、生存権の問題であり、しかもその生存権の内容として労働の権利を挙げなければならない。しかし、それ以上に生存権の内容として重要なのは「人として教育せらるる権利であり、それは人類社会の特色たる文化の基礎として最も重要なるものである」とする。その場合にも、「社会的存在としての人の意義を最も完全に了解して、その教育をなさねばならない」[34] と説いている。

補注）どのような意図をもって社会教育行政を確立しようとしたかの1例として、社会教育研究会が出した「社会教育局設置の急務」がある。

　　　“方今我が国は前古未曽有の重大な時機に際会して居る。即ち都市では工業労働や住宅難の諸問題が紛起し、農村では地主対小作人の紛争や農村振興の諸問題が勃発し、更に都鄙の別なく速に其の対策を講ぜねばならぬ問題としては、物価の調節や民風の改善や、思想の善導等の如き極めて重要な事項がある。そこで之に対する社会政策の調査研究並に之が施設の中心機関として、政府に新に社会局を設けられるるは、洵に喫緊の要務であることは今更論ずるまでもないのである。従来此の急迫せる社会事情に応じて施設せられ、又将来計画せられんとする所謂社会事業なるものは、其の多くは現実的応急的の対策であって、決して此の問題の根本的解決策でない。……凡そ如何なる社会事業も其の始は殆んど凡てが単なる慈善事業……であったが、次で国家的公共の経営に移り、又消極的救済策から積極的保護政策に進歩し、更に三転して其の根本的基礎的救済たる所の社会教育的政策に進化するものである”（『社会と教化』第2巻第10号　大正11年10月）

　　　このほか、樋口秀雄が民衆思想の善導のため、“思想に対するに思想を以て”するため「社会教育局設置建議案」を出したり、全国社会教育大会が社会教育局の設置を決議したりしている（『大原日本社会事業年鑑』大正15年版及び安部磯雄編『帝国教育議事総覧』第5巻参照）。

　文部省社会教育行政の確立の動きは当然、文部省と内務省との間に事務分掌をめぐっての権限論争を巻き起こす。その点について、文部省嘱託である島内俊三は「平易なる社会教育論」の中で次のように触れている。彼によれ

ば、「社会教育と社会事業との領域に就ては、文部・内務両省の間はもとより、地方庁あたりでも、その事務の所管上争があるとのことであるが、社会教育の意義及び性質から考ふれば自ら解決することであり、殊に上述の論旨を考ふれば此上更に多くの説明を要しないと思ふが、今 2 ～ 3 手近の例をあぐれば、図書館の経営、青少年団、處女会其他社会教化を目的とする会合団体の指導、民衆娯楽の如きはもとより彼の映画校閲、新聞雑誌の取締り、図書校閲の如き皆文部省の所管とするを可とすべく、現在の内務文部両省の間に於てもその社会教化的施設方面に関して、内務省側は文部省側に譲歩すべき点が少くないのみならず、文部省は当然之を要求すべきであると思ふ」[35) と。その権限論争は 1925（大正 14）年に設置された「行政調査会」において典型的にあらわれた[補注)。それは「生きた人間」の生活を社会存在から捉え、個人の資質を向上させる教育ではなく、関東大震災の後、1923（大正 12）年 11 月 1 日に出された「国民精神の作興に関する詔書」に基づいた教化運動の一つのあらわれとしてである。

　1924（大正 13）年 1 月、「国民精神の作興に関する詔書」を受けて、教化団体連合会が創立される。その創立趣旨は「現在我国には中央地方を通じて約 700 の教化団体がある。之等の団体は各々其立場を異にし沿革を異にするも国民の教化を目的として社会改良運動に従事せる点は全く同一である。即ち教化団体は時代の推移に順応して民心を指導し、風教を振作せんと志すものである。……然るに昨秋偶々大震災の起るあり、国民覚醒の要、益々急を告げたのである」と述べ、その規約第 4 条で「本会ハ大正 12 年 11 月 1 日渙発セラレタル詔書ヲ奉載シ国民精神ノ作興ヲ期スル為、加盟団体ノ連絡ヲ図リ其ノ精神作興ニ関スル事業ヲ促進スルヲ以テ目的トス」と性格規定している。日本の社会教育は、この後、大政翼賛団体である「教化団体連合会」を中心として、社会教化の道を進む。したがって、そこには「生きた人間」の像はなく、行政確立も進歩としての分化ではなく、社会教化行政の集中のための分化を主張することになってしまった[補注)。

補注）森戸辰男にいわせれば、やや進歩的なものといわれる全国社会教育大会で

さえ次の通りである。

全国社会教育大会決議（1925（大正14）年11月）

(1) 普通選挙及ビ陪審法実施ニ対スル社会教育施設方策

(2) 青少年ニ対スル軍事教育実施方策

　　⑤国民訓練ノ徹底ヲ期スルタメニ青年団ノ所管ヲ文部大臣ニ属セシメ、社
　　　会教育局ヲ設ケ、地方ニアリテハ学務部ヲ特設シ、社会教育課ヲ置き、
　　　之ガ事務ヲ管掌セシムルコト。

(3) 社会教育根本策

　　①男女青年団並ニ其他ノ社会教化事業ハ凡テ之ヲ文部大臣ノ所管トシテ文
　　　部省ニ社会教育局ヲ特設スルコト。

　　⑦学校ヲシテ社会教化ノ機関タラシムルタメ関係法規ノ制定又ハ改正ヲナ
　　　スコト。

（森戸辰男「社会と教育」p.38『社会問題講座』第13巻所収）

「行政調査会」における「権限論争」では、文部省が内務省に対し、①「教化
団体、青年団、處女会ニ関スル事項」、②「体育（運動競技ヲ包含スル）ニ関ス
ル事項」、③「感化教育ニ関スル事項、」④「勤倹貯蓄、地方改良ニ関スル事項」、
⑤「史蹟名勝天然記念物ニ関スル事項」の５つを教育的であるとして文部行
政への移管を要求した。1927（昭和2）年、結果的には①、②のみが文部省へ
移った。（橋口菊「国民教育の再編成と社会教育行政確立に関する一考察」『教育学
研究』第27巻第3号（昭和35年9月30日）参照）

参考文献

1)『救済研究』第6巻第5号　p.25
　「都市社会政策　大阪市助役　関一」
　"社会政策と云ふ事柄については日本では或る時代に於て、これは社会主義と大抵似たり寄っ
　たりのものであって頗る危険なものであるのみならず、社会と云ふ字は一切使ふことは避け
　た方が宜いと云ふやうな傾を持った時代もあったのである。ところが近頃になっては寧ろ私
　は其の反動ではないかと思ふくらゐに社会政策と云ふ文字が一種の流行語になって来た様に
　思ふのである。然るに今日此の社会政策と云ふ語を使ふ時には、殆んど其本質が何所までの
　ものであるかと云ふことを明かにして居ない様である"
2)『救済研究』第9巻第8号　p.2-3、第10号　p.7
　『社会事業研究』第10巻第8号　大正11年8月　p.5
3) 生江孝之『社会事業綱要』大正12年　p.8

4）田子一民『社会事業』大正 11 年　p.278
　　『斯民』第 17 編第 2 号　大正 11 年 2 月　p.2
5）『社会事業』大正 10 年 9 月号　p.27
6）吉田熊次『社会教化論』昭和 12 年　p.9
7）『社会事業研究』第 10 巻第 10 号　p.1
8）『社会教育』第 2 巻第 8 号　大正 14 年 8 月　p.39
9）『社会事業研究』第 14 巻第 3 号　大正 15 年 3 月　p.20
10）『社会事業研究』第 13 巻第 9 号　p.33
11）『社会事業』大正 13 年 4 月号　p.5
12）『社会事業研究』第 10 巻第 8 号　大正 11 年　p.5
13）『社会事業研究』第 13 巻第 8 号　p.14
14）『社会事業研究』第 13 巻第 10 号　p.16
15）一番ケ瀬康子「日本セツルメント史素描」　p.29『日本女子大学文学部紀要第 13 巻』
16）『大阪府社会事業史』昭和 33 年　p.428
17）『社会事業』大正 14 年 6 月　p.45
18）『社会事業』大正 12 年 3 月　p.56
19）『社会事業研究』第 13 巻第 8 号　大正 14 年 8 月　p.6
20）内務省社会局『本部社会事業概況』大正 15 年　p.229
21）『救済研究』第 9 巻第 6 号　p.49
22）大林宗嗣『セツルメントの研究』大正 14 年　p.6
23）『社会事業』大正 11 年 12 月号　p.21『ウイリアム・ゴドウィン研究』白井厚著　未来社　p.289
24）『社会事業研究』第 15 巻第 11 号　p.3
25）『救済研究』第 7 巻第 4 号　p.20
26）『救済研究』第 6 巻第 6 号　p.57
27）吉田熊次『社会教育』大正 2 年　p.3
28）『斯民』第 17 編第 9 号　p.12
29）『社会と教化』第 1 巻第 7 号　p.10
30）川本宇之介『社会教育』昭和 9 年　p.3、p.5、p.323 参照
31）『社会と教化』第 1 巻第 3 号　大正 10 年 3 月　p.4
32）乗杉嘉寿『社会教育の研究』大正 12 年　p.4、11
33）江幡亀寿『社会教育の実際的研究』大正 10 年　p.22-24
34）『社会と教化』第 2 巻第 6 号　p.9
35）『社会と教化』第 2 巻第 5 号　大正 11 年 5 月　p.26

第4章
転換期社会事業の「教育」観

第1節　大林‐川上論争

　大正末期から慢性不況化した日本の経済に1927（昭和2）年、金融恐慌が起こり、1929（昭和4）年の世界大恐慌では日本経済の危機は極みに達した。その後も引き続き、農村恐慌、災害など相まって、日本資本主義の全般的危機は深刻化する。その状況下で、当然社会事業も大きな転換を迫られる。大正中期、とりわけ1918（大正7）年「救済事業調査会」及び1921（大正10）年の「社会事業調査会」に代表されるように、それは都市部の労働問題、中でも失業問題を救済の中心に置こうとするものであった。それに比べ、資本主義の全般的危機を反映し、かつ日本資本主義の基本的矛盾の所在が農村にあったことでもあるが、その時点での社会事業は農村社会事業を中心として、失業対策、救護法、児童保護など人的資源の確保、家‐集落‐国家（天皇）の再編強化の色彩を強める。それは戦時厚生事業への過渡的現象であった。そのことは逆に、社会事業理論の急進化をもたらす。社会連帯思想がどちらかといえば資本主義安定期（日本では必ずしもそうなっていないが）に登場する思想であるのに対し、この矛盾の激化した時期においては当然マルクス主義的社会事業理論が登場してくる。

　大正末期から昭和初頭にかけては日本の社会事業の転換期である。「社会事業は何處へ行く」（『社会事業研究』昭和3年2月）、「社会教化と社会教育」（同）「社会政策と社会事業」（同4月）、「社会事業と社会運動」（同4月）、「資本主義社会に於る社会事業戦術の問題」（同11月）、「社会事業に何を要求するか」（同12月）等、社会事業の本質、概念、在り方などをめぐって様々な論議が巻き起こっている。しかし、社会事業が社会問題を対象としているだけに、社会運動との結びつきは強く、社会運動、無産政党が弾圧され、沈潜させられていくに従い、社会事業もその論争を開花、発展させることなく、

1931（昭和6）年満州事変勃発と共に、1932（昭和7）年の「農山漁村経済更生運動」を経て、戦時厚生事業へと転化していく。

『セツルメントの研究』を著した大原社会問題研究所員・大林宗嗣は、1926（大正15）年5月「社会事業に就ての一の考へ方」で、社会事業転換論を提起し、論争が始まる。彼によれば「元来社会事業は私的慈善事業に発しそれから労働者階級の救済を目的として、社会政策として発展してきたもので、現代の社会が依って建つ處の社会組織の基礎を是認する事に依って其の事業が成り立ってゐる事は明かである」が、それが「社会事業を以て直に、そして露骨に資本家の労働者階級に対する温情的な緩和手段とは考へない」、労働者自身による「自治的社会政策」があってもよい、と。彼はロバート・オーエンに私淑していたこともあって、社会事業はいまや「自治的社会政策」へ進むべきだとする。彼によれば社会事業とは「資本主義社会組織より必然に生ずる處の欠陥に対して資本主義が変更せられざる限りに於て、それが当然負うべき責任である」と規定している。そのためには、従来の社会事業では微力すぎるので、もっと積極的にやれるものとして「イギリスのセツルメントが労働者教育運動を起している」点に注目した[1]。

そこで彼は先の論文「社会事業に就ての一の考へ方」を提起する。彼によれば「現代の社会事業が現代の社会思想の進歩に伴ひ得ないで『行き詰った』と云ふ感じがする。私が斯く云ふ事は社会事業その物の仕事が行き詰って了ったと云ふのではない。否なそれと反対に従来の社会事業の仕事は年と共に益々多岐に分れ、繁雑に進み、愈々多くなりつつあり、且つ益々此の方面の仕事には沢山の人手を要する様になって来たと考ふるのであるが、それにも拘はらず多くの社会事業家は或る限られた局限内に於て、その限られた仕事を繰り返へしつつあるのではあるまいか」と。しかも「資本主義社会組織の中心をなせる資本家の擁護と後援とによって成り立ってゐる資本主義国家の欠陥から現代の社会悪が産み出されている」にもかかわらず、実際に救済にあたっているのは私的社会事業家であり、政府はきわめてわずかの奨励金を出しているにすぎない。

そこで「従来の凡ての社会事業が成し来った、凡ての爾後的救済事業は之

を悉く国家の直営として、国家自らが之を経営し又当然之をなすべきである
が、その他の社会事業家は凡て其の精力を全部無産労働者の社会教育の為め
に向けると云ふ事が一つの進路ではあるまいかとも考える。云い換ゆるなら
ば、社会悪を未然に防ぐ策は無産労働者の教育——経済的、知的、道徳的、
宗教的教育——にあると共に、彼等に職業教育を施して、経済上の独立の道
を講じ、労働時間の短縮や賃金の増加や、無産労働者の母性保護等の道を講
ずる事によって、彼等に文化獲得の機会を充分に与ふる事などの方面に向っ
てゆく事が、一つの進路ではあるまいか」として、私的社会事業家は全部、
社会の大衆運動に向かうべきであると、社会事業の方向転換論を打ち出す。

　彼がそれらを力説する理由は、①社会悪の原因に対する戦闘であり、より
いっそう根本的の社会事業であるとするからであり、②小部分事業では、到
底社会全体を幸福に導くということが全く不可能であり、社会事業は労働者
の地位向上に貢献せねばならないからであり、③労働者階級の文化の創造な
らびにこれを可能ならしむる生活状態の向上改善が求められていると認識し
ていたからにほかならない。

　大林宗嗣の従来の社会事業は国営にして、私的社会事業家は社会教育家、
大衆運動家へ進むべきだとする方向転換論に対し、大阪府の社会事業主事で
あり、「社会事業研究」の編集者でもあった川上貫一は、その大林論に反対
している[2]。

　川上によれば、現在の社会事業が「行き詰った」ということは、もはや覆
うことのできない事実である。その行き詰まりには２つの方面があり、一
つは経済的な行き詰まりで、他の一つは思想的な行き詰まりである。現在の
行き詰まりは、経済的理由よりもむしろ思想的、したがって機能的に行き詰
まったのであり、それは社会事業が思想的にも実際的にも大衆の生活に触れ
ていない結果からである、と。川上は、大林のいう社会事業は国家責任であ
り、私的社会事業は教育的、予防的、大衆的でなければならぬということに
原則的には賛成しながら、それが「現実の犠牲者を放任して置く」ことにな
らないかと危惧する。すなわち「一つには、如何にして国家又は公共団体を
して、その責任を履行せしむるかの問題であり、他の一つは、その理想を達

成するまでの間に於ける現実の救済は如何にするかの問題」が残る。そこで川上は「現在の社会制度の存在を前提とする限り、私的救済を必要とせざるまでに総ての事業を悉く公の手に移すが如き、この可能性」が難しい段階では、社会悪国家責任論と現実的、社会的要求との間に離隔があり、そこに私的社会事業存在の合理性があると認める。しかし、その場合、実際問題として、現在の社会事業は大衆的要求から逸れているから、今必要なのは、社会事業が大衆の方を向くのかどうかの「社会事業そのものの方向転換」が必要なのである。しかも、社会事業は水平運動、融和運動、母性ならびに児童保護に関する各種の運動、廃娼その他の矯風的運動、セツルメント運動ならびに消費組合運動のごとき、大衆運動と共同戦線をつくるべきである。そして「従来の慈善的、保守的理想を教育的、創造的のそれに、また個人的、特殊的機能を社会的、大衆的のそれに転向すると共に、彼の大衆的社会事業との密接なる連携——思想的にも、実際的にも——に依って向後の新生面を開拓する事は、洵に斯業にとっての唯一の進路である」とする。

　この大林-川上論争は、社会事業の重点を現在どこにおいて運動するのかと、資本主義制度下にある国家をどう把握するのかであった。大林は、権力支配機構として国家を捉えながら、その現実において観念的であった。私設社会事業がやっているものを国家直営に移管させ、その後大衆運動、とりわけ労働者教育運動を起こして社会を改革していくとするものであるが、その国家直営へ移管させる力がいかなるものであるのかについての方法論がなかった。大林はその後、「社会事業と社会運動」（『社会事業研究』昭和3年5月）などの論文を出し、社会事業の究極の理想は階級対立を止揚することであり、社会事業は社会変革、共産主義社会成立のための一つの「技術」であるとする“社会事業戦術論”へと進む。一方の川上は、社会運動との結びつきを深め、1932（昭和5）年検挙される^{補注}。

　その他、磯村英一「社会事業としてのモップル運動——階級社会事業家の消極的任務」（『社会事業研究』昭和4年4月）や、牧賢一「新しき黎明をめざす社会運動の一翼として」（『社会事業研究』昭和4年3月）などがあるが、それらは無産階級自身が自己の力を社会的な力として認識し組織させるための

ものではなく、多分に"観念的"に「上から」説いたものであった。

補注）川上は検挙直前に「転落期社会事業の正体」と題する論文を書いている。
彼によれば、現在の社会事業家は、「社会連帯と社会正義との神的結晶」を大
上段にふりかざして、無産大衆に恩をうりつけている。しかし、無産大衆の
驚くべき拡大と生活苦の深刻化はいうまでもない。社会事業は本当に行き詰
まったのではなく、それは「凡そ事物を正確に認識」していないからであると。
　「彼等は今や正に本質的にはその先覚的事業としての本源に立ちかへること
によって、実際的には来るべき事業——それは真の人類社会建設のための事
業——の建設への第一歩をふみ出すことによって、自ら蘇きることが出来る
のだ。然もそれがためには、先づ現在の支配的社会事業に対するときどきの
批判は絶対に必要である。と同時に真に人類の解放と幸福とが、果して何に
よって斉らされるであらうかに就ての鉄の如き信念が要求されなければなら
ぬ。が既に転落せる社会事業にはとてもそんな力はない。社会事業は何處へ
行く？？」（『社会事業研究』第18巻第4号　昭和5年4月）

第2節　社会事業の「社会教化」化

　大正期の社会事業の主流を占めた社会連帯思想は、その語句に相当の「幅」
があり、必ずしも明確な定義をすることはできない。この社会連帯思想は、
1921（大正10）年の社会事業調査会の答申になる社会事業の7体系の一つ
である社会教化事業と癒着し、観念的な「社会」の名のもとに、実質的には
戦時厚生事業へと進む有力な手段となる。

　観念的な「社会」観の代表である海野幸徳は、1927（昭和2）年『社会事
業概論』を著す。それによれば「保健政策も貧民や貧児や貧婦を相手とする
間は社会事業であるが、国民全体の保健を目的とするに至って社会事業と別
れるとなすべきか。文教政策に於ても、庶民教育だの、公民教育だの、文化
大学といふ間だけが社会事業で、既に成人教育（青年教育に対して）とか、
社会教育とかといふ場合には、全然社会事業のリストより削除せらるべきか」
と問題にする。しかし、社会事業は「人類の安寧幸福を達成する事であり、

文化的基準に則り、人間の社会的生存を完成するために社会の欠陥を除去調整し、生存の合理的方案を目標とし、更に、これを統一して総合原理による生活を実現する事」であるから、さきのような社会事業の変化も当然、社会事業の範疇に入るべきだと海野は位置づける。

そして、従来の社会事業＝消極的社会事業とし、それに代わるものとして積極的社会事業を提起するが、それは教育的社会事業である。しかし、それは「社会改善を目的とする社会問題的、社会政策的なものである」から、その教育的社会事業＝社会教育は「教育学の範囲にあるものではない」。それは国民教化であるから、「この種の教育は、国民教化運動の形式を以て普及しなければならぬ」とする。なぜならそれは、人類生存の完成を実現するものであり、超越的社会事業にならねばならないからである、と。

海野のように観念的に、あるべき社会を定め、それに現実の社会を枠組みしようとする発想はその後容易にファシズムと結びつくことになる。それに対し、社会連帯思想の先駆者であった生江孝之は、唯物史観的思想に反対しつつ、「社会奉仕の精神の厚薄と其の実行力の強弱とが、今後の社会の消長隆盛に甚大の影響を及ぼす。故に社会の各員に対しては責任観念の涵養と其の実行とを要望し、国家に対しては政制の力に依り、其の社会的身分に応じて各人の責務を尽し得るの方法を実施せらるることと、更に世の有識者に対しては奉仕的精神を以て現社会救済に勇奮せられんことを希望せねばならぬ」[3] として、ファシズム的教化でもなく、マルクス的社会事業でもなく、人道主義、社会正義の立場から孤塁を守る。

ところで、社会事業の転換が取りざたされている中で、当然、社会教化は社会事業の体系の中でよいのかどうかが問題にされてくる。その中には、村松義郎「教化事業は社会事業の一部門なりや」（『社会事業研究』昭和4年7月）山口正「社会教化と社会教育」（『同』昭和3年2月）山口正「社会事業と民衆教育」（『同』昭和3年5月）等が挙げられる。

山口正によれば、内務省社会局の社会教化事業と文部省の社会教育とは、用語上の相違があるが、男女青年団、成人教育など重複している。そこで社会教化の一典型として民力涵養運動、社会教育の一典型として青年訓練所を

選び比較すると、方法的には「社会教化は自由主義的、非組織的、機能的なるに反し社会教育は強制主義的、組織的、機械的である」。しかも「その効果たるや社会教化は、それによって与へられたところを自由に咀嚼し之を活用せしめんとする所謂創造的であって必ずしも教化内容の永続的なるを欲しないが、社会教育は主としてその効果の永続的、累積的たるを期待している」。したがって「その目的とするところは倶に人間を全体的に発展せしむるにあるとはいへ、社会教化は国家社会の進歩発達に、社会教育は個人の人格の向上発展に主眼を置く」と分析している。

　結論的にいえば「社会教化は社会政策としての教育なるに対し、社会教育は教育政策としての教育であり、社会教化、社会教育共に国家主義的見地に立つも、前者が社会そのものを対象とするに対し、後者が社会を構成する個人を対象とする」といえる、と。しかし、この山口正も 1934（昭和 9）年の『社会事業研究』では「社会事業は総てこれを教育的に行ふべきであり」「倫理的並に教育学的方面」は社会事業の本質であり、基調であると変わってくる[4]。

　一方、村松義郎も「社会事業をして今後正当に発展せしめんがためには」「現実社会事業に於ける幾多の誤謬又は偽瞞中、其の代表的なるものとしての『教化事業』の存在を先づ第一にあげ」、批判検討する必要があるとする。村松によれば「パンの世界は（1 − 1 = 0）の世界であり」「意識は存在に依りて決定される」のだから、「貧困者の精神的慰安と言ふ事は考へ得ても貧困の精神的救済と言ふ事は考へ得ない」。そもそも社会事業は「支配階級の立場より、被支配階級の搾取と隷従とを安定化せしむるがために、所謂社会政策に基いて行ふ、被支配階級の福利事業」という本質は否定できない。したがって「『教化』とは無智なる者に智識を与へ彼等を合理的生活にまで導かんとする『教育』を意味するのではない。それは『極度に窮乏化しつつある』『無産階級の所謂悪化』への処置であり、『自己階級の権益擁護』の手段である」と解されねばならない。

　ところで「今日直ぐパンを必要とする者にパンを与へ、眠りを求むる者に安らかな眠りを、医療を必要とする者に医薬を与ふべき仕事、それは社会事

業に課せられた重要任務」である。したがって、排撃されるべきものは「不純なる非社会事業性である、社会事業の教化的役割」であると。そこで村松によれば、社会教化は社会事業の範疇に入らないが、それのもつ教育的機能、宗教的機能は無視し得ないので、「社会事業は宗教、又は教育と平行して施行されなくてはならない」と説く。

　社会教化が社会事業なのか、社会教育なのか、あるいはその行政が内務省管轄なのか、文部省管轄なのか問題になるが、その実際問題が、天皇中心の"国家社会"のため、いかに人的資源を確保し、思想善導するかにある以上、現実的にはあまり意味をもたなかった。堀秀彦は、それについて次のように述べている。

　"社会事業は民衆の物質的安定を、社会教育は精神的安定を目指すものに他ならず、この両者はその意味で普通截然と区別されながらも、事実に於いて不可分の関連を以て現はれてゐるのであり、この事は社会教育運動の全ての起源が専ら経済的なファクターに求められねばならない事を物語るものであると思ふ"（堀秀彦『教育学以前』昭和 15 年　p.251）[補注]

補注）安井誠一郎は『社会問題と社会事業』（昭和 8 年）の中で、"社会事業に於ける社会教化事業の地位"と題し、"経済的保護や医療救護をして真に効果あらしむる為には、教育と協力せざるを得ない事が明かとなり、それを社会教化事業と称し、従来の社会教育と区別している"と述べている。安井の社会教育と社会教化の違いは、前者は一般の人々に対して行い、後者は下級労働者や細民に対して行う。その方法も前者はよりいっそう教育的であり、後者は保護的色彩が強いとの違いである。同じような分類は生江孝之『社会教化事業概論』（昭和 14 年）にもあり、社会教育は概して集団的であり、社会教化は個別的であるとする。

　　このほか、社会教育と社会事業について触れたものは、関屋龍吉『農村社会教育』（昭和 8 年）「社会事業と社会教育」（『社会事業研究』昭和 10 年）、朝原梅一『社会教育学』（昭和 14 年）磯村英一『厚生運動概説』（昭和 14 年）等があるが、その分析は後日行いたい。

参考文献

1)『社会事業研究』第 13 巻第 12 号　p.62
2)『社会事業研究』第 14 巻第 6 号　大正 15 年 6 月　p.2
　　川上貫一「私設社会事業に於ける新生面——大林氏の『社会事業方向転換論に就て』」
3)　生江孝之『社会事業綱要』　p.30
4)　山口正『社会事業研究』昭和 9 年　p.216、p.237

◎付　記

　本論文は、1970 年に東京大学大学院教育学研究科（社会教育専攻）において修士学位取得が認定された修士論文が基底である。

　文中、今日では使用できない用語も使っているが、原著を生かすということで、そのまま使用している。また修正も最低限の修正に留めていることもご了承願いたい。

第2部
戦後地域福祉実践の系譜と
社会福祉協議会の位置

第1章
地域福祉と社協活動の目的

第1節　地域福祉概念の変遷と社会福祉協議会

　地域福祉をどう捉えるかは未だ十分共通理解ができているわけではない。地域福祉は長らく目的概念的に捉えられており、どちらかといえば"地域の社会福祉向上""地域住民の生活向上"として位置づけられ、社会福祉法制により要援護者として"認定"されている住民以外の、一般住民が抱えている生活課題の改善や地域の福祉向上といった抽象的目的概念として考えられていた部分が多かった。

　1970（昭和45）年に高齢化社会に入り、社会福祉問題が貧困層に対する救貧的要援護対策から、すべての国民に関わりの深い老人福祉問題にみられるように、社会福祉サービスの普遍性が求められるようになる中で、社会福祉の考え方が徐々に変容し始めるとともに、地域福祉は実態概念として位置づけされるようになってきた。在宅福祉サービスの整備、ボランティア活動の推進等具体的サービスや活動と結びついて、地域福祉の実態概念化が進んだ。

　1990（平成2）年に社会福祉関係八法改正が行われ、ようやく地域福祉として考えられてきた"住民の理解と協力を得る活動"、在宅福祉サービスの制度化、施設福祉サービスと在宅福祉サービスとの一元化、市町村の社会福祉の計画化等の機能が法的に明確化される中で、実践的にも、法制度的にも地域福祉というものが実態概念として重要な役割を担うことが確認されると

同時に、新しい社会福祉の考え方、システムとして考えられるようになってきた。

　このように地域福祉をめぐる歴史的変遷があるが、社会福祉の関係者の中には、未だ地域福祉といえば社会福祉協議会の活動のこと、と考えている人がいないわけではない。このように地域福祉が目的概念の時代にあっては、地域福祉実践は社会福祉協議会の事実上専売特許として考えられ、推進されてきたという時代背景がある。その当時は、国の機関委任事務であり、機関委任され、実際の業務を担当する福祉事務所においてさえ行政区レベルでの福祉の在り方を企画したりすることはないし、そのような発想をする必要がなかった。その時点では、要援護者を点で捉え、その人（家族）に対して救貧的サービスを適用するかどうかが基本的業務であった。したがって、地域全体の生活問題を分析し、その解決策を考えるとか、要援護者を面で支えるシステムを構築するという業務は事実上なかったといえる。そのような行政機関にあって、社会福祉協議会はたとえそれが目的概念的であるにせよ、地域という全体を考え、住民の参加を得ながら、地域の福祉向上、生活改善に関わってきただけに、地域福祉といえば社会福祉協議会の活動と考える人がいても、ある意味では自然であった。

　したがって、地域福祉実践の在り方を考えるということは、歴史的にみても社会福祉協議会がそれらのことに関してどのように関わり、活動をしてきたのかを明らかにした上で、今日のように法制度的にも地域福祉が実態化してきた状況の中で、地域福祉や社会福祉協議会の今後の在り方を考えておくことが必要になろう。

第2節　社会福祉協議会の理念と法的根拠

　社会福祉協議会の性格や目的は何なのか、必ずしも明確になっているわけではない。しかし、少なくとも GHQ（連合国軍最高司令官総司令部）の「政府の私設社会事業団体に対する補助に関する件」（1946（昭和21）年10月30日付け覚書）及び「社会福祉行政に関する6項目提案」（1949（昭和24）

年11月29日）を受けて、社会福祉行政や民間社会福祉団体への助成の在り方が決められてくる中で、日本社会事業協会、全日本民生委員連盟、同胞援護会の合同組織として結成された経緯に、その性格が端的に現れている。

社会福祉協議会の性格づけの根拠としては、社会福祉事業法第74条の規定がある。その規定から考えられることは、①社会福祉事業及び更生保護事業を経営する者の過半数が加入しなければならないという規定にみられるように、「社会福祉事業経営者の組織化」を目指したものである。②その事業としては、社会福祉を目的とする事業に関する調査、総合的企画、連絡・調整及び助成、普及・宣伝を行うことを目的とする内容である。この規定は主に都道府県社会福祉協議会の在り方について規定したもので、区市町村社会福祉協議会についての規定はなく、かつ全国組織も法的には都道府県社会福祉協議会の連合会としての位置づけであり、かつ組織することができるという「できる」規定で、必置ではなかった。この規定からみる限りにおいては、直接的に住民の組織化に関する活動を想定することはできない。

その後1983（昭和58）年に社会福祉事業法が改正され、区市町村社会福祉協議会が法的に明確化されたものの、その区市町村社会福祉協議会の法的根拠と内容は都道府県社会福祉協議会の規定を援用したにすぎない。

ところで、一般的に社会福祉協議会の活動及び地域福祉実践という場合、その活動の目的としては、①社会福祉団体・施設の連絡・調整、②地域組織化活動、③調査に基づく制度確立の活動、④社会福祉の普及・広報活動が挙げられる。社会福祉方法論の一つとして位置づけられてきたコミュニティ・オーガニゼーションは地域福祉実践方法であり、それは社会福祉協議会活動の中核的方法であると考えられてきた部分がある。それは、社会福祉が国の機関委任事務の下にあっては、社会福祉協議会以外に、社会福祉に関して自由に発言し、活動できる機関が実質的になかったということからくる"期待"を込めてのことであったのかもしれないが、地域の福祉を向上させるためにも住民を組織化する活動としてのコミュニティ・オーガニゼーションが社会福祉協議会活動の重要な方法として位置づけられていた。

もちろん、それらの考え方や規定の仕方自体は歴史的に変遷をしてくる。

事実、それらの性格づけをめぐって 1962（昭和 37）年の「社会福祉協議会基本要項」が論議を呼ぶわけで、それらの経緯については他の論文（『社会福祉協議会理論の形成と発展』山口稔、八千代出版、2000 年 5 月）を参照して頂きたい。そのような歴史的変遷や経緯もあるが、社会福祉協議会活動即地域福祉実践であるという捉え方の中には、前記の整理の仕方を容認している部分がある。これらの規定、考え方につけ加えて、1983（昭和 58）年の社会福祉事業法の一部法改正や、1990（平成 2）年の社会福祉関係八法改正により、区市町村社会福祉協議会において在宅福祉サービスを展開できることが規定されるに及んで、調査に基づく制度確立というソーシャルアクションが単に行政に要求するだけでなく、自ら在宅福祉サービスを開発、実施していくという側面が強調されることになる。

　それでは、なぜ、これら法的に規定された社会福祉協議会の性格・目的と、関係者の間で言われている性格・目的とが食い違ってきているのであろうか。それは多分、社会福祉協議会成立の過程とその戦前的遺産とに要因があるのではないだろうか。

　そこで、社会福祉協議会の在り方、性格、活動を規制するものとして大きく 3 つの目的があると考え、そのことに即して歴史的展開を探り、今日的在り方を考えてみたい。

第2章
地域福祉実践の戦前的遺産

　社会福祉協議会の目的は大きく3つある。①社会福祉団体・施設の組織化、②地域住民の組織化、③在宅福祉サービスの推進・実施の3点である。これらの目的がなぜ社会福祉協議会の理念、考え方として定着してくるのか、それらを戦前の地域福祉実践と呼べる活動を明らかにする中で検討してみたい。

　地域福祉実践の戦前的遺産は、大きく3つの系譜から検討することが必要である。その系譜は**図表18、19**の通りであるが、第1は社会福祉団体の中核組織であった中央社会事業協会の流れで、これは主に社会福祉団体、施設の組織化に関わる活動である。第2の流れは、住民の組織化、地域改良活動に関わる部分で、中央報徳会活動の系譜である。第3の流れは、今日求められている在宅福祉サービスの実践を事実上行っていた隣保館の実践である。都市部、とりわけ貧民が多かった地域、スラム街に拠点施設である隣保館、市民館をつくり、その施設において在宅福祉サービスを実施したり、その施設を拠点として地域組織化を図った活動である。

第1節　社会福祉団体の組織化と中央社会事業協会活動の系譜

　今日の社会福祉協議会の性格を最も端的に表している法的根拠を読むと、社会福祉事業を経営する者の組織化を図ることが第一義的目的であることがわかる。それは、よくいわれることであるがGHQの指示の下に、社会福祉団体の大同団結が求められ、結成された経緯からみても、その法的根拠は当然であろう。また、その背後には、憲法第89条の規定との関係で、民間の社会福祉施設経営者に対し補助金を支出することが、何かと制約を受けている中で、共同募金の実施・配分に関わることも含めて社会福祉関係者の団体

図表 18　地域福祉思想・実践の系譜概観

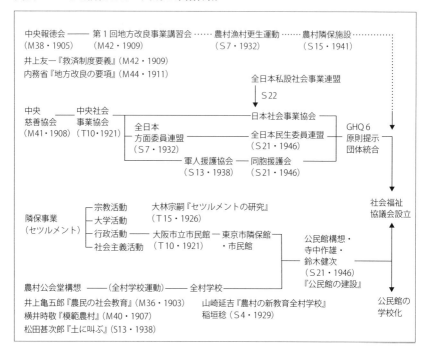

図表 19　戦後地域福祉思想・実践の系譜概観

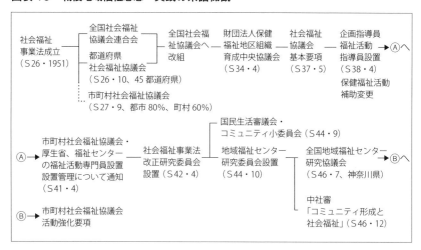

の組織化が必要とされて設立されてきた経緯もある。

　この規定、目的に関わる戦前的遺産としては、1908（明治41）年に設立された中央慈善協会（1921年に中央社会事業協会と改称）関係の系譜がある。中央慈善協会は、国の公的扶助義務を認めていない当時の状況の下で、民間の慈善事業活動を支援することを目的に設立された団体である。この系譜に関わる活動としては、1931（昭和6）年に設立された全日本方面委員連盟や1938（昭和13）年に設立され、その後1946（昭和21）年に同胞援護会に改組された軍人援護協会の流れも入る。また、1947（昭和22）年には、中央社会事業協会と全日本私設社会事業連盟が合併して日本社会事業協会となり、その組織構成をみると三井報恩会、済生会、愛育会、慶福会等当時の慈善団体、救済団体はほぼ特別会員として組織・加入しており、当時の社会福祉に関する民間の団体はほぼ網羅されていたということができる[1]。このようにみると、戦前の社会福祉団体の流れは、中央社会事業協会、民生委員連盟、同胞援護会を把握すればほぼ全体を把握できるといってよいであろう。したがって、戦後GHQの指示もあって、公私の分離を明確とする際、これら民間福祉団体の組織化をどうするかが問われることになった。社会福祉協議会の設立の直接的経緯は、これら民間団体の統合であった。

第2節　地域組織化活動と地方改良運動

　今日、社会福祉協議会の活動や地域福祉推進にあたって、福祉コミュニティ形成のためにも住民の組織化が必要であるといわれる。それは、昭和30年代に紹介され、実践的にその方法が導入されるマレー・G・ロスの理論の影響もあって、地域福祉推進には地域組織化という要素が重要であることはほぼ一致する見解といってもよいであろう。

　その地域組織化の戦前的遺産といえば、1905（明治38）年に設立された中央報徳会活動を挙げることができる。中央報徳会の実践は、二宮尊徳の思想を全国に普及させることを通して地方改良を進めることであるが、それは当時内務省の井上友一らが提唱した「風化行政」[2]の思想的バックボーンで

あった。報徳会の趣旨は資料の通りであるが、青年団体や学校、婦人会等を通して"風気善導"を行うというものであった[3]。

　1909（明治42）年には、第1回の地方改良事業講習会が開催され、そこで発表された実践の中から、いいものが1912（大正元）年には内務省地方局の編纂で報徳会より『地方改良の要項』として刊行され、全国の地方改良運動の指導書として位置づけられる。その『地方改良の要項』の中には、拠出金を出し合って衛生組合をつくる活動、40歳以上の高齢者を老人部として組織化し、夜学校を開く活動、あるいは小学生が図画や作文をもって高齢者を尋ねたり、交流したりする活動等今日の地域福祉実践としても意味をもつであろう実践が紹介されている（資料参照）[4]。この中央報徳会は各区市町村報徳会、斯民会等をつくり、住民を組織化し、"風気善導"に関する実践をしている。後に青年部を組織化し、その後に日本青年団へと改組をしていく。

　また、これら地方改良運動の流れには、1932（昭和7）年に発足する「農山漁村経済更生運動」も入るであろう。さらには、昭和の初期に山崎延吉、稲垣稔らが提唱した「全村学校」運動もこの系譜に入れることができるであろう。

　このように、住民を組織化し、住民の学習や実践を通して"風気善導"する活動は、戦後においても、また昭和50年代における地域福祉実践の勃興期においても、多くの都道府県行政が"福祉の風土づくり"等の名称で展開した活動スタイルであった。地域組織化といった場合、どのような目的で、どのような内容と方法でその組織化を進めたのかを検討しておかなければならない。とりわけ、どのような組織・機関がそれらの活動を、何のために展開するのかを問うておかないと、日本的状況の中ではファシズムに道を開かないとも限らない。戦前のこのような活動が戦後の地域福祉実践の中にどのように継承されているのかも検討していくことが必要である。

　ある意味では、社会福祉協議会の活動に大きな転機を与えたといわれる「保健福祉地区組織活動」（1959（昭和34）年）は、これらの戦前の活動と同じ方法論である。地域福祉の方法、コミュニティ・オーガニゼーション論と呼ばれる手法が、既に戦前において展開されていたということができる。た

資料

一　疾病の際に於ける救済の資として、各自貯金を爲さしむるの必要なるを感じ、埼玉縣大里郡中瀬村にては、去る三十四年より、衛生醵金組合なるものを設け、衛生貯金の名義を以て村内貧富の別なく、毎戸一箇月三錢宛を醵出せしめて預金となし、以て不時の救済資金及び保健上必要なる經費に充つることゝなせりといふ。

一　滋賀縣甲賀郡には、赤十字備林と稱する植林地あり。故松田郡長の創意に依りて設置せられたるものなり。此郡にては、明治廿九年、卅年及卅四、五年の交に於て、赤十字社員の大募集を爲したるがため、交付金五百圓に上りたりしが、徒に之を消費せざらんことを期し、且年醵金の皆納に依りて、終身社員のみとなる曉には、歩合金の交付なきに至り、之が爲め經費の支辨に困難を生ずることあるべきを慮り、遂に之を基として造林を經營し、基本金造成の一策となせるものなり。且之を社員たる個人の共有として、部分林の法に依り之を經營す。

一　防貧救貧の手段としては静岡縣加茂郡稲取村が、村内に共同救護社なるものを設けたる如き、蓋し其一例なり。春蠶賣上高の一割をば、必ず社に積立てしむるもの即ち是れなり。同村に在ては又最下級の農業者にても、其孫の代には、壹萬圓以上の資産を有せしめんとの計畫あり。其方法は一年に壹圓宛、即ち六十年に六拾圓を積ましむるものなり。此の如くにして前述の共同救護社は之を運轉し、無利息五箇年賦にて貸出しを爲し、六年目に一箇年賦金丈の禮金を受け、繰廻し行くときは、六十年に、六拾圓積みしものが、四百五十餘圓となり、子の代には一文も積まずして、孫の代には壹萬餘圓の資金となる勘定なりといふ。

（つづく）

一　夜學會にて老人部を設け、四十歳以上の者に對して、教育を始めたる者あり。山口縣大島郡家室西方村是なり。同地は海外の出稼者もと多數を占むるが爲め、郵書の往復頗る頻繁なるものあり。然るに家に在る者、多くは目に一丁字なくして、懷しき異域の子女に返辭さへ出すこと能はず、不便を感ずること殊に甚しかりしかば、有志者相集つて、遂に夜學會を設くるに至りしなり。老人部の入學者中には、年齡七十三歳のものさへ之ありといふ。設立の當初に在ては、成功の如何さへも疑はれたりしに、出席者の熱心殊の外なりしかば、進歩も亦意外に速にして、一週二回の授業を受けたるものは、早くも自己の筆に依りて、相當に用件を辨じ得るに至れりといふ。

一　兒童をして敬老の心を養はしめむが爲め、宮崎縣西諸縣郡紙屋尋常高等小學校にては、毎年一回六十歳以上の老人を集め、兒童の成績品を陳列して、此等を縱覽せしめ、或は兒童をして讀方、話方等を演ぜしむ。且平素に在ても、屢々成績品又は珍しきものを老人に回送して、專ら、慰藉を與ふるに勉めつつありといふ。

（報徳会『地方改良の要項』明治四四年）

だし、これらの実践は主に農村地域において展開され、必ずしも都市部で十分展開できなかったところに日本的特色があった。それは、ある意味で当時の政治が農村を基盤とし、"農業を国の本"と考え、農村対策を進めることがイデオロギー支配上からも、政治支配上からも社会の安寧につながると考えたことと、農村共同体が色濃く残っているが故に農村の方がやりやすかったという面もあった。

第3節 都市部対策としての隣保館と在宅福祉サービス

地方改良運動が事実上農村対策であったとしたら、都市部の住民の生活課題を解決する実践として展開されたのが隣保館である。この隣保館の実践は、今日進められているデイサービスセンターや地域福祉センターを拠点にして、在宅福祉サービスの実施・推進と地域組織化活動とを進めようとしていることとを合わせもっていた活動ということができる。

日本のセツルメントは3つの活動タイプに分けることができると言われている[5]。一つは東京帝国大学のセツルメントに代表される学生セツルメントであり、二つ目には、宗教家によって行われたセツルメントである。これは、長谷川良信のマハヤナ学園等の実践がある。3つ目のタイプが隣保館の実践で、日本のセツルメントの特色はこの公立隣保館にある。しかも日本の公立隣保館の実践は、イギリスのトインビー・ホールの実践にみられる社会教育的活動を主とした実践と、アメリカのハルハウスの実践にみられる社会事業的活動を主とした実践とを統合化したタイプの実践であったということができる。

日本における公立隣保館は、1921（大正10）年に大阪市立市民館が作られたのが最初であるが、その設置目的は労働問題対策であると同時に、労働者の教化、娯楽対策であった。それはセツラー（セツルメントのメンバーのこと）による活動ではなく、"教育的会館式社会中心運動とでも称すべきもので、全く定住者によらず、主として社会教化と娯楽と個別指導とを目的として" 運営されるものであった[6]。公立隣保館は、関東大震災以降東京にも数多くつくられてくる。1923（大正12）年に王子隣保館がつくられたのが東京では最初で、その後1936（昭和11）年段階で71か所の隣保館ができた。そのうち東京府立の隣保館は7つもあった（東京市立方面館は18か所。『東京府社会事業概要』1936年、『東京百年史・第五巻』1972年、補注1参照）。

当時のセツルメント及び隣保館の活動の在り方を示しているものとして、大林宗嗣が『セツルメントの研究』（1926（大正15）年）で述べた事業の一覧が参考になる（**図表20**）。これによれば、隣保館では、教育、修養、クラ

図表20　　隣保館の活動（事業）メニュー

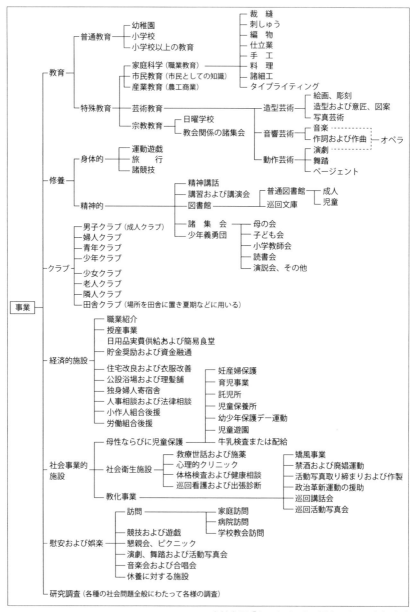

大林宗嗣「セツルメントの研究」（1926年）より

ブ活動、経済的事業、社会事業活動、娯楽、調査という広範囲の活動を行うことが求められている。実際問題としても、各地の隣保館では、多かれ少なかれこれらの活動を行っている。最初につくられた大阪市立市民館でも教化及び娯楽、個別指導、調査を行っているし、その後東京につくられた小石川隣保館や南千住隣保館でも同じような活動が展開されている。「東京市市民館処務規程」によれば、館長と各部主任1名のほかに職員若干名を専任職員として配属し、市民部としては各種協同組合活動、教化修養活動、保健衛生活動、法律相談、娯楽等を行うよう規定している[7]。

　磯村英一は、当時、アメリカのコミュニティ・センターで行われている活動（教化及び娯楽、保健衛生、職業紹介、児童保護等の活動を包含した活動）を紹介しつつ、ソーシャルセンターとしての社会事業の在り方を述べているが、その考え方は隣保館や東京の市民館の実践と同じであるといえる[8]。東京の方面館は、磯村の意図したものであったかどうかは別として、形態的には1944（昭和19）年には区役所に移管され、より各区のソーシャルセンター的要素をもつことになった。

　また、都市部の隣保館ほど普及はしなかったが、農村地域においてもこれに先立って、拠点施設を中核とした地方改良運動の発想があった。井上亀五郎の『農民の社会教育』（1903（明治36）年）では農村公会堂を設置し、そこでは公談場の機能、テニスやベースフート等もできる共同遊戯場、あるいは共同宴会場、展覧会場、音楽及び舞踏会場、幻燈会場などの機能ももっていることが必要だと述べている。同じように、横井時敬が『模範農村』（1907（明治40）年）を書いているが、その内容は農村型在宅福祉サービスの提供施設といえるほどの構想であった。農繁期に使えるように食堂があり、浴場があり、かつ娯楽室や図書室等を備えている施設であり、農村生活のシンボルとしての位置づけをしている。

　宮沢賢治に師事した松田甚次郎は、山形県新庄市鳥越地区において、鳥越隣保館を1937（昭和12）年に創設立する。そこでは、農繁期共同保育所、出産相扶会、共同浴場、共働村塾等を組織化し、運営している（松田甚次郎著『土に叫ぶ』羽田書店、1938（昭和13）年参照）。

このほかにも、隣保館実践に学び、1940（昭和 15）年に厚生省が「農村隣保施設」設置の助成活動を始め、農村地域において隣保館をつくり、保健婦や書記を配属し、隣保館事業を始めていた。

　農村公会堂構想・実践や農村隣保施設の実践も提唱されてはきたが、施設を中心にしての地域組織化、在宅福祉サービスの提供という仕組みは、やはり都市部での隣保館の実践が中心であったろう。

　このような活動を展開していた隣保館、市民館の実践や農村公会堂構想は、今、地域福祉実践として求められている在宅福祉サービスを軸にして、地域組織化を進めることや地域住民への福祉教育活動、ボランティア活動の推進と非常に似た活動であるといえる。今日、地域福祉実践をしていく上でこれらの活動をどう評価していくのか、それらの活動の実践記録を掘り起こし、詳細に検討していくことが求められている。

第4節　地域福祉実践における "団体中心主義" と "施設中心主義"

　戦前の地域福祉実践と考えられる活動を 3 つに類型化して述べてきた。これらの活動から今日の地域福祉実践上学ぶべき点は、地域福祉実践における "団体中心主義" と "施設中心主義" の違いである。

　前者は、社会福祉団体の組織化と地方改良運動の流れであり、後者は隣保館の実践である。前者の実践の場合は住民が自主的活動を展開しようにも、集まる拠点施設もないし、集まる機会もつくりづらい。それは運動を推奨する機関や団体が運動上住民活動が必要な際に集合させ、活動させる方法になりがちである。その意味では、上からの教化を推進する際には有効な方法として用いられる。戦前の社会教育の特色の一つが "非施設団体中心性 9) " といわれ、社会教育施設をつくらず、婦人会、青年団等を組織し、教化を行ってきたことと似ている。そのような方法は全く住民の主体的エネルギーの発揮する機会がないのかといえば、そうではないが、組織体を改革し、住民の主体的活動を展開するのには難しい側面が強い。

大正末期から昭和初期にかけて、「青年団の自主化」運動が起こる。青年団の団長に校長や社会教化の有識者が任命されていたのを、青年自身が選べるようにすべきとの運動であったが、戦前においては内務省、文部省により、それらの運動は弾圧され、青年団の団長は行政により任命された者がなり、常に管理されてきた。これらの団体が政策的に官僚の主導により設立され、官僚が役員として主導権を握っている限りにおいては事実上困難といわざるを得ない。「半官半民団体」による支配といわれる所以もそこにある。

　それに比し、後者の施設中心主義の場合には、隣保館という住民が集まれる拠点施設がある。集会結社の自由がなかった時代にあって、隣保館という拠点施設があり、住民が活動を展開できる場合には、少なくとも団体中心の場合よりは住民の意見を反映しやすい状況があるし、たまり場として住民の意見交換を可能にさせたであろうことは予想できる。そこには、主体形成できる機会と場があったといえる。実際問題として、隣保館では無産運動や唯物史観の学習が提供されていたりした。

　このように考えると、地域福祉を推進していく際に、住民が集まり、交流し、必要なサービスを利用できるような地域福祉の拠点施設の意味は重要である。今でこそ、社会福祉協議会を軸にして地域福祉を展開する際に、地域組織化とか、住民の福祉教育の必要性とか、拠点施設の必要性等がいわれているが、それらの活動がどのように展開されるべきなのか戦前の歴史に学ぶ点は多い。

参考文献

1) 『全国社会福祉協議会三十年史』1982 年、p.10 参照
2) 井上友一『救済制度要義』1909（明治 42）年を参照
3) その影響については宮地正人『日露戦争政治史の研究』東京大学出版会、1973 年に詳しく書かれている
4) 『地方改良の要項』1912（明治 45）年、p.67、87、97、154
5) 一番ケ瀬康子「日本セツルメント素描」『日本女子大学文学部紀要・第 13 巻』1964 年、p.29
6) 『社会事業』大正 14 年 6 月号、45 頁
7) 拙編著『社会教育と地域福祉』全国社会福祉協議会、1978 年参照
8) 『東京府社会事業協会報』第 37 号、1928 年
9) 碓井正久「社会教育の概念」長田新監修『社会教育』御茶の水書房、1961 年

第3章
社会福祉事業法にみる
戦前的遺産と隣保館の位置

　戦後社会福祉体制は、周知のように1951（昭和26）年に制定された社会福祉事業法を基本法的に位置づけ展開されてきた。社会福祉の理念、組織、運営方法等はこの法律により規定されている。社会福祉事業法は直接的にはGHQ（連合国軍最高指令官総司令部）の6原則提案を骨格として構成され、制定されたといわれているが、その内実や構成は事実上1938（昭和13）年に制定された社会事業法に思想的源流があると考えた方がよいのではないか。民間社会福祉施設への委託や民間社会福祉施設への補助金の支出の規定、社会福祉の経営の在り方に関する規定等、戦前の社会事業法の構成と内容によく似ている。

　ところが、この社会事業法には隣保館の直接的例示規定はない。社会事業法は、社会福祉事業法第2条の例示概念規定のように、第1条で「本法は左に掲げる社会事業にこれを適用す」と述べ、養老院、救護所、育児院、授産所、託児所などを例示したほか、第1条第5項で「其の他勅令を以て指定する事業」を規定し、その中の一つとして隣保館が規定されている。その法構成からいえば、隣保館は公立もあれば民間もあるわけで、日本の場合公立隣保館に特色があったというものの、数的には民間の隣保館の方が多かった。その隣保館は、社会事業法そのもので例示された施設ではないにしても、この法により、要援護者を援護するという意味での純粋的な社会事業施設として捉えられていたということができよう。

　社会福祉事業法は、直接的にはGHQの6原則提案を受けたこともあって、福祉事務所組織機構の位置づけ、有給専任吏員である社会福祉主事等を規定している。民間社会福祉施設との関係でいえば、戦前の社会事業法との違いは、憲法第89条の規定を踏まえて、民間社会福祉施設の性格をより明確にし、かつ行政との関係の在り方を示した上で、社会福祉法人への委託を妨げ

るものではないと規定（措置行政）したことであろう。このように、社会福祉事業法では民間社会福祉施設への行政による補助金の支出が非常に限定されることになった。まして、この法律ができるまでには、先に述べたように、1946（昭和21）年の「政府の私設社会事業団体に対する補助に関する件」覚書で、事実上民間社会福祉団体への補助金は打ち切られてしまっていた。それは戦前の社会事業が公的責任をあいまいにして「半官半民団体」による援助として行われていたことの反省を求められたからである。それは憲法第89条の規定にも盛られた内容でもあった。

　ところで、社会福祉事業法の規定においては、本法の例示規定概念である第1種社会福祉事業にも、第2種社会福祉事業にも隣保館の規定はない。戦前の地域福祉実践上、重要な役割を担った隣保館は戦前の社会事業法の規定よりも後退し、社会福祉事業法でいうところの社会福祉事業ではないと認定されたことになる。そうなると、民間が多かった隣保館は経営できなくなるし、かつ公立隣保館においても国の法律による認知がない以上、地方自治体においても隣保館の位置づけは弱くなるといわざるを得ない。

　東京にあっては、先に述べた磯村英一のソーシャルセンターとしての公立市民館・方面館は2つの側面（隣保館の側面と福祉に関する方面委員（現在の民生委員のこと）事務所）を有していたが、社会福祉事業法の成立により、その多くが福祉事務所に切り替わり、実質的には隣保館機能は消滅していってしまった。

　戦前の"非施設団体中心性"の社会教育を反省して、戦後構想され、戦後社会教育の中心を長らく占めてきた公民館は、1946（昭和21）年の文部省次官通諜により建設が始まるが、その公民館の構想を端的に表しているのが、公民館構想の当事者で、当時文部省公民課長、後の社会教育課長であった寺中作雄が書いた『公民館の建設——新しい町村の文化施設』（1946（昭和21）年）である。それによれば公民館は、住民の社会教育の機関であると同時に、社交娯楽の機関、自治振興の機関、産業振興の機関、体育部や社会事業部や保健部も有した町村振興の総合機関としての施設であった。この公民館構想は事実上戦前の都市部で実践が展開された隣保館の理念、実践その

ものといっても過言ではないほどよく似た構想であった。隣保館は社会福祉事業法の位置づけを得られなかったが、実際には公民館として名を変えて、かつ縦割の行政組織を超えて実質的に展開されたということができる。

　実際問題として、社会福祉事業法に隣保館が位置づけされないとわかった際に、関係者は隣保館が位置づけされるように運動を起こさなかったのは、隣保館実践は狭い意味での社会福祉事業ではなく、より地域全体の向上を図る活動であるから、あえて運動を起こさなかったという捉え方をする人がいるが、その人々の認識は公民館構想の中に具現化したといえる。

　しかしながら、この公民館も秋田県、島根県、埼玉県など農村県では大いに建設され、大きな役割を果たしたが、大都市部では、福岡市等を除けばあまり普及せず、東京都においては杉並区の公民館が1950年代につくられたのみであった。しかも、公民館の実際の活動は、公民館が社会教育行政の在り方と整備を目的に制定された社会教育法（1949（昭和24）年制定）の中に位置づけられることにより、実質的に公民館構想は矮小化され、公民館は狭い意味での“おとなの学校”への道を歩み始めてしまった。

　戦前隣保館と戦後公民館と社会福祉協議会との関係を明らかにする考え方として、牧賢一が次のように述べている。牧賢　は戦前の社会事業にも深く関わり、戦後においても地域福祉やコミュニティ・オーガニゼーションの導入、あるいは社会福祉協議会活動に大きな足跡を残した人である。

　「本来公民館の仕事は社会事業の領域で長い歴史をもっているセツルメント事業（隣保事業）から変形したものである。そのセツルメント事業が終戦後経費の関係で非常に不振な状態に陥った時に、文部省が公民館というかたちで法的裏付けをもって打ち出したので、これが社会事業ではなく社会教育事業ということになったわけである。……公民館が社会福祉協議会がやろうとしていることまで含めて、申し分のない活動をしているなら、そこに重ねて（社会福祉）協議会をつくることは不要である。」[1]

　この牧賢一の考え方は、戦前隣保館が戦後に法的根拠を失い経営不振になった際、それに変わるものとして公民館が登場してきたこと、その公民館が変容したので社会福祉協議会が必要になったこと、社会福祉協議会の理念

としては戦前隣保事業を実施する理念を有していることを端的に示している。

　このような戦前隣保館までとはいえないまでも、戦後初期の公民館構想を未だ色濃く残している組織として沖縄県の「字公民館」活動がある。その点についてはここで触れる余裕がないが、戦後公民館構想と今日求められている在宅福祉サービスとを結びつけて、戦前的隣保事業を展開できる可能性を秘めている[2]。

　隣保館の理念は牧賢一によれば、社会福祉協議会に引き継がれたと考えられたが、実際の社会福祉協議会は、先に述べた目的の第一の社会福祉施設である団体の連絡・調整のための組織として活動を推進するため、隣保館は法的にも実践的にも宙に浮いた状況になり、大学生のセツルメント活動の中、及び大阪など一部の地域で活動が展開されるに止まった。その後、隣保館は社会福祉関係者の運動もあって、1953（昭和28）年度の国の予算に、同和地区に隣保館を設置する経費の補助金が計上された。その後1958（昭和33）年の社会福祉事業法の改正により第2種社会福祉事業として法的根拠をもつが、その事業は戦前のように労働問題が多発している地域やスラム街等で設立されるというより、同和地区の改善運動の拠点施設として設置されるようになる。

　このように戦前隣保館実践は、今日、地域福祉実践として最も求められている在宅福祉サービスと地域組織化活動を包含していたが、歴史的変遷を経て、戦後の社会福祉体制の中からは消えていってしまう。その復活は、1959（昭和34）年に始まる「保健福祉地区組織育成」活動や1969（昭和44）年に全社協に地域福祉センター研究委員会が作られ、1972（昭和47）年に全国地域福祉センター研究協議会が開催されるまで、あまり意識化された取り組みにはならなかった。地域福祉センター構想は、1960年代のイギリスのコミュニティ・ケアや経済企画庁・自治省などのコミュニティ構想を意識して構想されたものであり、戦前の隣保事業の見直しというものではなかったにしても、その構想は隣保事業の復権を意味するものであった。

　しかしながら、当時の厚生省の施策は社会福祉施設緊急整備の方向に向け

られることにより、施策的には日の目をみなかった。それは1990（平成2）年の社会福祉関係八法の改正の一環として、地域福祉センターや在宅福祉サービスのための拠点施設の整備が法定化されることにより、かつ住民の理解と協力の必要性が法的に明確化される中で、よりはっきりと復活の必要性が意識化されてきたといえる。

参考文献

1）牧賢一『社会福祉協議会読本』中央法規出版、1953年、p.286以下
2）小林文人他編『民衆と社会教育—戦后沖縄社会教育史研究』エイデル研究所、1988年参照

第4章
大都市・東京における社協活動の
位置づけと今後の課題

　地域福祉実践の戦前的遺産なり、社会福祉協議会の目的なりに照らした戦前的遺産は3つあると述べてきた。そのうち、都市部で展開された隣保館活動は、戦後事実上崩壊してしまったということになると、大都市・東京での地域福祉実践なり、社会福祉協議会なりの活動は主に他の2つの遺産（「地方改良運動と地域組織化活動」「社会福祉団体・施設の組織化と連絡・調整」）を引き継ぐことになる。

　ところで、地方改良運動は、どちらかといえば農村問題対策として展開され、かつ農村共同体的色彩が強く残っているところで有効な方法たり得たということを述べた。とすれば、地方改良運動が大都市・東京のようなところでどれだけ展開されたのか、原資料等にもあたりながら実証することが必要である。先に挙げた『地方改良の要項』は、"自治の本義"である「郷党郷里共同して公益の為に尽くすことの何よりも大切なこと」をどう市町村住民に理解させ、市町村民としての義務である納税意識を徹底させ、自ら負担できるものは負担し、市町村民の精神を統一して、公共心、団体心をつくることが非常に重要な課題であることを述べている。しかも、国家の繁栄は市町村を強固にすることであり、それは地方であり、かつ工業よりも農業、農村地域での改良が重要であることを諸外国の例を引きながら指摘している。その中で、小学校の教師は、"地方の研究"をすることが必要であること、青年会を活用することが有効であること、娯楽事業を活用することも有効であることなどを述べている。

　ここで展開されている方法と目的はいずれも農村をどうするかということにある。『地方改良の要項』の中には工業、商業に関する記述はほとんどない。

　このようにみると、地方改良運動が大都市の、しかも商業、工業が集積していた東京や大阪において展開され、効果を発揮したとは考え難い。『地方

改良の要項』には、東京の八王子の実践も取り上げられているが、今でなら、東京都八王子市は大都市としての範囲に入ると思うが、その当時は農村であり、絹織物の産地として取り上げられたものである。

　また、地方改良運動と都市部の隣保館のいわば折衷的な活動が、1940（昭和15）年に「農村隣保施設」として厚生省により全国316か村がモデル指定され推進される。それは、「児童並びに母性の保護を図り、労働能率の増進を期するとともに農村生活の刷新改善を意図した農村隣保施設においては、保育所、保健婦等の施設はもとより共同炊事、教養教化、各種相談、授産等の事業を総合的にまた組織的に行う」ことを目的に行われたもので、その農村隣保施設には書記と保健婦が確保されていた[1]。それら農村隣保館活動として、調布も取り上げられているが、今でこそ東京都調布市として大都市・東京の範囲として考えられるが、当時は農村として取り扱われていた。

　したがって、地方改良の流れは事実上東京等の都市部では展開されなかったか、有効性をもち得なかったと考えた方が妥当である。

　それでは、東京では、地域住民の組織をもとにした地域組織化活動は全く展開されなかったのであろうか。

　一般的に町内会、自治会組織は封建的組織であり、戦争遂行の末端機構としての役割を担ったとの評価がされている。それらの評価は否定できないが、それらの機能は、1938（昭和13）年に「東京市町会規約準則」が出されたり、内務省が戦時下において統制化を強める中で構築されてきたものである。東京における町内会の成立と変遷は、そのような画一的機能ばかりではない。名称一つとっても社団法人の資格を有した組織もあれば、「自衛組合」「同志会」「公同会」と呼んだりしていて多様性に富んでいる。また、活動も「失業、貧窮者」への救済事業をしているところもあれば、公衆衛生を推進することを自治組織として行っていたところ、震災に対する自警的集団としての組織、あるいは江戸時代の町衆的つながりが基礎になっているところ等、活動面や組織の性格自体も多様であった[2]。

　このように多様な活動が自然発生的に行われていたが、制度的、政策的に進められた町内会の組織化と画一化は、戦争遂行のための末端支配組織とし

ての性格を強めてしまっており、自治的な活動の影が薄くなることで、戦後において都市部での町内会、自治会の存在を積極的に活用するという状況にはならなかった。それもあって、大都市である東京の23区等においては、社会福祉の面での住民組織活動が事実上展開できなかった、という要因にもなってくる。

　さらに、東京においては地方以上に核家族化が進み、家族や地域の相互扶助能力は脆弱であった。しかも、生産手段をもたない賃労働者が多い都市において、生活困窮に陥る機会は農村地域よりも多かった。そのような背景もあり、社会福祉問題の顕在化は農村地域よりも鋭く都市で起きた。そのことが、都市における社会福祉施設の設置数が多くなる大きな要因であった。また、人口規模も多いということから施設数も多くなった。そのような地域性を有している大都市・東京にあって、戦後 GHQ から指摘された社会福祉における「公私の分離の原則」と私設社会事業団体への補助金支出の禁止を指摘した覚書及び提案は、社会福祉関係者、とりわけ社会福祉施設経営者にとっては施設経営がどうなるのかという大きな衝撃となった。1947（昭和22）年段階で東京都内には761の施設があったが、都営施設は214施設で、施設数の多い民間施設の経営は非常に困難に陥った[3]。

　そこでは、戦前の地域福祉実践の歴史を振り返ることもなく、当面指摘され提案された「社会事業団体及び施設により、自発的に行われる社会福祉活動に関する協議会を設置する」ことを達成すること自体が目的になったことは予想するに難くない。結果として、東京都社会福祉協議会は全国組織よりも早く結成された。

　しかしながら、東京都社会福祉協議会は全国組織とは異なり、東京都民生委員連盟を解散することなく、民生委員連盟はそのまま独自組織として存続した上で、東京都社会福祉協議会の一構成組織として加入するという形態をとった。このことが、東京都社会福祉協議会が地域組織化を進めていく上で一つのネックになる。地域組織化をしていく上で、具体的ニーズを把握し、その人々の要望を代弁し、地域を改善する活動を社会福祉協議会活動と密接に有機化していくためには、組織的には独立した組織よりも一体性のもてる

組織の方が連絡・調整もやりやすくなる。しかしながら、その点が、別組織の民生委員連盟として存在し、協力関係になってしまった。しかも、法的には、民生委員の活動は直接的には社協との関わりでなく、福祉事務所等への協力機関として位置づけられているだけに、民生委員の意識や民生委員・児童委員協議会（民児協）の運営の在り方は福祉事務所や行政との関係を重視することになる。

　全国の社会福祉協議会の結成母体は、民生委員連盟、社会事業協会（社会福祉施設経営者も加入）、恩賜財団同胞援護会の３団体が中心になるが、恩賜財団同胞援護会も事実上社会福祉施設の経営を中心にした要援護対策を行う団体であることを考えれば、民生委員連盟が独立した組織形態をとることにより、実質的に、東京都社会福祉協議会は社会福祉施設経営者・団体のみの組織となってしまったといえよう。

　とすれば、地域福祉実践の戦前的遺産である３つの流れのうち、東京都社会福祉協議会が受け継いだのは、結果として社会福祉施設経営者の組織化という流れだけであり、今日求められている地域福祉実践の課題や社会福祉協議会の存在意義となる目的は、事実上実践できないできてしまったといっても過言ではないであろう。

　今後、大都市である東京都の社会福祉協議会が地域福祉実践を豊かに展開しようとするならば、戦前の隣保館活動の実践に学び、在宅福祉サービスを行う拠点施設を設置し、それを運営しつつ、その運営に住民を参加させたり、そこでの活動を通して住民の組織化や住民の意識を変えていく福祉教育活動・ボランティア活動の推進ではないであろうか。

参考文献

1) 厚生省『農村隣保施設に就いて』1941 年
2) 佐藤健二「地域集団と民間非営利活動──町内会の歴史的展開を素材として」『公益に関する事実・組織・制度に関する調査研究報告書』1988 年参照
3) 『東京都社会福祉協議会の 30 年』1983 年、p.38

◎付　記
　本論文は日本地域福祉学会が財団法人安田火災記念財団から研究助成を受け、地域福祉史研究会を組織し、北海道地区、東京地区、大阪地区を指定し、その地域の地域福祉史研究を行ったものの成果物である。筆者は東京地区を担当したので、この論文において「大都市・東京」という限定した言い方になっていることをご了承願いたい。

第3部
福祉教育の理念と実践的視座

第1章
福祉教育の必要性と
子ども・青年の発達

第1節　福祉教育が求められる背景

Ⅰ．はじめに

　福祉教育と呼ばれる活動の歴史は古い。戦後をみても、1950（昭和25）年には神奈川県秦野中学校、栗田谷中学校等において神奈川県社会福祉研究普及事業の実践が、1953（昭和28）年には鳥取県八東部中学校等で社会福祉普及校活動の実践が行われている。学校教育以外では、1947（昭和22）年から徳島県子ども民生委員の活動、1952（昭和27）年の愛媛県のVYS運動等の実践もある。また、1949（昭和24）年には、大阪市民生局が大阪市立教育研究所と共同して、中学校社会科の副読本として「明るい市民生活―社会事業の話」という大変すばらしい冊子を刊行している。

　これらの活動は、今日でも十分通用する内容と実践といえる。例えば鳥取県八東部中学校で1954（昭和29）年に行われた社会福祉教育研究会では、①中学校の教科と社会福祉教育、②社会福祉教育と特別教育活動、③社会福祉教育と地域社会を研究課題として討論している。実践面においても、①中学校生徒の中に社会福祉サービスの対象者がいること、②生活指導及び道徳指導と社会福祉教育との関係、③社会人への出発と社会福祉教育との関わりなどを留意点として掲げ取り組んだ。実践方法としては、①まず教師が社会福祉の精神を理解する。②職員・生徒・地域が一体となって学校全体の活動として取り組む。③知識の普及と理解の指導をする。④協力の態度養成を図

る。③行事及び事業への参加実践指導を行う等を留意点として挙げていた。

　このような戦後初期の福祉教育実践には、目を見張らせるすばらしいものがある。それは、戦後の混乱期における生活課題の深刻さと、新しい教育理念（教育基本法の理念）のもとでの教育実践への意欲的取り組みとが相まって、すばらしい実践を展開させたものとみることができる。

　ところが、今日問題にしている福祉教育は、1971（昭和46）年、全国社会福祉協議会が第1次福祉教育研究委員会の「福祉教育の概念」報告を出し、一方、1974（昭和49）年度から始めた「学童・生徒のボランティア活動普及事業」が底流としてあり、戦後初期の実践とは事実上、不連続のものといってよい。

II．福祉教育が求められる5つの背景

　1970（昭和45）年頃を境に、改めて福祉教育の必要性が叫ばれ実践が展開されている背景には、大きく分けて5つあるといえる。

（1）高齢化社会の進展と福祉教育

　国際連合の規定によれば、65歳以上の高齢者の人口比率が7％を超えると"老化した人口"と捉え、いわゆる高齢化社会とみなしている。日本は、1970（昭和45）年に高齢化社会に突入した。日本経済は工業化政策の中で産業構造を根本的に変えるため、機械化・合理化を急速に進めている時期であり、過疎・過密が進み、中高年齢者の雇用状態は不安定化した。

　高齢化社会の到来と経済構造の急激な変貌に伴って、高齢者の問題はすべての国民の生活課題となり、地域で地域住民の参加を得て解決しなければならない課題になった。

　高齢化社会の課題を解決していくためには、福祉事務所や社会福祉施設にのみ任せておくわけにはいかない。これら関係機関はもとより、老若男女を問わずすべての国民が高齢化社会の問題を自らの生活課題として認識し、その解決にあたっての判断力と実践力とを身に付けることが求められている。

(2) 障害者と共に生きる街づくり

1981（昭和56）年「完全参加と平等」をスローガンに国際障害者年が設定された。その中で、われわれは、障害者を排除するような社会はもろく弱い社会であり、民主主義社会とはいえないこと、障害者の問題は高齢者、子ども、妊産婦の問題と同じであること、障害者を生み出す最大の原因は戦争であること、障害者も人として幸福を追求する権利を有していること、障害者問題の中で、障害者を社会的に差別し、不利な状態に置くことが最大の問題であること等を確認した。その上で、障害をもっている人も自己の価値観に基づき多様な選択が日常の実生活上できるよう物理的、精神的環境を醸成することが必要であり、そのことがノーマルな社会なのだというノーマライゼーションの必要性がうたわれた。

従来、国民は障害者に対して偏見をもち、排除、隔離してきただけに、障害者と共に生きる精神的環境の醸成は容易なことではない。

(3) 子ども・青年の発達の歪みと社会体験

子どもの発達、教育の問題は、いつの時代にあっても大人の重要な関心事であった。

しかし、今日ほどその関心が高まっている時はない。それはあまりにも子ども・青年の発達が歪んでいるからである。

子ども・青年の発達の歪みは、教育制度や学校教育実践の歪みによってもたらされることもさることながら、ある意味では教育以前に子ども・青年の日常生活における"人を人たらしめる"機能の崩壊が大きな要因としてある。人間は人との交わり、関わりあいの中で、自分の知らない世界に驚きと興味をもちながら自己を客観化し、自らの存在意義を見い出し、生きる喜び、成長する喜びを味わうのである。子ども・青年は今、その交わりをもてなくなってきている。

子ども・青年の発達の歪みを整理すると、次のような特徴を挙げることができる。それは、①社会的有用感の喪失、②集団への帰属意識、準拠意識の希薄、③成就感、達成感の欠如、④対人関係能力、自己表現能力の不足、⑤

生活技術能力の不足である。このような発達の歪みを有している子ども・青年が、日常生活では味わえない体験を通して社会的に有用とされる活動、成就感を満喫できる活動をすることは大変有意義であり、重要である。それらの活動の中でも最も重要な機会となるのは、従来"社会の光"が当てられず、偏見、排除、隔離されてきた障害者や高齢者等の社会福祉問題に接する体験である。それらは、学校の教育課程の一環としても、学校外の活動としても展開されなければならない。

(4) 地域の連帯力の喪失と政治的無関心
　人間は子どものみならず、大人にあっても独りでは生きられない。にもかかわらず、地域の連帯感は失われ、お互いに支え合う力が弱くなってきている。例えば、1971 (昭和46) 年に「いのちの電話」が東京に開設されて以来、その活動は評価され、全国各地に拡がっている。また、それとは別の（電話）相談事業などもますます普及してきている。従来わが国では、子育てや、夫婦間の危機など生活上起こる問題に対し、地域に多くの相談機能や調整機能が存在した。それらの機能のすべてが良しとはいわないにしても、過去にはそれらの機能によって地域で生活し、支え合っていくことが可能であった。
　しかしながら、急激な工業化、都市化は、地域への帰属意識、地域の連帯感を喪失させ、地域の相談機能を失わせ、子育てノイローゼや離婚を増大させる一端を生み出している。それらの機能喪失は、自らの街をどうつくるのかという点で、多くの無関心層を増大させている。住民が住んでいる街に関心を寄せ、行政に任せるべきことと、住民自らがやるべきこととを区別しながら、自らの街づくりに参加することが民主主義の基本であり、それが地域の連帯力、教育力、福祉力の回復につながる。そのような自らの街づくりに参加するボランティア活動の在り方の促進が今求められている。

(5) 国際化時代における飢えと飽食
　日本は現在「飽食の時代」などと呼ばれるほど、食べるものに事欠くことなく、物質的繁栄を謳歌している。しかし、世界的には、アジア・アフリカ

地域で毎日数万人が飢えで死んでいる。

　日本の経済の発展は、自給自足ではなく、世界との貿易によって成り立っている。日本の飽食とアジア・アフリカの飢えとは表裏の関係にあるといっても過言ではない。日本の経済、文化、政治はますます国際的規模で考えねばならず、島国としてとじこもっているわけにはいかない。

　教育基本法前文は、戦後教育の出発にあたって、その理念を次のように述べている。

　「われらは、さきに、日本国憲法を確定し、民主的で文化的な国家を建設して、世界の平和と人類の福祉に貢献しようとする決意を示した。この理想の実現は、根本において教育の力にまつべきものである」

　国際化時代といわれる今日、世界の飢えに関心を寄せ、世界的視野で日本の存在、自分の存在を客観化できる力が求められている。

　自分の住んでいる街から世界を見通す判断力と実践力とが今日求められている。それは、アジア・アフリカの飢えにおいても、核戦争の危機においても、あるいは地球の砂漠化、海水の汚染等においても世界的、地球的規模で考えなければならない課題であるといえる。

第2節　子ども・青年の発達の歪みと課題

Ⅰ．子ども・青年の現状

　子ども・青年は、いつの時代においても、前の世代（おとな）たちから、"今の若者は"と嘆かれ、叱責されてきた。それは、若い世代がおとなたちのつくり上げた社会、文化、規範を批判し、乗り越え、新たな異なる文化、規範、生活リズムをつくろうとしたからである。その限りでは、今日の子ども・青年の問題を取り上げるのも同じ状況といえなくもない。しかし、今日の子ども・青年の状況は、"新しい人種"ができたのではないかといわれるほど、異なった状況を示している。

　その子ども・青年の発達の歪みが問題にされてから久しい。それは、今や人類の危機と呼んでもいいすぎではないほど深刻であり、あらゆる国民がこ

の歪みを是正することに立ち上がらなければならないところにきている。

　子ども・青年の発達の歪みは、彼ら自身の問題というよりもおとなの社会の反映とみなければならない。"子どもはおとなの鏡であり、おとなは子どもの鏡である"といわれるが、国民の生活の歪みが、社会の中で最も弱い環である子どもの上に端的にあらわれているとみるべきであろう。

　子ども・青年の発達の歪みは、1960年代末から問題にされ始め、今日に至る十数年間、いっそう深刻化し、大きな社会問題になっている。

　1960年代末から70年代前半には、転びやすい子、骨折しやすい子、朝からあくびをする子、側彎症の子、手が不器用な子などが目立ち、敏捷性、能動性、持続性に欠ける子どもが増えていることが指摘された。無気力、無感動、無関心を示す子どもが多くなり、基礎的な生活リズム、生活習慣が十分形成されていない子どもの事態が問題にされた。

　また、1970（昭和45）年代半ばには、子ども・青年の感性の歪みが指摘され、自己表現能力の不足した子ども、共感する力の乏しい子、自閉的な傾向を示す子、言葉の貧しい子などが問題にされてきた。集団的独白とでもいうべき現象が顕著になり、かたちの上では集団であっても、相互の交流のない、独り勝手の"独白"が多くなってきた。

　1975（昭和50）年には、非行の発生件数が戦後第3のピーク（第1のピークは1951（昭和26）年、第2のピークは1964（昭和39）年）となり、それはそのまま高原状態で今日（1980年代）に至っている。今日の非行は衝動的なものが多く、万引き、自転車盗、オートバイ盗などの、犯行の手段が容易で、しかも動機が単純な、いわゆる「遊び型非行」と呼ばれるものが多い。その他、登校拒否（当時の用語ママ）や家庭内暴力、校内暴力が増え、かつ明白な原因がみつかりにくい自殺も増えている。

　このような子ども・青年の発達の歪みは、人間の特性（言語能力をもつ、2本足で歩く、喜怒哀楽をもつ、社会的に行動する）そのものの否定、未成熟という点で、まさに人類の危機である。また、それは一部の、特定の子どもの問題として顕在化しているのではない。都市・農村を問わず、家庭の貧富を超えてあらゆる子ども・青年にあてはまる問題として存在するという点で全

国民的課題である。したがって、その解決は問題行動を行った子ども・青年に対し、対症療法的に対応すればよいという発想では解決できない。

　それらの子ども・青年の発達の歪みは、主に教育の荒廃と結びつけられて問われている。確かに、子ども・青年の発達を最も組織的、計画的に促す教育制度の役割からみれば、その歪みのかなりの部分の責を学校教育をはじめとした教育制度がとらなければならないであろう。しかしながら、今日の歪みは学校教育以前の問題として、子ども・青年の問題の背後にある国民の生活問題の凝集として捉えなければならない。それは、家庭、地域の人間の生活が貧困となり、家庭、地域の教育力が弱くなったからにほかならない。

　既に述べたように、子ども・青年の発達の歪みには、①社会的有用感の喪失、②集団への帰属意識、準拠意識の希薄、③成就感、達成感の欠如、④対人関係能力、自己表現能力の不足、⑤生活技術能力の不足などがある。

　それらの個々の項目について、もう少し詳しく説明しよう。

(1) 社会的有用感の喪失
　子ども・青年は自分が家庭や地域や社会の中で、なくてはならない存在であることを自覚することがない。

　過去には、農業をはじめ家の仕事や家事の手伝いをすることを通して、あるいは地域の"祭り"や行事における参加・役割を通して、自分が他の人々にとって期待される、必要とされている人間であることを生活の中で感ずることができた。

　しかし、急激な家事の合理化と工業化の進展、都市化に伴う地域活動の低下の中で、子ども・青年は、社会的有用感を味わうことが少なくなってきている。

　子ども・青年は、その暦年齢の発達段階に応じて、生活圏の拡大と認識の広がりがでて、身近な家庭・地域・社会・世界へと階段をのぼるように拡大していく。その段階ごとに子ども・青年は、社会的有用感をもつことが望ましい。かつ、それは知的認識と生活感覚との有機性があってはじめて意味をもち、生きてくる力といえる。

そのような社会的有用感を十分に味わうことができる生活・体験をしてこなかったものは、主体的に、他者との関わりの中で行動しようとする気力も失うことになる。

（2）成就感、達成感の欠如

子ども・青年は物事を自らが企画立案し、創造し、それらの達成のために人や物を組織し、工夫をこらし、困難に打ち勝ち、目標をなし遂げる喜びを味わうことが少ない。

小さな目標、小さな壁に立ち向かい、それを乗り越えることの繰り返しの中で、大きな目標を乗り越える力がつくられる。

今日では“やってみよう”と挑戦する前に“やろうとする”意欲さえ放棄してしまっている無気力な子どもが多い。

それは自分の頭で考え、工夫し、努力し、物事の達成・成就を喜ぶという機会がほとんどないからであろう。

家庭にあっても、保育園、幼稚園や学校においても、子どもが何かをやろうとする前に、おとなが常にやるべきことを与え、誘導してしまっており、子どもが自分の目で発見し、考え、行動するのを“待てない”親・教師・おとなが多すぎるのではないか。

農業における促成栽培や無機農業と同じであって、有機農業のようにじっくりと“土づくり”をする“間”が待てなくなってきている。

（3）集団への帰属意識、準拠意識の希薄

“人間は社会的動物である”とアリストテレスは述べたといわれるが、子ども・青年はその社会的行動、集団行動がとれなくなっている。

強制された集団、管理された集団ではなく、自らの意思に基づいて、集団をつくり、集団活動の煩わしさ、厳しさを乗り越えて、集団の仲間と共に活動する喜び、集団の仲間に支えられて困難を乗り切る喜びをもつということがなくなってきている。

今日あるのは“孤独なる群衆”の群（むれ）があるにすぎず、人間関係の

希薄な、単線の人間関係しかない集団がつくられている。とりわけ、異年齢集団の中で活動する機会が少なくなり、能力の違いのある者たちがお互いの存在を認め合って集団的に力を発揮するということが少なくなっている。

(4) 対人関係能力、自己表現能力の不足

子ども・青年は自分と異なった属性をもった人間に話しかけ、働きかけて、対人関係をつくる能力や相手に自分の気持ちを伝える力が弱くなってきている。

学校における集団は、とりわけそれが学年や学級単位で活動が展開される時、一般的にはほぼ均質の集団であり、そこでは異なった属性をもった人々に働きかけ、その人の存在を位置づける訓練がなされない。

しかも、学校以外の生活においても、隣近所の付き合いはなく、家庭にも人が出入りしない "閉ざされた核家族" の生活では、異なった属性の人と付き合い、対人関係をもつ能力は育ってこない。

今日では、"いじめ" の問題が騒がれているが、それぞれの子どもを多面的にみ、評価し、位置づけることができなくなっていることにもその要因があり、異なった属性をもった人々との交流のなさの結果ということができる。

子ども・青年の思考方法は "チャンネル思考" であり、チャンネルが合わないと反応しないし、チャンネル相互の関係についても考える力を失っている。

思考は "内なる言語" ともいわれ、(外) 言語との相関性があるといわれるが、対人関係能力をもてないものが、思考を豊かにできるとも思われない。

(5) 生活技術能力の脆弱化

しつけや生きる力などは、いわば学校教育以前の問題であった。しかし、これらがなければ組織的な学校教育が成り立たないのも事実である。

今日では、自分の生活のリズムをつくり、快適に生活しようとする力、家事を行う力、人間が自立していく上で必要な生活技術能力さえ脆弱化してきている。

子ども・青年は、時が経てば肉体的には親になれるが、精神的、生活技術的には親になれないのではないかと思われるほど生活感覚、生活技術能力を身に付けていないものが多い。

　それは、家事を手伝う機会の喪失がもたらしたものである。

　これらの歪みの特徴といわれることがらの多くは、本来、家庭や地域で形成されていなければならないものであり、その形成の機能が家庭や地域に失われたために、子ども・青年の発達の歪みの特徴として顕在化したといってもよい。

II．家庭・地域の教育力の回復

　子どもの発達の最初の場は家庭である。かつて子どもは、家庭を安らぎの場とし、家庭と地域社会との関わりの中で育った。生活技術能力は、親、祖父母から伝えられ、家庭の中での手伝いや地域の「祭りごと」の中で、社会的有用感を味わい、そして地域の遊びの子ども集団や地域の大人たちとの触れ合いの中で、対人関係能力を育て、集団への帰属意識、準拠意識をもつことができた。

　ところが急激な都市化、工業化の中で、地域は変貌し、家庭の機能は低下し、家庭、地域の教育力は失われてきた。地域の教育力とは、子どもに刺激や活力を与え、からだを鍛え、空想・冒険・創造の心を培う自然環境、及び地域住民の持続的な人間関係・生活関係の中で、地域の生活慣習・伝統文化・労働について学ぶ機会と環境、そして子どもたちの同年齢や異年齢入りまじった集団により、①仲間と一緒に行動する喜びを体得したり、②他者への思いやりを身に付けたり、③成就感・挫折感を味わったり、の３つの"共鳴"であった。それは、子どもの成長に対して、教育制度ほど目的意識的に、組織的につくられたものではないが、子どもの生活を見守り、時に"祭り""行事"という力で意図的に子どもの発達に「節」をつけさせることによって実質的に子育てを行ってきた。

　今、その地域の教育力は失われ、都市化の中で家庭が孤立化し、工業化の中で親の、社会の生活のリズムが変わったことにより、家庭の教育力さえも

失われてきた。

　したがって、子ども・青年の発達の歪みは、根が深く、解決の特効薬があるわけではない。しかしながら、家庭や地域の生活の中で子ども・青年の成長発達に関わってきた機能（教育力）を、意識的に取り戻し、社会的に保障していくことができるならば、子ども・青年の発達の歪みを是正する大きな力になるのではないか。

　家庭や地域の教育力は、学校教育制度のように組織的、計画的な営みでないだけに、改善の対象として自覚的に取り組まれるには困難がある。しかし、かつて自然発生的に、"生活の知恵"としてあった家庭、地域の教育力を、意図的に取り戻し、子ども・青年に自主的な、集団的活動の機会、社会的有用性のある活動を保障しなければ、今日の子ども・青年の発達の歪みは是正することができない。

Ⅲ．高齢化社会・国際化時代と子ども・青年への期待

　現代の子ども・青年は、今後どのような社会に生き、どのような社会の担い手になっていくのであろうか。「不確実性の時代」などといわれているが、その中でもはっきりしているのは、高齢化社会が確実に、急速にやってくることであり、世界的な規模で政治、経済を考えねばならない国際化時代になることであろう。

　日本における65歳以上の高齢者の人口比率は、現在（1983（昭和58）年）、10.1％であるが、これが西暦2010（平成22）年には18.8％、西暦2020（令和2）年には21.8％になると予測されている。多くのヨーロッパ諸国でさえ、未だ経験したことのないような急速な高齢化社会の担い手は現在の子ども・青年である。生産能力が低下もしくは喪失した高齢者に年金で安心して生活してもらえるようにするためには、誰がどのように負担するかが問題になる。その一つの指標として従属人口指数がある。それは、生産に従事、参加している人口とそれに参加していない人口（15歳未満の子どもと65歳以上の高齢者）との対比であるが、その従属人口指数が15年後（2000年頃）には50％を超えると予測され、2人の"生産者"が1人の子どもも

しくは高齢者を扶養することになり、将来的にはヨーロッパ諸国のように約3人の“生産者”が2人分の扶養を行うことが考えられる。

　また高齢化社会の進展は、単に年金を中心にした経済的負担のみならず、高齢者が安心して住める物理的・精神的環境をも整備することを求めている。安全で、利便な住環境のもとで、求めに応じて日常生活のサービス（食事、介護など）が受けられ、友人・隣人との日常的交流や主体的に文化・スポーツ活動を楽しめる機会の保障などが高齢化社会には欠かせないものとなる。これらの物理的・精神的環境整備は、行政の力のみではできるものではない。行政と住民とが協働しなければできない。またそれは、高齢者と共に生きる街づくり活動が意図的に行われてこそできる。高齢者と共に生きるとは、心情的共感にとどまらず、高齢者が安心して住める新しい文化の創造でもある。それは、生産性、能率性一辺倒でない、機能性だけでない生活のリズムの確立、あらゆる安全に裏打ちされた生活、人との触れ合い、世代を超えての触れ合いの生活の確立である。それはまた、障害者や子どもが安心して生活できる地域や社会であり、今日、子ども・青年が追いこまれている“偏差値教育”への批判でもある。

　このような高齢化社会は確実にやってくるわけで、その主たる担い手が現在の子ども・青年である以上、子ども・青年はその実態から目をそむけるわけにはいかない。

　また、現在は文字どおり国際化時代の幕あけであり、今後ますますそれは進むであろう（日本が島国だといって、かつてのように“鎖国”政策をとることは不可能である）。日本の経済、政治、文化、科学技術のいずれをとっても、いまや国際関係の中に位置づけて考えねばならなくなった。核問題であれ、自然保護問題であれ、地球規模で考えなければならなくなり、日本だけ無関係というわけにはいかなくなった。いまや、日本の地域の住民の生活が直接的に世界とつながっている時代になった。しかも、その趨勢はますます進むことは明らかである。とすれば、子ども・青年には国際化時代を乗り切っていく思考と行動力が要求されており、宮沢賢治のように“世界全体が幸福にならなければ、個人の幸福はありえない”との認識のもとで活動することが

望まれる。アジア・アフリカの多くの国々では飢えと渇きにさいなまれ、日々、多くの子どもの生命が失われている。"飽食の時代"の日本、資源のない国でありながら、最も資源を利用・消費している日本が果たさなければならない責務は大きい。この面からも子ども・青年への期待は大きい。

Ⅳ. 青年期に確立されるべき諸要素

　人間は竹と同じように「節」があるから発達する。その「節」は暦年齢の発達段階に望まれる活動を十二分に展開してこそつくられる。青年期は社会関係認識を深める時期であり、自己と他者との関係、社会の仕組みなどの洞察の中で人生を語り、恋を語り、社会を語りつつ自らの人生を選択していく時期であり、自らの人間観、社会観を形成していく時期である。その青年期は、一般的には青年前期としての中学生に始まり、ヤングアダルトとしての20代半ばまでとみなされる。この青年期をどれだけ豊かに生きるかによって、その子ども・青年のその後の人生は大きく変わってしまう。

　先に挙げた子ども・青年の発達の歪みの特徴（①社会的有用感の喪失、②集団への帰属意識、準拠意識の希薄、③成就感、達成感の欠如、④対人関係能力、自己表現能力の不足、⑤生活技術能力の不足）は、この青年期に意図的に取り組まれ、改善されていかなければならない。また、これからの高齢化社会、国際化時代を担う力は、この青年期に形成されなければならない。

　今日の青年の歪みの状況は、"モラトリアム人間症状"であるといわれるが、その症状を指摘したE・H・エリクソンによれば、その状況はまさに"人間らしさ"の欠如である。

　E・H・エリクソンは、自我同一性（egoidentity）の確立が青年期に最も必要な、かつ最も重要な発達課題であることを『幼児期と社会』（1950年仁科弥生訳、みすず書房　1977年発行）の中で述べている。エリクソンは、人間の一生は8段階に区分できる人生周期（life cycle）があり、その各々の段階に発達課題がある。人生周期の各段階における発達課題を達成することによって自我・人格が形成され、次の段階に進み、全体としての健全な人間がつくられていくと考えた。その際、各段階における発達課題（信頼対不信、

自律性対恥・疑惑、自発性対罪意識、勤勉対劣等感、同一性対同一性混乱、親密性対孤独、生成性対停滞、総合対絶望）の達成には、その課題の肯定的側面と否定的側面の葛藤の中で肯定的側面をより多く習得することにより健全な人格が形成されていく、とした。

その結果として、人間の基本的活力、基本的徳目（人間を生かし、活動を意味づけ、生き生きさせる内的な力）である8つの要素について、次のように考えている。

①現状にとどまらずに、常によりよい状態を求めようとする〈希望（hope）〉。
②ある目的を立て、その目的達成のために失敗を繰り返しつつ困難を解決し、それによって自分自身の存在に気づき自己意識を成立させる〈意志（willpower）〉。
③生きがい、すなわち生きることの〈目的（purpose）〉。
④自分には自分なりの力がある、やればできるという自信によって生じる〈有能感（competence）〉。
⑤社会的役割への関心によって生じる〈忠誠心（fidelity）〉。
⑥他者の立場に立って自分を位置づけ、社会への実質的な関心を求める〈愛（love）〉。
⑦子どもを育て、他者への協力をいとわない〈世話（care）〉。
⑧自分の限界に直面し、それを乗り越えようとする賢さ〈知恵（wisdom）〉が形成、習得されると考えた。この8つの要素は、人生のあらゆるステージで獲得されるよう努力しなければならないが、とりわけ青年期において意図的に取り組まれるべき営みであろう。

青年期は、子どもがおとなになる際の人格の再体制化の時期であり、社会関係認識を深め、自らの人生観、社会観を確立する時期である。それは、かつては意図的、組織的な営みにより保障される時期というよりも、地域や社会の中で自然発生的につくりだされてきたものであった。しかし、社会が工業化し、複雑化する中で、それらは意図的に社会的につくりだされなければならないものとなった。

イギリスでは、中央教育審議会が1959年にクラウザー報告（「15歳から

18歳まで」）を、1963年にはニューザム報告（「われわれの未来の半分」）を出し、子ども・青年の教育の在り方を改革することを提案した。それらの報告と教育改革の提言、かつてイギリス社会がもっていた価値観が変わり、家庭の教育機能の低下、少年非行の増加、父親の権威の喪失などが起こっていること、また、人口構成が変わり、高齢者を養うための生産能力の向上や高齢者を尊敬する社会的習慣の養成、科学技術の進展の中で、より質の高い労働力が必要とされていることなどを教育改革の背景として挙げ、あらゆる子ども・青年が落ちこぼれることなく成長発達することを目的に出されたものである。そうしないと将来、国民の半数、労働者の半数、父母の半数、消費者の半数である「われわれの未来の半分」が落ちこぼれ、問題行動を起こすであろうと予測されたからにほかならない。その結果、その改革案として、

①生徒が自分の興味・関心に従い自主的に学習に取り組むことができるようにする。

②自己の才能を発揮する機会である課外活動を学校の教育活動の不可欠な部分として組み入れる。

③教育内容に実生活や成人生活に関わる問題を多く取り入れる、などが挙げられた。

その後イギリスでは、子ども・青年の社会参加をより進めるため、学校教育の一環としてコミュニティ・サービス活動を展開している。

イギリスでのこの取り組みは、今まさに日本で問われている課題である。日本でも、総理府の青少年問題審議会が1979（昭和54）年に「青少年と社会参加」を意見具申し、子ども・青年の健全な発達には、社会参加を積極的に推進すべきことを提案した。このような課題での改革なくして、日本の子ども・青年に豊かな青年期を保障することもできなければ、より厳しい高齢化社会も乗り切ることはできないであろう。

第2章
福祉教育の理念と構造

第1節　福祉教育の理念

Ⅰ. 教育の目的と福祉教育

　戦後教育の理念を示している教育基本法は、第1条で教育の目的として次のように述べている。

　「教育は、人格の完成をめざし、平和的な国家及び社会の形成者として、真理と正義を愛し、個人の価値をたつとび、勤労と責任を重んじ、自主的精神に充ちた心身ともに健康な国民の育成を期して行われなければならない」

　この教育の目的は、あらゆる教育活動の原点といえる。福祉教育もまさにこの教育の目的を基点に、その目的を達成しようとする営みと考えるべきで、それらと異質なものではない。であるとすれば、福祉教育という独自の視点と領域、方法をもつ教育活動は成立せず、教育一般、とりわけ学校教育一般に解消することができるかといえば、そうではない。教育の目的は、同じであってもその達成の過程は多様であるべきである。福祉教育は、教育の目的を達成する最も重要な、欠落させてはならない過程であると考えられる。したがって、福祉教育は、今日の教育の在り方を根本的に問い直す重要な視座と役割を担っているということができる。

　従来の教育は障害児・者との触れ合い、高齢者との触れ合いを意図的につくりだしてきたであろうか。都市化の中で核家族化が急速に進んだ昭和30年代以降、高齢者との触れ合いも意図的につくりださない限り、自然発生的にはその機会が少なくなってきた。ましてや、偏見をもち、隔離をしてきた障害児・者との触れ合いは、日常生活の中では皆無に近い状態にあった。

　"個人の価値をたつとぶ"ということは、自分と異なる属性や意見をもっている人々の立場を尊重し、人として認めることである。とするならば、社会的に触れ合い、まじわることが少ない障害児・者や高齢者とまじわる中で、具体的に"個人の価値をたつとぶ"訓練が行われ、その感覚を日常化

できるようにすることが必要である。

　1981（昭和 56）年の国際障害者年の行動計画には、“障害者を排除する社会は、もろくて弱い社会であり、民主主義の社会とはいえない”と述べられている。また障害者を生み出す最大の原因は戦争であるとも述べられている。これらのことを考えると、障害者と触れ合い、まじわり、その個人の価値を尊ぶことは、まさに“平和的な国家及び社会の形成者”になる上で欠かせないことである。

　教育基本法第 1 条はさらに“自主的精神に充ちた心身ともに健康な国民の育成を期すること”も規定している。今日の子ども・青年の発達の歪みの現象として、無気力、無責任であるとか、いわれたことだけはやるが、それ以外はやらないとか、成就感をもてないでいるとかいわれているが、それらはすべて“自主的精神”の欠如の結果ということができる。自ら気が付き、自らその改善に立ち上がるというボランタリズムが欠落しているといえる。“自主的精神”は、教室における一斉授業方式では涵養されない。多様な生活経験と常に主体的に企画、参加する機会を通して涵養されるものである。地域の連帯が薄れ、子どもの対人関係能力が弱くなってきている今日、この“自主的精神”をどう再生するかは大きな課題である。

　福祉教育は、教育の目的を達成する上で、その視点、領域、方法のどれをとってみても十分に耐え得る教育活動ということができる。

II．福祉教育の概念

　福祉教育とは「憲法第 13 条、第 25 条等に規定された基本的人権を前提にして成り立つ平和と民主主義社会をつくりあげるために、歴史的にも、社会的にも疎外されてきた社会福祉問題を素材として学習することであり、それらとの切り結びを通して社会福祉制度・活動への関心と理解を進め、自らの人間形成を図りつつ、社会福祉サービスを受給している人々を社会から、地域から疎外することなく、共に手をたずさえて豊かに生きていく力、社会福祉問題を解決する実践力を身に付けることを目的に行われる意図的な活動」と規定できる。

このように考えると、福祉教育の特色は、①歴史的、社会的存在である社会福祉問題を素材として学習すること、②社会福祉問題の中でもとりわけ政策的課題として認知されている社会福祉サービスを受給している人々を社会から、地域から疎外することなく、共に生きていくための実践活動に取り組むことを通して、人権感覚豊かな、主体的に生きかつ他者と共同できる力量を身に付け、平和な民主主義社会をつくる担い手をつくりあげることにある。

　ところで、ここでいう社会福祉問題とは、単なる経済的貧困のみならず、生活の総体における貧困と捉えなければならない。今日の貧困はすぐれて複雑で、錯綜している貧困である。生活の総体における貧困とは、①経済的生活水準の問題、②住環境の問題、③親子、夫婦の紐帯及び親の養育態度をめぐる問題、④学習、文化・スポーツ活動等の創造的・文化的活動をめぐる問題、⑤消費生活、生活技術、生活様式の問題、⑥社会関係のもち方の問題などの諸要素が、賃金を中心とした生活水準の問題を基軸に構造的に連関している状況の総体であり、憲法第13条で保障されている「生命、自由及び幸福追求に対する国民の権利」(幸福追求権) の疎外状況として捉えねばならない。

　中でも、その貧困状況は政策的にみて看過できず、何らかの社会福祉サービスが制度化されることが必要であり、その対象とされる社会福祉サービス受給者は、様々な貧困を最も体現している人である。いいかえるならば幸福追求権の疎外状況が進んでいるとみなされるわけで、それだけにその人々を地域から、また社会から疎外することなく、共に生きていく触れ合いやまじわりが大切になってくる。

Ⅲ．福祉教育の視点と構成要件

　福祉教育は、国民が社会福祉を自らの課題として認識し、福祉問題の解決こそが社会・地域づくりの重要なバロメーターとして考え、共に生きるための福祉計画づくり、福祉活動への参加を促すことを目的に行われる教育活動である。したがって、福祉教育は少なくとも次の諸点を意識的に行ってこそ意味がある。

　第1に、差別、偏見を排除し、人間性に対する豊かな愛情と信頼をもち、

人間を常に"発達の視点"で捉えられる人間観を養成すること、第2に社会福祉のもつ劣等処遇観、スティグマ（恥辱）をなくすことが必要で、そのためには国民のもつ文化観、生活観を豊かにすること、第3に、人間は人々との豊かな交流の中で生きることが不可欠であると考えると、障害者等の社会福祉サービス受給者の生活圏がいかに狭く非人間的であるかを、コミュニケーションの手段も含めて捉えること、第4に複雑な社会における歴史的・社会的存在としての福祉問題を分析できる社会科学的認識をもつこと、第5に今日の福祉は、福祉行政の中でも細分化されているが、その解決のために関連行政である労働行政、教育行政、保健・医療行政などを含めて地域的課題を総体的に捉える力が必要であること、の5つを基本に、情報の周知徹底、体験・交流などによって感覚として体得することなどが方法論的にも加味されて、はじめて福祉教育の実践といえる。

　福祉教育は、住民の福祉意識を変え、福祉問題をトータルに捉え、問題解決のための福祉計画づくり、具体的解決のための実践などを行える住民の形成であり、それこそ地域福祉の主体形成といえよう。

　このような福祉教育は、その実践を成り立たせるためには、いくつかの個人レベルの構成要件と、そのチェックポイントを有している。

　第1は、自らが自主的精神に満ちて、心身共に健康で生きる力を有していなければならない。第2には、他者及び社会への関心と理解を深め、自己の生活、存在を客観化する力が必要とされる。第3にはお互いの違いを認め合った上で、なおかつ共同して活動できる力を身に付けることである。第4には、第3の要件とも絡んでくるが、社会で、あるいは地域で、身近なところで貧困にあえぎ、幸福追求が疎外されている人々がいるかどうか、生活上解決すべき課題があるかどうかを発見する力が必要とされる。第5には、その発見した問題が、他の問題とどのように関わっているのか、発見した問題を社会化、普遍化する力が求められる。第6には、その問題を解決するためには、どのような方法、制度があるのかを学び、その解決方策を見つけだす力を身に付けることである。第7には、その解決方策を実践化できる力が必要である。解決方策を実践化できる力の中には、法的に承認さ

れている請願、陳情の権利の行使、あるいは選挙権の行使やボランティア活動等が考えられる。

　福祉教育のプログラム化においては、この7つの構成要件が包含されていることが必要であるし、かつまた、この7つは実践の検証の際に要求されるチェックポイントでもある。

第2節　福祉教育の構造

I. 生涯教育と福祉教育

　1965(昭和40)年頃を境に世界的に教育改革プランが取りざたされてきた。ユネスコが1965年パリで開いた成人教育推進国際委員会で提唱した生涯教育や、OECD（経済開発協力機構）が1973年に提唱したリカレント教育（recurent education）——生涯学習のための戦略、あるいはILOが1974（昭和49）年に採択した「有給教育休暇条約・勧告」などがその代表であろう。今日のような科学技術の発展が目覚ましく、情報化社会が進んでいる段階では、教育がある一定の時期にのみ集中する段階は終わり、誰もが、いつでも学べる社会（ラーニング・ソサエティ）をつくりあげることが必要だとされている。

　それら教育改革の動向の是非はここではおくとしても、福祉教育がいつでも、どこでもあらゆる機会を活用して展開される必要があること、老若男女を問わず、すべての国民が生涯を通じて、社会福祉問題に関心を寄せ、理解を深め、それを日常生活の中に体験化、感覚化していくことが必要であること、このことはラーニング・ソサエティで述べられていることと相通ずる点である。

　ユネスコの生涯教育論提唱の中心人物であったポール・ラングランによれば、生涯教育とは、①個人の生まれてから死ぬまでの次元と、②社会全体の教育という次元の統合、再編成として捉えられるが、まさに福祉教育は、その生涯教育の視点で捉えなければならない課題である。

　親が子育てをする際に児童福祉法第1条の理念や児童憲章の理念を体現するならば、子どもが人との触れ合い、まじわりを喜び、自主的精神に満ち

た子どもに育つことであろう。

　親がこれらの理念を体現しようとするためには、自らの子どものみならず、地域や社会の子ども全体を考えねばならないし、自ら親としての学習がなければならない。子育てをめぐって、地域の教育力、家庭の教育力の回復が叫ばれているが、それにはおとな自身の学習と活動がなければならない。学習と活動は、おとなの労働観、社会観の見直しを迫り、社会教育の必要性を生み出す。また、子育てを豊かにすることは、めぐりめぐって高齢者の生活を豊かに保障することにもつながってくる。厳しい高齢化社会の担い手は今の子ども・青年である。

　このようにみてくると、既存の教育の3領域と呼ばれる学校教育、家庭教育、社会教育は相互に深く関わって福祉教育という視点から有機化・再編成される必要がある。

　同じようなことは、学校教育においてもいえる。学校教育の中で、福祉教育を進める際に、その素材や体験の機会を考えると、その実践は否応なしに学校の外の社会資源を活用し、学校の外へ出て活動することが求められてくる。しかも、学校教育としての実践が日常生活の中に感覚として定着していくためには、家庭の協力が必要であり、時には家庭との共同活動として展開される必要もあろう。福祉教育の展開はここでも学校、家庭、地域の有機化を進め、時にはその教育の再編成をも求めざるを得ない。

　したがって、福祉教育は、単に既存の教育活動に福祉教育を領域的に位置づけ、取り上げるというだけでなく、既存の教育活動を見直し、再編成する視点でもあり、時には既存の教育制度・範疇の再編成の視点でもある。また、家庭教育、学校教育、社会教育に共通な、そして人間の生まれてから死ぬまでの次元や、社会の教育の有機化・統合という次元においても求められている活動であり、生涯教育論の理念の内容や方法にとって重要な一環といえる。

註）1970年代においては、文部省（当時）は「生涯教育」という用語を使用していた。それに対し、宮原誠一を中心とする社会教育研究者は国民の自らの主体

的学習という考え方から「生涯学習」という用語を使用していた。

　1990（平成2）年に「生涯学習の振興のための施策の推進体制等の整備に関する法律」が制定されて以降、文部省も「生涯学習」という用語を使用することになる。

II．学校教育における福祉教育の構造──素材論としての特色

　生涯教育論の立場から福祉教育の展開が必要だとしても、いますぐ既存の教育制度そのものが変わるわけではない。教育の3領域の中でも学校教育は最も重要な役割を担っている。全国約4万1000校(1983年時点)ある小・中・高校での教育実践に福祉教育が定着することが、今最も求められている。

　福祉教育が学校教育の中に定着するためには、一つには学習指導要領の中にその意味と位置づけがなされることが必要であるが、それ以上に福祉教育が実体をもって定着するためには、各学校がその必要性に気づき、教育課程にいっそう工夫をし位置づけてみることが必要である。

　そのためには、①学校の全教職員が福祉教育について検討し、その推進体制をつくること、②学校の教育目標に福祉教育を位置づけ、年間計画をもって進めること、③学校の全教科、全領域で福祉教育に取り組むこと、④学校での福祉教育の効果を高めるため、地域の社会資源を積極的に活用すること。そのために地域や家庭との連携を強力に進めることなどが最低限必要となろう。

　とりわけ、道徳教育と福祉教育、同和教育と福祉教育との関係が整理される必要がある。道徳教育を考える場合、昭和26（1951）年の教育課程審議会の道徳教育振興に関する答申、昭和33（1958）年の教育課程審議会の特設時間における道徳教育の答申及び学習指導要領が参考になろう。

　戦後の道徳教育の出発点になった1951（昭和26）年の答申では、道徳教育は、①全教科、全領域で展開する。また、実践の過程において体験させていく方法をとるべきである。②学校教育全体の責任で進めること。③学校と家庭・地域とを結びつけて行うこと、等を挙げている。その考え方は、道徳教育のための特設時間を定めた以降も基本的に変わらない考え方である。現

在（1983年時点）の学習指導要領においても「学校における道徳教育は、学校の教育活動全体を通じて行うことを基本とする」（中学校学習指導要領第1章総則）、「道徳の時間においては、以上の道徳教育の目標に基づき、各教科、総合的な学習時間及び特別活動における道徳教育と密接な関連を図りながら、計画的、発展的な指導によってこれを補充、深化、統合」（中学校学習指導要領第3章道徳）することが必要とされている。

　このように位置づけられている道徳教育は、まさに福祉教育の位置づけやねらいとほぼ同じといってよい。福祉教育は道徳的心情、道徳的態度、道徳的実践力を、歴史的、社会的に疎外されてきた、生きた肉体をもつ個人とその生活に切り結ばせることにより身に付けさせる活動、教育実践といってよい。道徳とは観念の世界の問題ではなく、日々の生活において感覚化されなければならない心性であり、感性である。それは物事の知的理解と体験の中で総合的につくり出されてくる営みである。福祉教育は社会福祉問題を素材として学習し、それらを体験化、感覚化していくことであって、すぐれてその素材と実践的方法に特色があるといえる。まさに道徳教育の理念を具現化する具体的方法・実践である。

　同和教育については、同和対策審議会答申（1965（昭和40）年8月）が参考になる。それによれば「同和問題の解決にあたって教育対策は、人間形成に主要な役割を果たすものとして、特に重要視されなければならない。同和教育の中心的課題は法のもとの平等の原則に基づき、社会の中に根強く残っている不合理な部落差別をなくし、人権尊重の精神を貫くことである」。また同和教育についての基本的指導方針として「憲法と教育基本法の精神にのっとり基本的人権尊重の教育が全国的に正しく行われるべきであり、その具体的展開の過程においては地域の実情に即し、特別の配慮に基づいた教育が推進される必要がある。しかも、それは同和地区に限定された特別な教育ではなく、全国民の正しい認識と理解を求めるという普遍的教育の場において、考慮しなければならない」などが指摘されている。

　その同和教育の視点として、一般的には①人権尊重の精神、②差別に対する科学的認識、③科学的、合理的な見方、考え方、④豊かな情操、⑤基礎的

能力、⑥自己表現などが考えられている。これらの視点もまた福祉教育の視点とほぼ同じといってよいであろう。

　同和教育は、同和地区の現実に目をすえながら、これらの視点をあらゆる国民が、あらゆる機会を利用して自らのものとしていくことを目的にしているのに対し、福祉教育は、社会福祉問題を素材として学習することである。また、障害者が歴史的、社会的に差別されてきたことを考えると、差別をなくし合理的で科学的精神を養うという点でも、同和教育と福祉教育は相通ずる点が多い。

　このように福祉教育は、道徳教育、同和教育とかなり相通ずるものがあるが、福祉教育は教育基本法第１条の目的を達成するために、いまや全国民的課題であり、生涯にわたり関わりの深い社会福祉問題を素材として学習し、それらと切り結ぶ体験を通して、人権尊重、共に生きる感覚を身に付けていくところに特色のある教育実践であり、今日の教育活動の基本となり得る活動といえる。

Ⅲ．地域における福祉教育

　福祉教育は、学校教育のような組織的、計画的な教育活動の中で取り組まれることもさることながら、地域福祉の課題からみても家庭教育や成人や高齢者を対象とした社会教育の中で、もっと積極的に取り組まれる必要がある。

　家庭の日常のさりげない団らんの中に、障害者や高齢者と共に生きる心情が満ちあふれ、隣近所との交流の中でお互いに支え合う力を身に付けることができるよう家庭教育の在り方も考えなければならない。

　社会教育法は、法理念として“実際生活に即する”活動の必要性を説いている。高齢化社会の問題は、婦人（当時使用した用語。ママ）の肩により重くのしかかっている現状、子育てや教育をめぐる課題など、実際生活に即して福祉教育を展開する課題は数多くある。社会教育がそれらの生活課題を学習素材として展開する際、福祉教育の視点から再編成してみることが必要である。

　また、障害者や高齢者の学習、文化・スポーツ活動の促進が障害者、高齢

者の主体性を豊かに形成すると共に、それらを見守る住民の障害者観、高齢者観の変容につながり、地域福祉の主体形成にも役立つのであるから、これらの事業も福祉教育と関連させて展開されなければならない。

IV. 福祉教育をめぐる国際的動向——方法論としての特色

わが国の今日の社会福祉の状況は、非常に大きく揺れ動いている。戦後の社会福祉は、社会福祉事業法と社会福祉六法をもとに展開されてきた。そして、その社会福祉事業法と社会福祉六法で定めているサービスとは、主に「経済的な給付」と「入所型社会福祉施設サービス」が中心であった。ところが、この2つのサービスについて根本的な見直しが進められている。

この、日本の戦後社会福祉の総決算ともいえる状況は、日本だけのものではなく、ヨーロッパ諸国、先進諸国共通の課題でもある。イギリスでは、1968（昭和43）年のシーボーム委員会報告を機軸に、大きく変わってきた。スウェーデンでも同様の時期に大きく変わったが、それは1980（昭和55）年のソーシャル・サービス法によって事実上完成する。

このように、イギリス、スウェーデンなどいずれも1970（昭和45）年前後を境に、従来の経済的な給付、入所型社会福祉施設サービス中心の在り方から、地域福祉・在宅福祉サービスという方向へ、大きく変わってきている。

地域福祉・在宅福祉サービスへの変化は、否応なしに住民の社会福祉に対する意識の変容や住民の社会福祉への参加を問題にせざるを得ない。

その一つの例は、ドイツ、デンマーク、ノルウェー、オーストリアなどに顕著に現れた動きであるが、これらの国々にみられる「職員の名称」変更と「養成の仕方」の変化である。地域福祉の第一線の、日本でいうならば老人福祉センター等にあたるサービスセンターの第一線の職員の職名を「ソジアルペダゴギン」（Sozialpädagogin）といっているが、日本語に訳せば「社会教育職員」と称する人を職員として配置するというものである。

つまり、そこでは、在宅福祉サービスの第一線にいる職員は、社会教育的な機能をもっていなければ仕事が成り立たないということである。なぜ、社会教育的な機能というもの、あるいは社会教育的な訓練を受けたものが配属

されなければならないのかといえば、従来の経済的な給付だけでは完全でなく、生きがいの問題や、あるいは人間形成、社会関係の問題についての精神的な援助を軸に含めて展開しなければ在宅福祉サービスが展開できないからにほかならない。

在宅福祉サービスを進めるということは、否応なしに社会教育と社会福祉が一緒に重なり合う部分がかなり多くなり、それは地域住民の社会福祉に対する見方を豊かにしなければ在宅福祉サービスは成り立ちえないことを意味しているし、また、地域住民が社会福祉活動に参加してこなければ在宅福祉サービスはやはり成立し得ないという、2つの面から、西欧諸国のような動きが出てきていると考えてよいのではないか。

上述したように、西欧諸国の在宅福祉は大きく変わってきている。「福祉教育」というと、日本では、ついつい狭く考えるが、西欧諸国では、社会教育と地域福祉をもう少し広く含めて再編成が進んできている。

また西ドイツの「ソジアルペダゴギン」という職種の、その職務の中には、「青少年の健全育成」というものが入っている。この西ドイツの青少年の健全育成は、歴史的にはかなり特色のある活動を行ってきたが、今や青少年の健全育成が社会教育的視点のみならず、社会福祉、社会教育、学校教育を結びつけて行うようになってきており、子ども・青年への福祉教育活動を推進する役割をも担うようになってきた。

さらに、国際的な動向として、「学校教育」という教育制度の中の動きについて述べてみたい。

イギリスでは、最近、「アウトドア・エデュケーション」（out door education）とか、あるいは「コミュニティ・スクール」（community school）が幅広く論議を呼んでいる。あるいは、「マルチカルチュラル・エデュケーション」（multicultural education）、つまり一つの文化・価値観ではなくて多次元文化（マルチカルチャー）を考える必要があるのではないかということである。

同じようにスウェーデンでは、「インター・パーソナル・リレーション」（interpersonal relation；人間関係）をどのように確立していくかということが、非常に大きな課題となっている。

先にも述べた（p.270）がイギリスは、1959年にクラウザー報告（「15歳から18歳まで」）を、1963年にはニューザム報告（「われわれの未来の半分」）を出しているが、これらはその延長上の課題である。この2つの報告は中央教育審議会の報告であるが、そこでは、「子どもたちが歪んでいる」ことが指摘された。特にニューザム報告は、そのタイトルで「われわれの未来の半分が歪んでいる」というショッキングなタイトルをつけた。その時期とほぼ同じ1962年に、ボランティアの父と呼ばれるアレック・ディクソン博士が「コミュニティ・サービス・ボランティア（CSV）」を結成しているが、それは同じ文脈で捉え得るのではないか。

　つまり、クラウザー報告やニューザム報告の中で、「若者は歪んでいる」と指摘された、その歪んでいる若者たちの状況を解決する方策の一つとしてCSVの活動が提唱されたといえる。

　ニューザム報告は、なぜ「歪んでいる」のかというと、「生活体験が少ない」ということを指摘している。子どもたち自身が学校で学ぶことについて関心・感動をもてない。この関心・感動をもてないところに一生懸命教えても、子どもたちは受け止めきれない。そこで、教育課程を少し変えてみて、もっとおとなたちの実際生活に触れるカリキュラムを組むべきではないか、ということを提唱している。それが「アウトドア・エデュケーション」や「コミュニティ・スクール」の実践となり、日本では福祉教育と呼ばれる内容・方法を提供している。

　イギリスの幼稚園における「マルチ・カルチュラル・エデュケーション」の1例を挙げると、それは人種問題解決のための教育であると同時に、福祉教育そのものといってもよい。

　子どもたち全員に手を出させる、その出した手を紙の上に置いてなぞらせる。そして全部黒板に張り出して、「みんな、同じかたちをしていますね」と確認させ、そして、その絵を子どもたちに返して今度は色を塗らせると、全く違う色が塗られて出てくる。手はみんな同じ形をしており、機能も同じだが、色は違うということを、幼稚園の時から認識させる。そこで、「共に生きる」ということを学ばせる実践である。

こうしたことから始まって、「マルチ・カルチュラル・エデュケーション」では、人種、文化、宗教の違う人たちが「共に生きる」ということはどういうことかということを実践的に学ばせようとしているわけである。その点、日本で「福祉教育」といっても、ある意味では大変単純であるといわざるを得ない。単一言語、単一民族、単一国家であると言われがちな日本では、「共に生きる」という感覚は外国に比べ非常に弱いといわざるを得ない。イギリスでは、日常生活の中でこうした問題が出てきているわけで、そこで、「マルチ・カルチュラル・エデュケーション」というものをやらなければ、学校も成り立たなければ、地域も成り立たない。そこから「コミュニティ・スクール」という大胆な発想も出されてきている。

　日本のこれからの国際化時代を考えると、この「マルチ・カルチュラル・エデュケーション」という視点を含めた福祉教育実践はますます重要になろう。

　また、イギリスの社会教育の歴史をたどってみると、その社会教育さえ変化し、地域福祉との関係が問われている。イギリスの社会教育は、アダルト・エデュケーション（adult education）、ワーカーズ・エデュケーション（worker's education）といわれてきた。この教育の内容は、「リベラル・アーツ」（liberal arts ＝大学で学ぶものを労働者階級が自ら学び、自分のものにすることで自己解放を図ること）であり、これがイギリスの成人教育の中心であった。ところが、今日では「リベラル・アーツ」では対応できなくなってきている。

　「リベラル・アーツ」というのは、「教養主義」といわれ、生活とある一定の距離を置いて進む部分がある。そういうものを学ぶことが人間の解放にとって大変重要であり、社会教育はそれを中心に展開してきている。しかし、「リベラル・アーツ」が生活とかけ離れているため、労働者階級や一般庶民は、それを学ぼうという意欲に欠けてしまうことがある。しかし、社会教育という機会を利用しなければ、地域の変貌や産業構造の変化、多人種問題への対応も含めて「共に生きる」地域社会は創造できないという問題が出てくる。そこでイギリスでは、1980 年代に入り、「リベラル・アーツ」を中心にした「アダルト・エデュケーション」から「コミュニティ・エデュケーション」へという考え方が非常に強く打ち出されてきている。

その「コミュニティ・エデュケーション」の流れの中で、学校もその役割・位置づけが大幅に変わるべきという主張のもとで、「コミュニティ・スクール」という動きが強まってきているといえる。

　同じように、イギリスほどではないにしても、スウェーデンでも人種問題などがかなり深刻になってきている。また、若者の失業問題なども深刻化してきており、若者が「荒れ」ているという。学校のクラスの中で人種問題があれば、その人種問題がある中で、意図的に生徒間の人間関係をつくりあげないと学級経営が成り立たない状況が出てきている。そのために「インターパーソナル・リレーション」が学校教育の中で大きな位置を占めることになる。

　こうした状況は、イギリス、スウェーデンのみならず、各国にとって一種の「先進国病」ではないか。工業を中心とした先進国が抱えている共通した課題であるといえよう。このような文脈のもとで、今日、わが国で進める「福祉教育」は、「先進国病」に対応する課題としても考える必要がある。つまり、単に情感的に「共に生きる」とか「思いやり」というだけでなく、社会構造的な問題として、「福祉教育の在り方」を考えていかなければならないところにきているのではないだろうか。

初出一覧

第 1 編：地域福祉とは何か

『コミュニティソーシャルワーク』26 〜 27 号、2020 〜 21 年

　（「退官記念論文 地域福祉とは何か！―コミュニティソーシャルワークの視座
　から考える」改題）

第 2 編：補　論

　第 1 部：戦前社会事業における「教育」の位置

　　全国社会福祉協議会『地域福祉の展開と福祉教育』1988 年

　第 2 部：戦後地域福祉実践の系譜と社会福祉協議会の位置

　　中央法規出版『地域福祉史序説―地域福祉の形成と展開』1993 年

　　（「戦後地域福祉実践の系譜と社会福祉協議会の性格及び実践課題」改題）

　第 3 部：福祉教育の理念と実践的視座

　　全国社会福祉協議会『地域福祉教育の展開と福祉教育』1986 年

　　（「福祉教育の必然性とその理念」改題）

略　歴

大橋 謙策　（Ohashi Kensaku）
<ruby>大<rt>おお</rt>橋<rt>はし</rt></ruby> <ruby>謙<rt>けん</rt>策<rt>さく</rt></ruby>
1943 年 10 月 26 日生

公益財団法人テクノエイド協会理事長
特定非営利活動法人・日本地域福祉研究所理事長
日本社会事業大学名誉教授

●学　歴
1967 年 3 月　日本社会事業大学社会福祉学部社会事業学科卒業
1973 年 3 月　東京大学大学院教育学研究科博士課程（社会教育専攻）満期
　　　　　　　退学

●職　歴
1970 年 4 月　女子栄養大学助手
1974 年 4 月　日本社会事業大学専任講師
1984 年 4 月　日本社会事業大学教授
2005 年 4 月　日本社会事業大学学長　（〜 2010 年 3 月）
2010 年 4 月　日本社会事業大学特任教授（〜 2014 年 3 月）
2011 年 4 月　日本福祉大学客員教授　（〜現在）
2014 年 4 月　東北福祉大学大学院教授　（〜 2020 年 3 月）

●主な社会的活動（現任）
2000 年 1 月　特定非営利活動法人・日本地域福祉研究所理事長
2009 年 10 月　富山県福祉カレッジ学長
2012 年 4 月　富山県福祉推進顧問
2011 年 7 月　公益財団法人・テクノエイド協会理事長
この間、日本学術会議第 18 期・19 期会員（2000 年〜 2005 年）、日本社会
福祉学会会長（1999 年〜 2005 年）、日本地域福祉学会会長（2002 年〜
2008 年）、日本福祉教育・ボランティア学習学会会長（1995 年〜 1998 年）

等を歴任。

東京大学大学院、九州大学大学院、同志社大学大学院、淑徳大学大学院、千葉大学、和光大学、聖心女子大学、成蹊大学で非常勤講師、放送大学の客員教授を歴任。

東京都生涯学習審議会会長（2001年〜2009年）、一般社団法人全国社会教育委員連合会長（2003年〜2017年）、埼玉県社会福祉審議会会長（2006年〜2010年）を歴任。

●主な著書

『社会教育と地域福祉』編著：全国社会福祉協議会、1978年

『地域福祉の展開と福祉教育』単著：全国社会福祉協議会、1986年

『福祉教育の理論と展開』共編著：光生館、1987年

『地域福祉』単著：放送大学教育振興会、1999年（1995年『地域福祉論』新訂版）

『地域福祉計画策定の視点と実践』編著：第一法規、1996年

『コミュニティソーシャルワークと自己実現サービス』共編著：万葉舎、2000年

『21世紀型トータルケアシステムの創造』共編著：万葉舎、2002年

『福祉21ビーナスプランの挑戦』共編著：中央法規出版、2003年

『日本のソーシャルワーク研究・教育・実践の60年』編集代表：相川書房、2007年

『社会福祉入門』単著：放送大学教育振興会、2008年

『地域福祉の新たな展開とコミュニティソーシャルワーク』単著：社会保険研究所、2010年

『ケアとコミュニティ』編著：ミネルヴァ書房、2014年

『コミュニティソーシャルワークの理論と実践』共著：中央法規出版、2015年

『地域包括ケアの実践と展望』共編著：中央法規出版、2014年

『コミュニティソーシャルワークの新たな展開』共編著：中央法規出版、2019年

『ユニットケアの哲学と実践』共編著：日本医療企画、2019年

地域福祉とは何か
哲学・理念・システムとコミュニティソーシャルワーク

2022 年 4 月 10 日　初　版　発　行
2023 年 1 月 25 日　初版第 2 刷発行

著　者　大橋謙策
発行者　荘村明彦
発行所　中央法規出版株式会社
　　　　〒 110-0016　東京都台東区台東 3-29-1　中央法規ビル
　　　　TEL　03-6387-3196
　　　　https://www.chuohoki.co.jp/

装　丁　mg - okada
印刷・製本　永和印刷株式会社

ISBN978-4-8058-8459-1